权威·前沿·原创

皮书系列为
"十二五""十三五""十四五"时期国家重点出版物出版专项规划项目

B

BLUE BOOK

智库成果出版与传播平台

陕西蓝皮书

BLUE BOOK OF SHAANXI

陕西经济发展报告

（2024）

REPORT ON ECONOMIC DEVELOPMENT IN SHAANXI

(2024)

组织编写／陕西省社会科学院

主　　编／程宁博　王建康　裴成荣

社会科学文献出版社

SOCIAL SCIENCES ACADEMIC PRESS (CHINA)

图书在版编目（CIP）数据

陕西经济发展报告 . 2024 ／ 程宁博，王建康，裴成
荣主编 . --北京：社会科学文献出版社，2024.3
（陕西蓝皮书）
ISBN 978-7-5228-3307-1

Ⅰ.①陕… Ⅱ.①程… ②王… ③裴… Ⅲ.①区域经
济发展-研究报告-陕西-2024 Ⅳ.①F127.41

中国国家版本馆 CIP 数据核字（2024）第 039853 号

陕西蓝皮书
陕西经济发展报告（2024）

主 编／程宁博 王建康 裴成荣

出 版 人／冀祥德
责任编辑／宋 静
责任印制／王京美

出 版／社会科学文献出版社·皮书分社（010）59367127
地址：北京市北三环中路甲 29 号院华龙大厦 邮编：100029
网址：www. ssap. com. cn
发 行／社会科学文献出版社（010）59367028
印 装／天津千鹤文化传播有限公司

规 格／开 本：787mm×1092mm 1/16
印 张：22.25 字 数：333 千字
版 次／2024 年 3 月第 1 版 2024 年 3 月第 1 次印刷
书 号／ISBN 978-7-5228-3307-1
定 价／158.00 元

读者服务电话：4008918866

陕西蓝皮书编委会

主　　任　程宁博

副 主 任　杨　辽　毛　斌　王建康

编　　委　（按姓氏笔画排序）

　　　　　于宁锴　王　飞　冯根福　吕晓明　谷孟宾

　　　　　张首魁　范　杰　裴成荣

主　　编　程宁博　王建康　裴成荣

执行主编　张　馨

主编简介

程宁博 陕西省社会科学院党组书记、院长，陕西省第十四次党代会代表，陕西省社会科学院学术委员会主任，陕西蓝皮书编委会主任。长期从事理论研究、政策宣讲、出版管理、社科研究与管理等工作，主要研究领域为马克思主义中国化时代化、思想政治教育、宣传思想文化等，对习近平新时代中国特色社会主义思想、党的路线方针政策、陕西省情、新型智库建设与管理等研究深入。多次参与省党代会报告等重要书籍编写和重要文件、重要文稿起草工作，多项研究成果在中央和省级主流媒体刊发。

王建康 陕西省社会科学院党组成员、副院长，研究员，主要从事农村发展、区域经济研究。先后主持完成国家和省级基金项目6项，主持编制省级规划6项、区县发展规划20余项，承担世界银行、国家发改委、农业农村部等招标或委托课题18项；出版著作10余部，发表论文和调研报告60余篇；研究成果先后获得陕西省哲学社会科学优秀成果奖5项。兼任省决策咨询委员会委员、省青联常委、省委理论讲师团特聘专家。陕西省第十二次党代会代表、第十三次党代会报告起草组成员，第十二届全国青联委员，陕西青年五四奖章获得者，陕西省优秀共产党员。

裴成荣 工学博士，二级研究员。陕西省社会科学院学术委员会副主任、经济研究所所长，陕西省"特支计划"哲学社会科学和文化艺术领域领军人才。主要研究方向为城市与区域经济、产业经济。出版《国有企业改革与产权市场建设》《区域发展与产业培育》《国际化大都市特色研究》《文化繁荣背景下遗址保护与都市圈和谐共生机制研究》《陕西同步够格全面建成小康社会研究》等专著 6 部。1999 年以来主编年度出版物《陕西经济发展报告》（蓝皮书系列）等 20 余部。主持完成国家级及省部级课题 20 余项，完成厅局级各类课题 50 余项，发表研究论文 100 余篇。科研成果获省部级奖项 20 项，其中，获哲学社会科学优秀成果奖一等奖 3 项、二等奖 5 项。

摘　要

2023 年是全面贯彻落实党的二十大精神的开局之年。面对复杂严峻的国际环境和艰巨繁重的国内改革发展稳定任务，陕西省委省政府以习近平新时代中国特色社会主义思想为指导，深入学习贯彻习近平总书记历次来陕考察重要讲话重要指示精神，坚持稳中求进工作总基调，完整、准确、全面贯彻新发展理念，牢牢把握高质量发展首要任务和构建新发展格局战略任务，以开展高质量项目推进年、营商环境突破年、干部作风能力提升年"三个年"活动为抓手，以发展县域经济、民营经济、开放型经济、数字经济为主攻方向，推动全省经济实现质的有效提升和量的合理增长，奋力谱写中国式现代化建设的陕西新篇章。全省经济运行延续稳定恢复态势，转型升级步伐加快，新动能加速蓄积，高质量发展的基本面持续向好。

2024 年，陕西应以党的二十大精神为统领，锚定高质量发展不动摇，建议继续推动以下重点工作：一是增强工业发展内生动力，夯实实体经济发展根基；二是纵深推进创新驱动，塑造发展新动能新优势；三是持续扩大有效投资，推进高质量项目建设；四是多维发力促进消费，大力提振市场信心；五是推进高水平对外开放，服务构建新发展格局；六是持续优化营商环境，促进民营经济发展壮大；七是统筹发展和安全，筑牢经济发展安全屏障。

关键词： 陕西经济　产业经济　区域经济　高质量发展

Abstract

2023 is the first year for fully implementing the spirit of the 20th National Congress of the Communist Party of China. Faced with the complex and severe international environment and the arduous and arduous tasks of domestic reform, development and stability, the Shaanxi Provincial Party Committee and the Provincial Government, guided by Xi Jinping Thought on Socialism with Chinese Characteristics for a New Era, thoroughly studied and implemented General Secretary Xi Jinping' important speeches and instructions from previous visits to Shaanxi for inspection, adhere to the general tone of the work of seeking progress while maintaining stability, implement the new development concept completely, accurately and comprehensively, firmly grasp the primary task of high-quality development and the strategic task of building a new development pattern, and focus on the launch of the "Three Years" activities We will focus on the development of county economy, private economy, open economy and digital economy, promote the province's economy to achieve effective qualitative improvement and reasonable quantitative growth, and strive to write a new chapter in Shaanxi's Chinese-style modernization drive. The province's economic operation continues to recover steadily, the pace of transformation and upgrading is accelerated, new momentum is accumulated at an accelerated pace, and the fundamentals of high-quality development continue to improve.

In 2024, Shaanxi should be guided by the spirit of the 20th National Congress of the Communist Party of China and unswervingly anchor high-quality development. It is recommended to continue to promote the following key tasks: first, enhance the endogenous power of industrial development and consolidate the foundation for the development of the real economy; second, promote innovation in depth drive and shape new drivers of development and new advantages; the third is to continue to expand effective investment and promote the construction of high-quality projects; the fourth is to promote consumption in multiple dimensions and vigorously boost market confidence; the fifth is to promote a higher level of opening up to the outside world and serve to build a new development pattern; The sixth is to continue to optimize the business environment and promote the development and growth of the private economy; the seventh is to coordinate development and security and build a solid security barrier for economic development.

Keywords: Shaanxi Economic; Industrial Economy; Regional Economy; High-Quality Development

目 录 ⌐⟩

Ⅰ 总报告

Ⅱ 分报告

Ⅲ 综合篇

Ⅳ　区域篇

Ⅴ　产业篇

皮书数据库阅读**使用指南**

CONTENTS

I General Report

II Sub-Reports

Ⅲ   Comprehensive Study

Ⅳ   Regional Study

V   Industry Study

总 报 告

B.1

2023年陕西经济形势分析
与2024年预测*

陕西省社会科学院经济研究所课题组**

摘 要： 2023年，陕西经济运行延续稳定恢复态势，转型升级步伐加快，新动能加速蓄积，高质量发展的基本面持续向好。农业生产总体平稳，工业运行稳中趋缓，固定资产投资结构优化，消费市场稳定恢复，外贸结构持续改善，财政收支稳定增长，城乡居民收入稳定恢复。但面对错综复杂的外部环境，经济持续回升向好的基础仍需巩固。2024年，陕西应以党的二十大精神为统领，锚定高质量发展不动摇，牢牢把握"五个新突破"主攻方向和"四个着力"重要要求，继续推动增强工业发展内生动力，纵深推进创新驱动，持续扩大有效投资，多维发力促进消费，推进高水平对外开放，持

---

* 本报告中未注明来源的数据均来源于国家统计局网站、陕西统计局网站和国家统计局陕西调查总队网站。

** 课题组组长：裴成荣，陕西省社会科学院经济研究所所长，二级研究员，研究方向为城市与区域经济、产业经济。执笔人：张馨，陕西省社会科学院经济研究所副研究员，研究方向为区域经济与可持续发展。

续优化营商环境，统筹发展和安全等工作。

关键词： 陕西经济 高质量发展 稳增长

一 2023年陕西宏观经济运行分析

（一）经济持续稳定恢复

2023年前三季度，全省实现生产总值23681.34亿元，同比增长2.4%，低于全国平均水平2.8个百分点（见图1）。其中，第一产业增加值为1360.23亿元，同比增长3.6%；第二产业增加值为11169.39亿元，同比下降1.1%；第三产业增加值为11151.72亿元，同比增长5.4%。陕西前三季度生产总值在全国位列第14，与上年持平，在西部12个省区市中排名第二，仅次于四川。总体来看，全省经济运行延续稳定恢复态势，转型升级步伐加快，新动能加速蓄积，高质量发展的基本面持续向好。

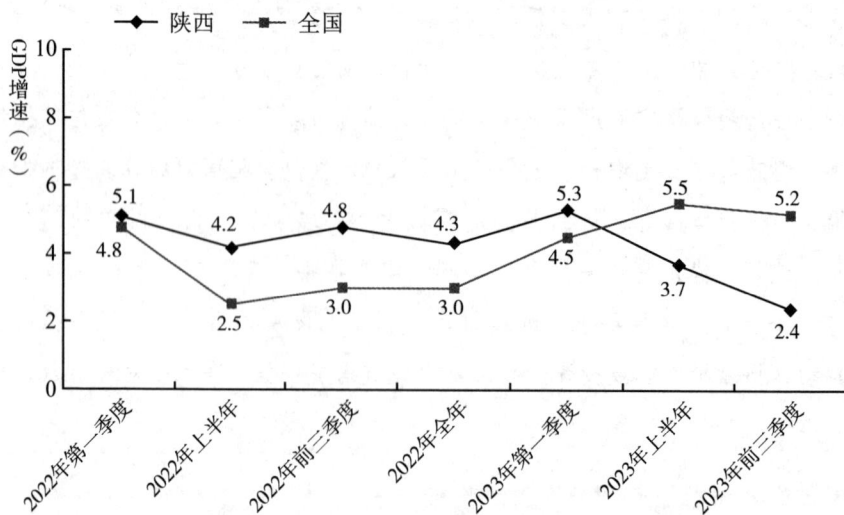

图1 2022年与2023年前三季度陕西与全国GDP增速比较

资料来源：国家统计局、陕西省统计局。

从各市（区）来看，2023年前三季度生产总值同比增速高于全省平均水平的有4个市（区），依次是榆林、西安、铜川和杨凌，其增速分别为5.2%、4.6%、4.2%、4.2%，为全省经济增长的重要增量。渭南、咸阳、汉中和延安增速分别为1.2%、0.8%、0.7%、0.5%。安康、宝鸡和商洛居全省后三位，增速下降，分别为-5.9%、-4.3%和-1.8%（见图2）。

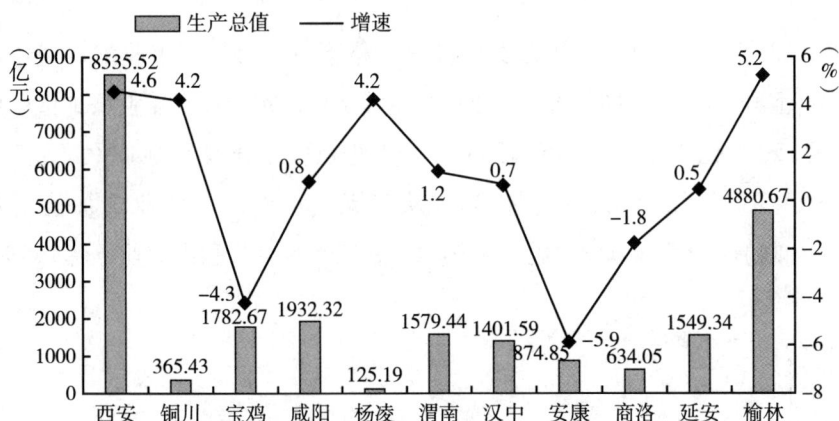

图2　2023年前三季度陕西各市（区）生产总值和增速

资料来源：陕西省统计局。

（二）农业生产总体平稳

2023年前三季度，全省农林牧渔业增加值同比增长3.7%。种植业稳定发展，产值同比增长3.6%。受不利天气影响，全省夏粮总产量463.73万吨，较上年减少12.17万吨，下降2.56%。虽然产量较上年略减，但总产量和单产分别较过去五年平均水平提高12万吨和11.2公斤/亩，仍处于2000年以来第三高。秋粮种植面积2914万亩，较上年增加45.4万亩。秋粮作物长势良好，全年粮食丰收在望。

蔬菜生产供应能力不断增强，特色瓜果产销形势持续向好。前三季度，蔬菜及食用菌产量1606.13万吨，增长2.3%；园林水果产量657.92万吨，增长3.5%。

2023年前三季度，畜牧业产值同比增长3.4%，市场供应充足。其中，猪牛羊禽肉产量92.22万吨，增长4.7%；禽蛋产量增长3.0%；牛奶产量增长2.2%。生猪存栏数915.6万头，增长4.9%；出栏数890.5万头，增长5.5%。

（三）工业运行稳中趋缓

2023年前三季度，受国际大宗商品价格下行、市场需求收缩、企业运行成本上升等因素影响，全省工业运行持续承压。规模以上工业增加值同比下降1.5%，比2022年同期降低10.2个百分点，比全国平均水平低5.5个百分点，下行压力较大（见图3）。从三大门类看，采矿业增加值增长1.1%，制造业下降4.2%，电力、热力、燃气及水生产和供应业下降3.7%。

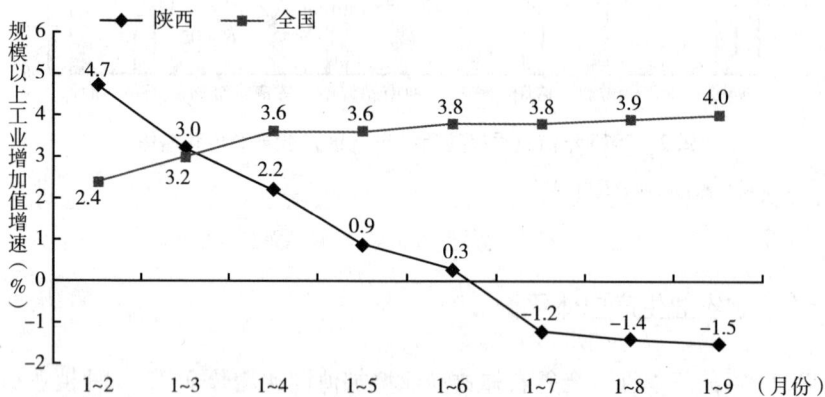

图3　2023年前三季度陕西和全国规模以上工业增加值增速比较

资料来源：国家统计局、陕西省统计局。

从主要行业看，2023年前三季度，能源工业生产稳定，规上能源工业增加值同比增长1.5%，拉动规上工业增长0.9个百分点，有力支撑全省工业增长。其中，石油和天然气开采业增长3.7%，煤炭开采和洗选业增长1.1%，石油、煤炭及其他燃料加工业增长2.7%，电力、热力生产和供应业下降1.2%。受国内需求萎缩、新增动能不足、市场竞争加大等复杂因素影响，非能源工业运行持续下行，增加值同比下降 5.9%。装备制造业增长较快，同比增长 3.8%，转型升级成效明显。装备制造业中占比较大的汽车制造业增长 29.1%，计算机、通信和其他电子设备制造业增长 16.9%，自年初以来均保持两位数增长。新一代信息技术产业持续发展壮大，同比增长 9.8%。

从产品产量看，前三季度，原煤产量同比增长 1.3%，原油产量同比下降 2.2%，天然气产量同比增长 7.6%，发电量同比增长 6.0%。非能产品中，新产业持续发展壮大，高科技产品生产加快，汽车累计产量 101.37 万辆，同比增长 35.8%，其中，SUV 同比增长 45.8%，代表高技术产品的新能源汽车产量为 72.31 万辆，同比增长 42.1%；太阳能电池产量同比增长 129%，集成电路圆片产量同比增长 19.3%，变压器产量同比增长 12.5%。

从经营效益看，企业利润增速放缓。前三季度，全省规模以上工业企业实现营业收入 23035.4 亿元，同比下降 8.7%，较上半年回落 4.7 个百分点，实现利润总额累计 2582.1 亿元，同比下降 26.3%，较上半年回落 0.8 个百分点。全省规模以上工业亏损企业 2161 家，亏损面为 27.6%，较上半年降低 0.3 个百分点。亏损企业亏损总额累计 292.2 亿元，同比增长 31%，较上半年回落 5.2 个百分点。

前三季度，陕西各市（区）工业增加值增速为正的有 4 个，依次为杨凌、西安、铜川和榆林，其增速分别为 8.2%、6.9%、5.8% 和 4.9%。其余市（区）增速为负，安康、商洛、宝鸡列后三位，增速分别为 -23.5%、-18.7% 和 -13.5%（见图 4）。

（四）固定资产投资结构优化

2023 年前三季度，全省固定资产投资同比下降 8.7%（见图 5）。工业投资占比持续提升，占全部投资的 27.3%，较上半年提升 0.8 个百分点。其中，汽车制造业投资同比增长 12.4%，电气机械和器材制造业投资增长 22.7%，石油、煤炭及其他燃料加工业投资增长 24.4%。实体经济发展基础进一步夯实。

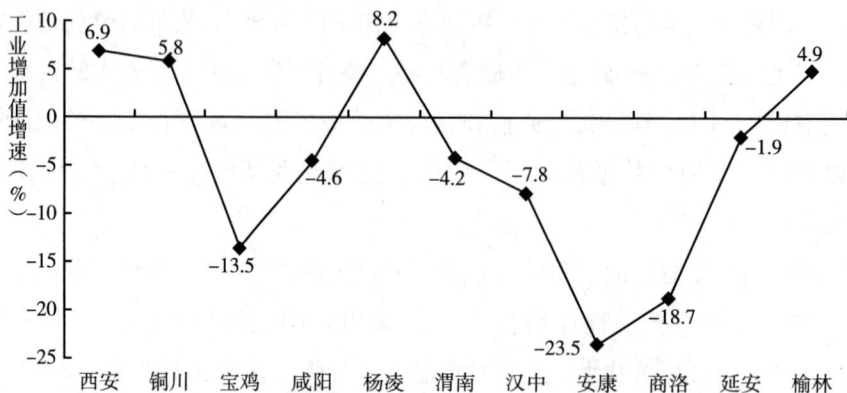

图 4　2023 年前三季度陕西各市（区）工业增加值增速

资料来源：陕西省统计局。

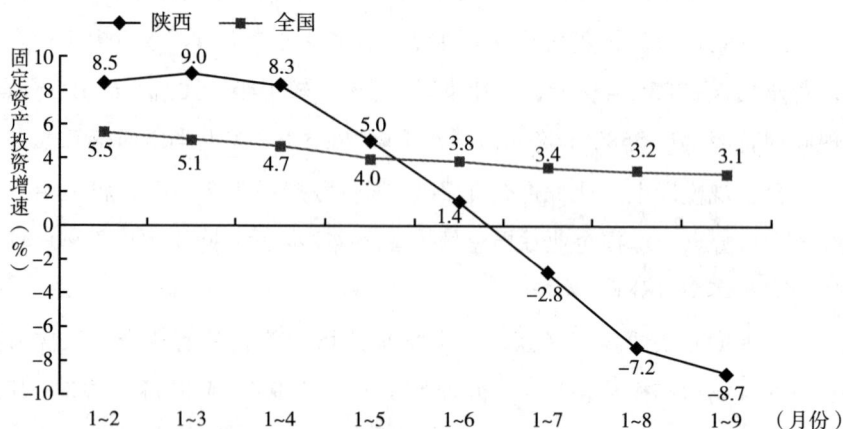

图 5　2023 年前三季度陕西和全国固定资产投资增速比较

资料来源：国家统计局、陕西省统计局。

高技术领域投资增长较快。前三季度，全省高技术制造业投资同比增长0.7%，高于固定资产投资增速9.4个百分点。其中，电子及通信设备制造业投资增长2.7%，航空航天器及设备制造业投资增长32.6%。此外，科学研究和技术服务业投资增长16.9%，科技创新服务投入力度加大。

新基建投资、民生补短板投资增势强劲。前三季度，全省新基建投资同比增长32.6%，延续2023年以来的两位数增长态势；其中，占比82.4%的融合类新型基础设施项目同比增长 43.7%。铁路运输业投资同比增长 50.2%，西延、西十、西康等高铁项目快速推进；社会工作投资增长 50.6%，居民服务业投资增长 59.8%。

前三季度，陕西 11 个市（区）固定资产投资增速中，只有榆林和铜川 2 个市（区）同比增速为正，分别增长 5.5% 和 0.3%，其他 9 个市（区）同比下降，宝鸡、安康、咸阳、商洛、杨凌下降幅度最大，分别同比下降 25.4%、15.3%、14.5%、10.7% 和 10.1%，西安、延安、渭南、汉中分别同比下降 7.7%、7.0%、6.6% 和 3.9%。

（五）消费市场稳定恢复

2023 年前三季度，全省实现社会消费品零售总额 7790.67 亿元，同比增长 3.1%，低于全国平均水平 3.7 个百分点（见图6）。其中，限额以上企业（单位）消费品零售额 4016.76 亿元，同比增长 2.2%。按经营单位所在地分，城镇消费品零售额 6878.57 亿元，同比增长 3.3%；乡村消费品零售额 912.09 亿元，同比增长 1.4%。按消费形态分，餐饮收入 865.89 亿元，同比增长 10.3%；商品零售 6924.77 亿元，同比增长 2.3%。

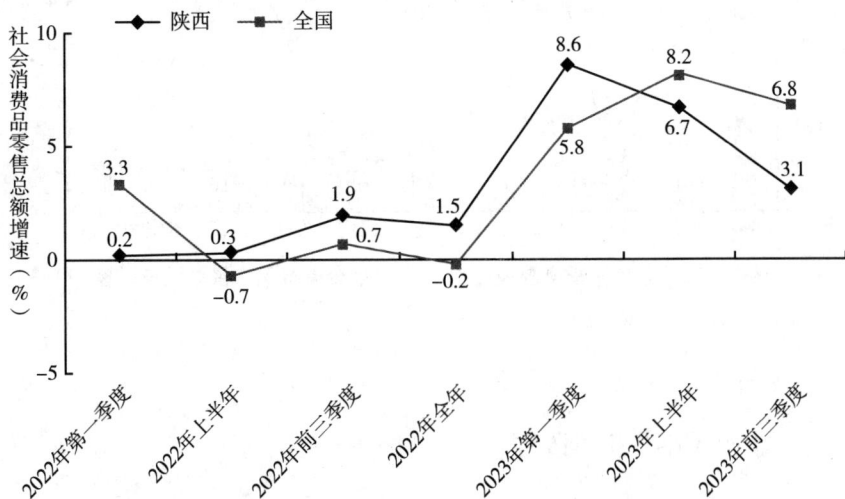

图6　2022 年与 2023 年前三季度陕西和全国社会消费品零售总额增速比较

资料来源：国家统计局、陕西省统计局。

前三季度，基本生活类商品消费稳定增长，中西药品类增长 17.9%，粮油食品类增长 5.6%，烟酒类增长 4.8%。升级类商品需求持续释放。全省汽车类商品零售额增长 7.7%，其中新能源汽车销售保持高速增长，同比增长 68.2%。此外，限额以上企业（单位）金银珠宝类、体育娱乐用品类、化妆品类、家用电器和音像器材类商品零售额分别增长 12.2%、8.3%、6.8%、2.8%，居民消费升级步伐加快。前三季度，限额以上企业（单位）通过公共网络实现的商品销售 674.48 亿元，同比增长 0.1%。

前三季度，陕西 11 个市（区）中只有宝鸡社会消费品零售总额增速为负，为-4.6%，其余市（区）同比均为正增长。商洛、铜川、杨凌列前三位，分别增长 7.7%、7.1% 和 6.4%，其次是咸阳、汉中、渭南和榆林，分别增长 6.2%、6.2%、5.7% 和 5.0%，西安、安康、延安分别增长 2.8%、1.9% 和 0.2%（见图 7）。

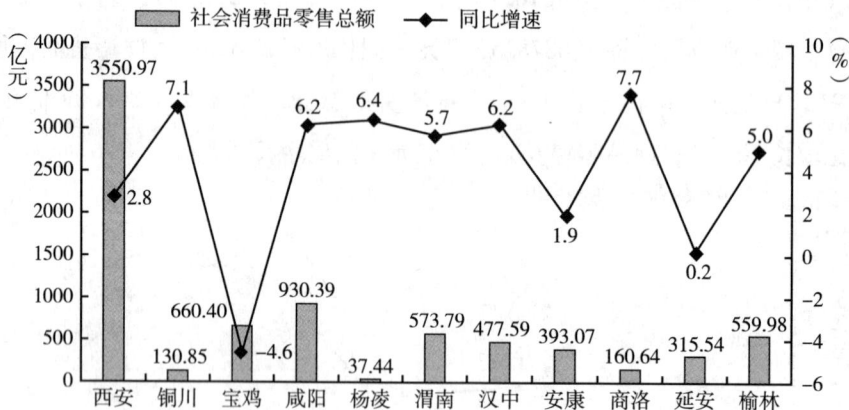

图 7 2023 年前三季度陕西各市（区）社会消费品零售总额与增速

资料来源：陕西省统计局。

（六）外贸结构持续改善

2023 年前三季度，全省进出口总值 2962.94 亿元，同比下降 17.3%，低于全国平均水平 17.1 个百分点。其中，出口 1908.14 亿元，同比下降

14.6%；进口1054.81亿元，同比下降21.6%（见图8）。累计实现贸易顺差853.33亿元，外贸进出口依存度为12.5%。

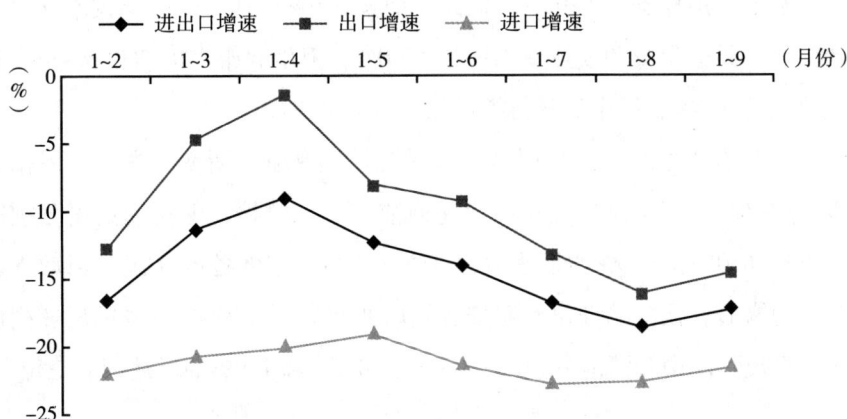

图8 2023年前三季度陕西进出口同比增速

资料来源：陕西省统计局。

贸易结构持续优化。前三季度，一般贸易实现进出口总额1270.8亿元，同比增长0.9%，占全省进出口总额的42.9%，占比较上半年提高2.1个百分点。加工贸易进出口值1323.4亿元，同比减少31.1%，占同期全省进出口总值的44.7%。

从贸易企业类型来看，国有企业进出口实现较快增长，民营企业进出口比重显著提升，外商投资企业进出口比重低于50%。前三季度，陕西国有企业进出口值234.9亿元，同比增长4.8%，占全省进出口总值的7.9%，比重同比增加1.7个百分点。民营企业进出口值1274.4亿元，同比减少2.9%，占全省进出口总值的43.0%，同比提高5.9个百分点。外商投资企业进出口值1443.4亿元，同比下降29.2%，占全省进出口总值的48.7%，同比减少7.8个百分点。

（七）财政收支稳定增长

2023年前三季度，全省一般公共预算收入2628.21亿元，同比增长

4.6%。其中，税收收入 2037.90 亿元，增长 2.3%，占一般公共预算收入的77.5%；非税收入 590.32 亿元，增长 13.8%，较上半年加快 6 个百分点。全省一般公共预算支出 5292.81 亿元，增长 3.6%。其中，科学技术支出增长 39.1%，社会保障和就业支出增长 17.0%，卫生健康支出增长 5.7%，教育支出增长 3.4%，民生保障持续增强。

从前三季度各市（区）财政收入累计增速来看，渭南、商洛和咸阳分别以 30.9%、25.5% 和 23.3% 的增速列前三位，榆林、延安和铜川分别以 -14.4%、6.0% 和 6.6% 的增速列后三位。从前三季度各市（区）财政支出累计增速来看，西安、商洛和延安分别以 8.0%、5.3% 和 5.0% 的增速列前三位，杨凌、汉中和渭南分别以 -9.8%、-0.5% 和 1.6% 的增速列后三位。

（八）居民消费价格平稳运行

2023 年前三季度，陕西居民消费价格总水平比上年同期上涨 0.3%，比全国低 0.1 个百分点（见图 9）。在全国 31 个省（区、市）中，按 CPI 涨幅由高到低排序，陕西居第 24 位。其中，9 月，陕西 CPI 同比下降 0.2%，食品价格同比下降 3.7%，非食品价格同比上涨 0.6%。

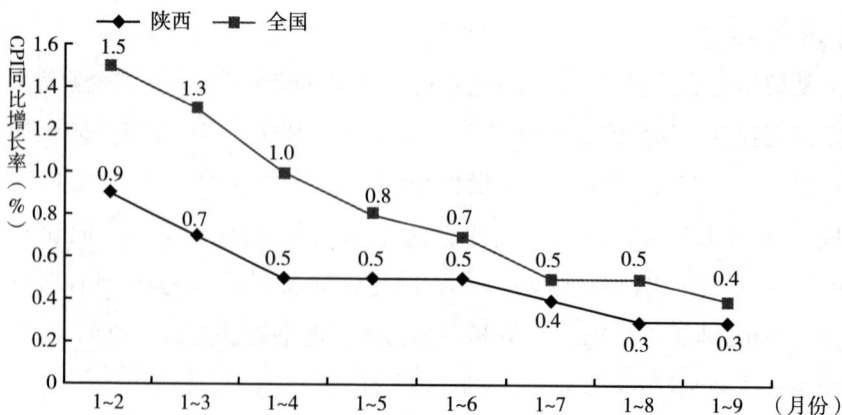

图 9　2023 年前三季度陕西和全国 CPI 同比增长率比较

资料来源：国家统计局、陕西省统计局。

（九）城乡居民收入稳定恢复

2023年前三季度，全省居民人均可支配收入24294元，居全国第18位；同比增长6.5%，增速高于全国平均水平0.2个百分点，居全国第8位；扣除价格因素，实际增长6.2%，高于全国平均水平0.3个百分点。陕西居民人均可支配收入水平在全国31个省（区、市）中居第18位，与上年同期持平。人均经营净收入、财产净收入、转移净收入均呈现稳定增长态势。

分城乡看，全省城镇居民人均可支配收入34037元，居全国第16位；同比增长5.3%，高于全国平均水平0.1个百分点，增速居全国第9位。农村居民人均可支配收入12676元，居全国第21位；同比增长7.6%（见图10），与全国平均水平持平，增速居全国第14位。

前三季度，陕西农村居民人均可支配收入增速快于城镇2.3个百分点，城乡居民人均可支配收入比值为2.69，较上年同期缩小0.06。

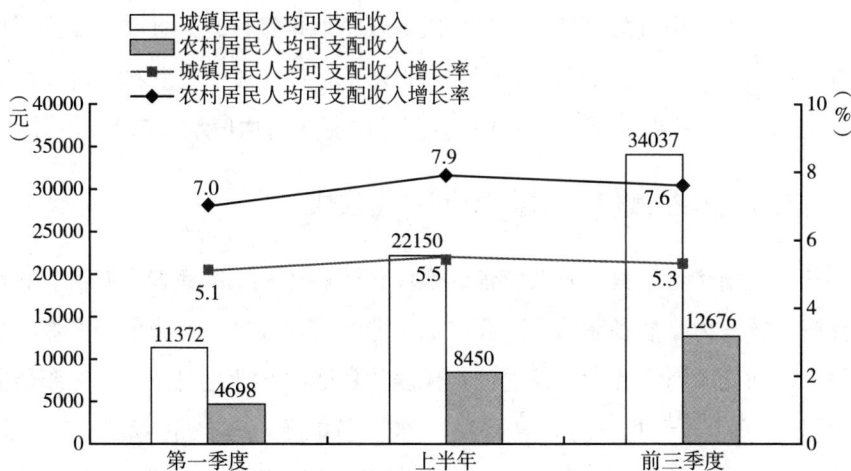

图10　2023年前三季度陕西城乡居民人均可支配收入比较

资料来源：国家统计局陕西调查总队网站。

二 2023年陕西经济运行的亮点

当前，外部环境复杂严峻，国内需求仍显不足，经济回升向好基础仍需巩固。陕西经济运行总体延续恢复态势，虽然经济增速出现了一定程度的回落，但这是在经济结构调整动能转换、迈向高质量发展的进程中必经的一个过程。总体来看，陕西经济底盘稳、韧性足的基本面没有改变，高质量发展的大势没有改变，有利于经济回升恢复的积极因素正在持续累积。

（一）经济稳定恢复，生产供给复苏向好

2023年前三季度，全省经济在上年同期排名全国第6位的高增速基础上实现了稳定增长。农业生产总体平稳，第一产业增加值同比增长3.6%，较上半年加快0.1个百分点，秋粮丰收在望，蔬菜、水果、肉禽等农产品市场供应充足。工业生产企稳回升，能源工业在高基数的基础上持续稳定增长，非能源工业当月降幅开始收窄。服务业领域持续恢复。社会消费品零售总额增长3.1%，住宿和餐饮业增加值同比增长13.0%，批发和零售业增加值增长3.9%，消费活力不断释放；营利性服务业增加值增长7.1%。

（二）结构持续优化，重点领域转型加快

从产业结构看，具有陕西特色的现代化产业体系不断完善。制造业重点产业链持续发力，装备制造业、高技术制造业快速发展，有力促进产业转型升级。以新能源汽车和太阳能电池为代表的新能源产业蓬勃发展，太阳能电池产量3136.7万千瓦，同比增长129.0%；新能源汽车产量72.3万辆，同比增长42.1%；建设充电桩33.3万个，同比增长132.4%。服务业增加值占比提升，第三产业增加值占GDP比重为47.1%，较上年同期提高2.7个百分点。现代服务业发展加快，信息传输、软件和信息技术服务业增加值增长8.2%，租赁和商务服务业增加值增长8.1%，金融业增加值增长8.1%，科学研究和技术服务业增加值增长4.7%。

从投资结构看，工业投资占比持续提升，高技术领域投资增势较好，太阳能发电、水力发电投资增长较快，高耗能行业投资下降，投资结构向绿色转型。国有控股投资占比提高，占全省投资比重为54.9%，较上年同期提高3.5个百分点。科技创新服务投入力度加大，科学研究和技术服务业投资同比增长16.9%，高于全省25.6个百分点，其中专业技术服务业、科技推广和应用服务业投资分别增长43.6%、19.4%。

从消费结构看，前三季度，居民人均可支配收入增长6.5%，收入增长对消费形成了有力支撑。居民人均生活消费支出增长13.0%，升级类消费潜力持续释放，汽车消费特别是新能源汽车消费持续保持高速增长。文化、旅游、会展等相关消费强劲复苏，全省文化、体育和娱乐业增加值增长5.3%，高于GDP增速2.9个百分点。

（三）外贸多点发力，与共建"一带一路"国家贸易高速增长

2023年前三季度，陕西与共建"一带一路"国家贸易额高速增长，对共建"一带一路"国家进出口总额实现942.2亿元，同比增长22.8%，占同期全省进出口总额的31.8%，同比提高10.4个百分点。其中，对中亚五国贸易增长205.2%，中国-中亚峰会成果稳步落地。中欧班列（西安）已成为全国中欧班列的排头兵，开行量、货运量、重箱率等核心指标稳居全国第一。前三季度，中欧班列"长安号"开行3991列，较上年同期增长29.54%。

（四）新动能加速累积，发展后劲不断增强

全省上下聚力推动秦创原和西安"双中心"建设，着力建好人才、资本、科技三个"大市场"，持续深化科技成果转化"三项改革"，力促创新链产业链资金链人才链深度融合，创新驱动取得成效。2023年，评审通过高新技术企业6441家，入库科技型中小型企业17254家，技术合同成交额增长55.3%。经营主体明显增多。前三季度，全省实有经营主体同比增长10.23%，新登记经营主体同比增长21%，先进制造产业、现代能源产业、文化旅游产业和战略性新兴产业四大产业集群领域新登记经营主体增长迅

速，同比增长 32.9%。全省"五上"企业达到 31136 家，较上年末净增
1037 家。财政金融保障有力，前三季度，一般公共预算支出增长 3.6%，其
中民生支出占 78.7%。

三 2023年陕西经济发展面临的国内外环境分析

（一）国际经济发展环境分析

1. 国际大事件

（1）国际能源和粮食危机凸显

在新冠疫情、俄乌冲突、极端天气与气候变化等不利因素影响下，国际
能源和粮食安全问题进一步凸显。就能源安全而言，俄乌冲突增加了能源供
应的脆弱性。在美国对俄实施多轮制裁、采取能源禁运的背景下，俄罗斯向
欧洲出口油气的规模和渠道急剧萎缩，国际油气价格出现跳跃式波动，欧洲
被迫调整能源进口结构，面临潜在的能源安全挑战。就粮食安全而言，目前
有 20 多个国家实施粮食出口禁令或出口限制措施，导致粮食价格上涨和供
应短缺，对全球粮食安全产生影响。

（2）人工智能技术快速发展

2023 年，人工智能技术迎来新的突破。以生成式人工智能为核心技术
的 ChatGPT 在全球掀起人工智能新的科技浪潮，机器学习、深度学习和自
然语言处理等领域的发展将推动人工智能在各个行业的应用迈上新台阶，为
各行各业带来更高效的生产方式和创新的商业模式。人工智能技术的快速发
展将对全球经济产生深远影响，智能驾驶、智能家居、智能医疗等领域的创
新将改变人们的生活方式，并带来巨大的经济效益。

（3）国际交流与合作加深

2023 年 1 月 16 日，世界经济论坛 2023 年年会在瑞士达沃斯开幕，年会
主题为"在分裂的世界中加强合作"，侧重如何应对粮食和能源危机，如何
应对高通胀、低增长和高负债，如何应对工业不景气，如何应对社会脆弱性

问题，如何应对地缘政治风险等五大议题。

2023年9月9~10日，G20峰会在印度首都新德里举行，围绕"同一个地球，同一个家园，同一个未来"的主题进行了三个阶段的会议，峰会通过了《二十国集团领导人新德里峰会宣言》。国务院总理李强在讲话中阐释"三个伙伴"理念，强调"三要三不要"，为二十国集团成员乃至所有国家团结合作、应对全球性危机和挑战指明方向、注入活力。"三个伙伴"是指"推动全球经济复苏的伙伴""推动全球开放合作的伙伴""推动全球可持续发展的伙伴"。"三要三不要"即"要团结不要分裂，要合作不要对抗，要包容不要排斥"。这是中国一贯倡导的和平共处、合作共赢原则主张的具体化，是对当下二十国集团阶段性任务的最好呼应。

2023年10月18日，第三届"一带一路"国际合作高峰论坛在北京举行，国家主席习近平在开幕式上发表题为《建设开放包容、互联互通、共同发展的世界》的主旨演讲，回顾共建"一带一路"10年来的历史性成就，总结成功经验，宣布中国支持高质量共建"一带一路"的八项行动，为"一带一路"明确了新方向、开辟了新愿景、注入了新动力。随着下一个金色十年的开启，共建"一带一路"进入高质量发展的新阶段，将为推动世界经济增长、促进全球共同发展作出新的重要贡献。

2. 主要经济体经济形势①

（1）美国

2023年前三季度，美国经济保持向上增长的势头，GDP达到202698亿美元，同比增长2.4%。从增长动能来看，消费依然是美国经济增长的主要动能，私人投资对经济增长的拉动作用也显著增强，净出口、政府消费和投资继续正向拉动经济增长。

（2）欧元区

2023年第三季度欧元区GDP环比萎缩0.1%。叠加高通胀引发的欧洲居民家庭购买力承压、融资条件收紧、能源供应危机仍未完全消除等多重因

---

① 此节数据来源于新华财经中国金融信息网。

素影响，欧元区经济出现萎缩，低于市场预期。

（3）英国

2023年前三季度，英国GDP为25112亿美元，名义增长率为8.4%，剔除物价上涨因素，实际增长0.5%。英国经济正面临长期的停滞期，增长乏力，没有韧性，动力不足。

（4）日本

2023年前三季度，日本GDP为31240亿美元，剔除物价上涨因素，同比增长1.7%。在货币疲软、长期通胀、海外经济发展前景不明朗等多重负面因素影响下，日本经济复苏显得十分脆弱。

（5）金砖国家

中国前三季度GDP同比增长5.2%，经济恢复步伐加快，新动能持续集聚增强。俄罗斯第三季度GDP同比增长5.2%，这是10多年来，除新冠疫情后的特殊阶段外，俄罗斯国内经济增长最快的速度。印度前三季度GDP同比增长7.1%，经济继续稳步增长，内需较强，贸易较弱。巴西前三季度GDP同比增长3.2%，经济增长与该国农产品大规模丰收及出口量大幅增长有较为密切的关系。南非前三季度经济同比增长率放缓至0.3%，由于能源危机和不确定的商品价格环境，南非的经济增长面临巨大的障碍。

当前，世界百年未有之大变局加速演进，新一轮科技革命和产业变革深入发展，世界动荡变革呈现新的特点与趋势。在地缘政治冲突和自然灾害等非经济因素冲击下，2023年全球经济增长步伐有所减缓，经济复苏将面临更大压力。2024年，全球经济将处于一个低迷、分化、不稳定的阶段，需要各国加强合作和协调，共同应对挑战和风险。

（二）国内经济发展环境分析

1.政策组合拳助力经济持续恢复

2023年，在国外风险挑战和国内多重因素交织叠加带来的下行压力下，我国经济总体持续恢复向好，增长动能持续增强，高质量发展的步伐稳健有力。7月底，中共中央政治局会议提出，要加大宏观政策调控力度，着力扩大内需、提振信心、防范风险，不断推动经济运行持续好转、内生动力持续增强、社会预期持续改善、风险隐患持续化解，推动经济实现质的有效提升和量的合理增长。

从具体政策来看，一是宏观政策实施力度持续加大。启动专项用于灾后恢复重建和提升防灾减灾救灾能力的特别国债发行使用，加快地方专项债发行使用，延续、优化、完善减税降费政策。降低法定存款准备金率，充分发挥结构性货币政策工具作用，大力支持科技创新、实体经济和中小微企业发展。减半征收证券交易印花税，合理确定再融资规模，规范大股东减持，调降融资保证金比例等，从投资端、融资端、交易端等各方面综合施策，提振投资者信心。二是积极扩大国内需求。发挥消费拉动经济增长的基础性作用，通过增加居民收入扩大消费，通过终端需求带动有效供给，把实施扩大内需战略同深化供给侧结构性改革有机结合起来。促进汽车、电子产品、家居等大宗消费，推动体育休闲、文化旅游等服务消费。中共中央、国务院正式印发了《关于促进民营经济发展壮大的意见》，相关部门制定出台促进民营经济发展的具体举措，并设立民营经济发展局，建立健全与企业的常态化沟通交流机制，坚决整治乱收费、乱罚款、乱摊派乱象，解决政府拖欠企业账款问题，切实优化民营企业发展环境。三是重点推进房地产、地方债务、金融领域风险防范化解。各地区各部门积极调整优化房地产政策，降低首套房首付比例和贷款利率，加大保障性住房建设和供给力度，积极推动城中村改造和"平急两用"公共基础设施建设，盘活改造各类闲置房产。有效防范化解地方债务风险，制定实施一揽子化债方案。加强金融监管，稳步推动高风险中小金融机构改革化险。

2. "一带一路"倡议提出十年

2023年是共建"一带一路"倡议提出十周年。经过十年发展，共建"一带一路"已在深化各国政策沟通、推动全球互联互通、重塑国际贸易格局、拉动世界经济增长等方面发挥了重要作用。一是共建"一带一路"倡议得到越来越多国家和国际组织的积极响应，成为当今世界深受欢迎的国际公共产品和国际合作平台。二是基础设施互联互通水平不断提升，"六廊六路多国多港"的互联互通架构基本形成,一大批互利共赢项目成功落地。三是经贸投资合作不断拓展,中欧班列开辟了亚欧陆路运输新通道,共建国家、地区贸易自由化便利化水平持续提升。四是拉动共建国家经济增长,通过发挥共建各国资源禀赋,实现优势互补,共建国家、地区产业链供应链合作更加密切,充分释放参与国家的发展潜力和活力。

共建"一带一路"是中国扩大开放的重大战略举措和外交的顶层设计,有助于构建内外联动的开放型经济体系,促进国内国际双循环,进一步推动中国式现代化。未来,推动共建"一带一路"高质量发展将不断取得新成效,为我国推动高水平对外开放、构建新发展格局提供强大动力。

(三)陕西省内经济发展环境分析

2023年,陕西省委、省政府全面贯彻落实党的二十大精神,深入贯彻落实习近平总书记历次来陕考察重要讲话重要指示精神,着眼形势之变、发展之要、群众之需,深入开展高质量项目推进年、营商环境突破年、干部作风能力提升年"三个年"活动,奋力谱写陕西高质量发展新篇章。大力发展县域经济、民营经济、开放型经济、数字经济,作为推动经济运行整体好转的战略性举措。努力蓄积优势、集成优势、放大优势,不断塑造发展新动能新优势,构建具有陕西特质的现代化产业体系。2022年底,西安获批建设综合性国家科学中心和科技创新中心,陕西加快"双中心"建设,为打造国家重要科研和文教中心、高新技术产业和制造业基地,为实现高水平科技自立自强贡献更多力量。

在首届中国-中亚峰会举行前夕,习近平总书记在听取陕西省委和省政府工作汇报时发表的重要讲话,赋予了陕西新定位新使命,提出新要求新任务,为奋力谱写中国式现代化建设的陕西篇章指明了前进方向、提供了根本遵循。陕西省委省政府全面对标落实习近平总书记重要讲话的战略要求、实践要求:着力强化科技创新、建设现代化产业体系,着力推动城乡融合发展、促进共同富裕,着力推动发展方式绿色低碳转型、提升生态文明建设水平,着力扩大对内对外开放、打造内陆改革开放高地。

陕西省委十四届四次全会提出构建"六个体系"、争做"六个示范"总要求,立足陕西实际,进一步明确了陕西"在西部地区发挥示范作用"的主攻方向。即加快构建支撑有力的科技创新体系、现代化产业体系、城乡区域协调发展体系、文化建设体系、生态保障体系、全域开放体系,努力在以创新驱动引领高质量发展上、提升产业基础高级化产业链现代化水平上、促进共同富裕上、推进文化自信自强上、推动发展方式绿色低碳转型上、打造内陆改革开放高地上争做西部示范。全会展现了三秦大地奋力谱写中国式现代化建设的陕西新篇章的坚定决心,展现了新征程上陕西聚焦高质量发展、努力在西部地区发挥示范引领作用的使命担当。全省各级贯彻落实全会精神,勇立潮头谱写陕西新篇,追赶超越争做西部示范,努力为中国式现代化建设贡献陕西力量。

四 2024年全省宏观经济发展基本面预测

2023年,国际环境复杂严峻,国内经济持续恢复向好,陕西经济延续恢复态势,经济回升的有利条件不断累积,高质量发展迈出坚实步伐。2023年前三季度,陕西突出做好稳增长、稳就业、稳物价等各项工作,生产总值增速为2.4%。2024年陕西围绕中央经济工作会议精神,不断增强经济增长内生动力,稳增长政策效应进一步显现,预计增速将在5.5%左右。

(一)规模以上工业增加值

2023年陕西工业下行态势逐渐扭转,能源工业平稳增长,非能源工业承压较大,但重点产业链增长较快。陕西连续出台了一系列工业稳增长政策,加大助企纾困和奖励扶持力度,大力推动重点产业链延链补链强链,预计2024年全省规模以上工业增加值增速在6.0%左右。

(二)全社会固定资产投资

2023年,陕西投资呈下行态势,但国有控股投资占比提高,高技术制造业投资表现良好，新基建和民生领域等反映高质量发展的指标增势良好，投资结构持续优化。在推进新型工业化的全面部署下，高技术制造业投资加快提升，随着《陕西省高质量项目推进年行动方案》的实施，陕西将持续推进高质量项目建设着力扩大有效投资、优化供给结构，预计全省2024年全社会固定资产投资增速在5.5%左右。

（三）社会消费品零售总额

2023年，陕西消费环境向好，促消费系列政策效应显现，陕西消费品市场加快恢复。《陕西省促进消费增长若干措施》出台，将在推动商品消费升级、培育消费新业态新模式、促进特色消费扩容、激发农村消费潜力等方面发力。另外，采取多项举措营造消费氛围、改善消费环境、激发消费活力，巩固消费持续回暖态势。预计全省2024年社会消费品零售总额增速在6.0%左右。

（四）外贸进出口总额

2023年，受外部需求萎缩和国际环境影响，以出口为主的企业订单明显减少，部分大宗商品进口大幅下降，外资流入放缓，陕西外贸外资均面临较大下行压力。9月《关于着力扩大对内对外开放促进开放型经济高质量发展的实施意见》出台，将对陕西外贸高水平发展起到推动作用，同时深入实施陕西自贸试验区提升战略，落实中国-中亚峰会涉陕成果，预计全省2024年外贸进出口总额增速将为5%左右。

（五）地方财政收入

2023年，陕西地方财政收入受经济下行压力影响，增速相对较低，但西安、咸阳、渭南保持高速增长，体现出这些城市在经济发展方面的活力和潜力。预计全省2024年地方财政收入增速将在6.0%左右。

（六）居民消费价格指数

2023年前三季度，陕西居民消费价格指数（CPI）增速为0.3%，短期内仍将在低位徘徊。随着稳增长政策持续发力以及居民消费信心回升，预计全省 2024 年 CPI 增速将在 1.0% 左右。

（七）城乡居民可支配收入

2023 年，陕西城乡居民收入稳定增长，在《2023 年促进全省城乡居民收入稳定增长行动方案》等措施推动下，陕西力促居民增收，预计全省 2024 年城乡居民可支配收入增速将分别为 5.5% 和 7.0% 左右。

五　2024年促进陕西经济发展的对策建议

2023 年，面对复杂严峻的国际环境和艰巨繁重的国内改革发展稳定任务，陕西省委省政府以习近平新时代中国特色社会主义思想为指导，深入学习贯彻习近平总书记在听取省委和省政府工作汇报时的重要讲话精神，坚持稳中求进工作总基调，完整、准确、全面贯彻新发展理念，牢牢把握高质量发展首要任务和构建新发展格局战略任务，深入推进高质量项目推进年、营商环境突破年、干部作风能力提升年"三个年"活动，奋力谱写中国式现代化建设的陕西新篇章。2024 年，陕西应以党的二十大精神为统领，锚定高质量发展不动摇，牢牢把握"五个新突破"主攻方向和"四个着力"重要要求，继续推动增强工业发展内生动力，纵深推进创新驱动，持续扩大有效投资，多维发力促进消费，推进高水平对外开放，持续优化营商环境，统筹发展和安全等工作。

（一）增强工业发展内生动力，夯实实体经济发展根基

一是强化能源工业支撑力。推进能源化工中下游产业发展，加大各类重点化工项目建设力度，推进能源化工产业延链补链强链，积极探索煤化工与新能源、石油化工、天然气化工、生物化工的耦合路径，为补齐国家化工产业链短板贡献力量。围绕国家能源安全战略与"双控""双碳"目标的实现，继续推进能源化工生产模式转型、产业链构筑与"绿色"体系构建。聚焦多能互补、智慧用能、能效管理等重点方向，加快建设一批综合能源服

务项目，发挥电、气、热、冷、氢等不同能源系统的耦合互补效应，以及数字化赋能效应，示范推动综合能源服务产业发展。

二是提升制造业重点产业链驱动力。深入实施制造业龙头企业培育工程。支持引导先进制造业"链主"企业加大能级跃升，着力打造一批产品卓越、品牌卓著、创新领先、治理现代的世界一流企业。打造优势先进制造业集群。坚持链式布局、集群化发展，做强做精汽车、航空航天、高端装备、新材料新能源、食品和生物医药、输变电装备等优势先进制造业集群，争创国家级先进制造产业集群。培育发展服务型制造业。支持引导现代金融、供应链物流、研发设计、检测认证、软件和信息服务业，加强与先进制造业融合发展、生产与服务协同创新，提升发展支撑能力。

三是积极培育新兴产业新质生产力。推动具有战略性、基础性、先导性的新兴产业加快形成新质生产力。坚持链式化、集群化、生态化布局，培优壮大数控机床、航空航天、新能源汽车、太阳能光伏、光子、新一代信息技术等战略性新兴产业集群。前瞻性布局未来产业。聚力推进科技创新和科技成果转化路径、投融资模式、企业孵化培育、制度政策等创新，加大布局生命科学、生成式人工智能、基因技术、未来网络、氢能储备等一批未来产业，占领发展制高点。

四是加大数字经济牵引力。充分发挥数字技术叠加带动作用，促进数字技术和实体经济深度融合，对传统产业进行全方位、全链条的改造，提高产业体系完整性、先进性、安全性。发挥传统产业数字化转型升级典型案例的示范引领作用，带动陕西省内更多传统企业走上数实融合发展的新道路。推动装备数字化，加快工业互联网创新发展，深入实施智能制造、智慧能源等工程，加快生产性服务业数字化转型，培育供应链金融、服务型制造等融通发展模式。大力推动企业"上云用数赋智"，支持中小企业上云上平台，支持制造企业提升上云比例和云化应用深度，支持制造企业围绕新应用模式开展工业互联网基础能力、标杆能力和创新能力建设。

（二）纵深推进创新驱动，塑造发展新动能新优势

一是构筑全域协同创新格局。强化秦创原示范带动效能，积极构建以西

安综合性科学中心和科技创新中心为主引擎、西咸新区和西部科技创新港为总窗口、西安都市圈为主承载，各市（区）差异化发展的协同创新格局。在推进西安"双中心"建设过程中，健全中央地方协同、多方参与、市场导向的多元投入和省区市联动推进机制，努力把西安打造成为国家重要科研和文教中心、高新技术产业和制造业基地。实施创新平台建设工程，打造"产业创新+企业创新"平台体系，优化省级创新中心建设布局，推进重点市（区）、重点行业、重点产业链全覆盖。

二是强化国家战略科技力量建设。积极融入国家实验室"核心+基地+网络"体系，以突破型、引领型、平台型一体化为方向加快实验室体系重组，支持在航天动力等优势领域争创国家实验室，打造多类型高能级大科学装置集群。要充分发挥陕西高校多、科研力量强的优势，坚持"一校一策"推动"双一流"建设，更好地发挥高水平研究型大学基础研究主力军、科技突破生力军作用。

三是力促成果加速孵化转化。深化科技成果转化"三项改革"，创新用好"先使用后付费""权益让渡""先投后股"等方式，推动科技成果转化得更快、更好、更多、更安全。优化提升一批研发创新平台、产业创新平台、专业服务平台，布局建设一批高水平新型科研组织和新型研发机构，建好用好人才资本科技"三个大市场"，探索建立全国离岸创新基地，大力发展实验室经济，推动创新资源要素配置密度提升、覆盖度提标、有效度提级，促进产业链创新链人才链资金链深度融合。实施新产品开发、推广应用工程。开展千项重点新产品研发、百项"陕西工业精品"遴选行动，支持首台套重大技术装备、首批次新材料、首版次软件研发应用，加快科技成果产业化。

四是营造一流创新创业生态。强化创新资源空间耦合，完善科研基础设施体系，优化成果转化体制机制，推动创新资源聚集、创新功能集成、创新主体融通、创新人才会聚，充分激发"政产学研金"各类创新主体成长活力，推动上中下游、大中小企业协同创新、融合发展。为企业创新主体提供全方位、专业化、系统化的投资孵化及成果转化解决方案，确保科技企业育得出、长得大、留得住。围绕"双中心"建设出台人才支撑保障行动计划，系统布局科技人才发展工作，加快引进和培养拔尖科技领军人才、中青年人才以及科研项目经理人，创建科技人才社区，在科研条件、住房、交通、子女入学等方面提供服务，争取成为"一带一路"顶尖人才首选地。

（三）持续扩大有效投资，推进高质量项目建设

一是优化投资结构。全面把握和抢抓国家战略机遇，储备和实施一批投资项目。聚焦国家战略和民生需求，针对近期出台的超大特大城市城中村改造，推动西安城中村改造迭代。结合陕西省区域特点和产业布局，加快储备先进制造业、重大创新载体、园区设施等领域的重大产业项目，为优化投资结构储备项目。

二是强化项目要素保障。加大资金、土地、能耗等要素保障力度，围绕产业类项目、民生类项目特点，引导社会资本按照市场化原则更多参与重大项目建设，激发和调动民间资本活力。以重大项目建设为牵引，聚焦重点领域，加大制造业中长期贷款和设备更新改造贷款投放，全力保障年度投资目标任务的完成。

三是加强项目全生命周期管理。用足用好"四个一批"项目动态管理机制，实施"谋划、储备、开工、投产"四张清单管理，跟踪推进、销号督办，全力跑出项目建设"加速度"。管好用好中央预算内投资、专项债券等资金，促进重点项目建设提速提效，增强有效投资的支撑作用。

（四）多维发力促进消费，大力提振市场信心

一是激发消费活力，打造消费热点。鼓励企业通过公共网络扩大商品销售范围，新建网络交易平台，大力发展直播电商、社区电商、即时零售等新模式。推动新建和改造智慧商圈、智慧商店、绿色商场，加大知名品牌首店、首发、首秀引进力度，鼓励老字号品牌发展。支持各市（区）和企业发放汽车、家电家居、餐饮等消费券激发消费潜力，促进大宗消费。提升丝博会、欧亚经济论坛、杨凌农高会、全球秦商大会等品牌会议会展活动的影

响力，增强会展对消费活动的支撑带动作用。加快培育预制菜产业园区和龙头企业，发展品牌连锁销售终端，打造新的消费增长点。

二是改善消费条件，完善流通体系。支持西安创建国际消费中心城市，持续开展商业步行街提升改造，打造省级夜间经济聚集区，支持和鼓励商贸物流企业做大做强，完善城市配送体系，提升城市消费能级。推进县域商业建设行动，构建贯通县、乡、村的电子商务服务和快递物流配送体系，引导大型流通企业下沉供应链，加快建设国家电子商务示范基地、示范企业，开展"数商兴农"，补齐县域商业短板。

三是提高居民收入，增强消费能力。以农民为重点提升居民经营性财产性收入，推广订单农业、入股分红、产业联合体等方式，让农民深度参与全产业链发展，更多分享增值收益。盘活农村资源资产，增加农民财产性收入。多举措扩大农民务工规模，促进高校毕业生就业，实施适应新业态发展方向的职业技能培训，推广"互联网+"等新型培训方式，以稳定就业带动工资性收入稳步增长。

（五）推进高水平对外开放，服务构建新发展格局

一是加快发展外贸新业态。支持西安、宝鸡、延安跨境电商综试区建设跨境电商产业园，孵化省级公共海外仓，培育外贸综合服务企业，扩大保税维修和离岸贸易业务规模。大力支持外贸综合服务、市场采购、保税维修、离岸贸易等新业态发展，积极创建国家服务贸易创新发展示范区和数字服务出口基地，力促贸易量质并进。支持省内优势企业抱团取暖、借船出海，共建境外经贸合作园区。推动境外经贸合作区与海外中资项目、省内各类园区（企业）交流合作，在资源要素、经营管理、技术模式等方面拓宽协同合作空间。

二是全力打造开放平台载体。打造高水平的国际创新合作承载平台和服务平台，促进科学要素跨境流动。推进创新合作示范区建设，支持创新理念先进、资源整合能力强的跨国外资企业在陕建设形式多样的开放创新平台，助力创新要素的流动和融合。提高中欧班列西安集结中心辐射带动能级，高

标准打造西安国际航空枢纽，鼓励西安增开、加密国际客货运航班，新开、增开国际货运班列、海铁公铁联运班列、中老班列等，持续推动启运港退税政策落实。优化国际贸易"单一窗口"服务功能，搭建全省跨境电商线上通关服务平台。引导企业利用信用保险政策规避风险，加大对企业的进出口信贷支持力度。

三是深度融入共建"一带一路"大格局。持续稳固和扩大面向东盟地区的对外贸易，共建西部陆海新通道，融入 RCEP 大市场，推动商贸物流合作，促进陕西省优势产品、外贸企业开拓东盟市场。紧紧抓住中国-中亚深化合作的战略机遇，围绕中国与中亚达成的 54 项合作共识和倡议，利用陕西与中亚合作的传统优势，更大力度地提升陕西省面向中亚地区的开放水平。引导省内外贸企业加强对欧洲市场的拓展能力，进一步发挥好中欧班列"长安号"对陕西外贸的带动作用，加速对中东欧地区的贸易和产业布局，进一步扩大贸易规模，增强与中东欧地区经济合作紧密度。

（六）持续优化营商环境，促进民营经济发展壮大

一是优化服务环境。进一步优化政务、政策、要素、法治、政商环境，推动惠企政策直达快享，大力提振市场信心。开辟绿色通道，为新开办企业提供方便快捷的准入渠道。持续推进企业开办事项"优程序、减时限、少跑路"，大力推广"网上办""移动办""自助终端办""帮办代办"等多种便民服务举措，持续推进"证照分离"改革，为市场主体提供 24 小时服务。积极构建小微经济体营商环境互动机制，依托省市县政务服务及群众办事平台，打造小微经济体"诉求"直通车，实现"问题有人管、意见有人听、利益有人护"。

二是改善融资环境。积极为中小民营企业搭建投融资服务平台。围绕专利权、注册商标专用权质押贷款，组织知识产权质押融资惠企专项对接，更大力度推动商标质押融资助企纾困。大力推动"金融驿站"进街道、行政服务大厅、园区和银行网点，推动线上线下协调联动，为中小企业提供一站式普惠金融服务。积极发展微型金融，丰富小微信贷产品，满足小微经济体

"短频急快"的融资需求。

三是强化精准监管。加快构建以信用风险为基础的监管机制，优化监管资源配置，对市场主体实施信用风险分级分类管理，运用互联网、大数据等新技术，以动态监测、分析研判、评估赋分等方式，将信用分类结果与日常监管、双随机抽查等工作相结合，实施差异化管理。对信用等级较高的市场主体，实行"云上"监管，降低抽查比例，以监管服务为主，减少对市场主体正常经营的干扰；对信用等级较低的市场主体，提高抽查比例和频次，采取多部门联合、监管事项全覆盖检查，依法依规实行严管和惩戒。

（七）统筹发展和安全，筑牢经济发展安全屏障

一是保障粮食安全。全力抓好秋粮抗灾减灾，最大限度地促进秋粮增收，弥补夏粮减产减收。针对"烂场雨"暴露的短时间集中调配农业社会服务力量的不足，要围绕粮食"种、管、割、晒、收、保"等环节，推动机械化、智能化，提高粮食生产社会服务水平。加强高效水利设施建设。在农田周围建设截留雨水的蓄水池，以应对极端天气变化。在降水较多的年份，利用截留雨水设施储存雨水，防止农田、道路被冲毁；在遇到干旱时，利用截留的雨水以解"燃眉之急"，将干旱造成的损失降到最低。农业保险应赔尽赔快赔，提高理赔效率，开通保险理赔绿色通道，优化简化理赔流程和手续，最大限度地弥补农民损失。

二是保障能源安全。经济社会发展形势越好，对能源的需求越旺盛，陕西作为能源大省的保供责任压力就越大。加强统筹、调度省属能源生产企业，积极履行能源保供责任，加快优质产能释放。加强电煤中长期合同履约监管，保量的同时还要稳价。加快推进储煤设施建设，稳步提升存煤能力，保障高峰期用煤需求。加强油气储备能力建设，做好生产运行调度，保障成品油供应充足稳定、天然气供需平稳，鼓励发展新型储能设施。畅通煤炭运输通道，全面提高煤炭外送能力，持续提升跨省（区、市）能源保供能力。

三是全力防范系统性金融风险。对已经出现风险的存量政府平台业务，加强统筹安排和对口指导，与金融机构建立顺畅的沟通机制，共同做好风险

化解工作。对新设项目，政府专项债要加强配套、做好引导，与金融机构信贷供给形成相互补充和支持的良好发展局面，避免相互挤压和替代。

参考文献

《2023年前三季度全省国民经济运行情况》，http：//tjj. shaanxi. gov. cn/tjsj/tjxx/qs/202310/t20231031_ 2305442. html，最后访问时间：2023年10月27日。

《共建"一带一路"十周年：成就与展望》，《光明日报》2023年6月27日。

分报告

B.2
2023年陕西农业农村经济形势分析
与2024年预测

赖作莲*

摘 要： 2023年，陕西锚定加快建设农业强省目标，全面推进乡村振兴，加快农业农村现代化步伐，全省农业生产稳定。粮食生产形势稳中向好，蔬菜生产供应能力不断增强，畜牧业稳定增长，农村居民收入较快增长，现代农业全产业链建设成效显著，秦创原农业板块建设成果丰硕。但陕西也面临巩固拓展脱贫攻坚成果压力、农业强省建设存在短板弱项、农业灾害较严重等困难和问题。展望2024年，粮食可能稳产增产，畜禽产量可能保持平稳增长，蔬菜产量可能持续增长，水果产量可能稳定增长。2024年，应持续做好巩固拓展脱贫攻坚成果与乡村振兴有效衔接，加快建设具有陕西特质的农业强省，持续推进农业品牌建设，擦亮"陕字号"金字招牌，打好农业保险组合拳，提升农业抗风险能力。

---

* 赖作莲，博士，陕西省社会科学院农村发展研究所副研究员，研究方向为农村经济管理、乡村治理。

关键词： 农业经济 农村经济 陕西

2023年，面对复杂多变的国内外环境和艰巨繁重的改革发展任务，陕西锚定加快建设农业强省目标，推进七大工程，全面推进乡村振兴，全省农业生产保持稳定，农村面貌持续改善。根据地区生产总值统一核算结果，前三季度全省实现地区生产总值23681.34亿元，按不变价格计算，同比增长2.4%，第一产业增加值1360.23亿元，同比增长3.6%；全省农林牧渔业增加值同比增长3.7%。

一 2023年陕西农业农村经济运行总体情况

（一）粮食生产形势稳中向好，大豆油料种植面积扩大

2023年陕西省全力保障粮食和重要农产品稳定安全供给。全年粮食总产量1323.66万吨，较上年增加25.77万吨，增长1.99%；粮食播种面积4534.5万亩，较上年增加8.25万亩；单产291.91公斤/亩，较上年增加5.16公斤/亩。受不利天气影响，夏粮总产量463.73万吨，较上年减少12.17万吨，下降2.56%；虽然产量较上年略减，但总产量和单产分别较过去五年平均水平提高了12万吨和11.2公斤/亩。秋粮总产量860万吨，较上年增加38万吨；种植面积2899.8万亩，较上年增加31.2万亩。

2023年，陕西将全省大豆播种面积和大豆玉米复合种植面积任务细化落实到田，在陕南浅山丘陵区推广马铃薯—玉米—大豆间作套种，在渭北、陕北春玉米区推广果树幼园套种大豆，千方百计扩大大豆、油料作物种植面积。

（二）蔬菜生产供应能力不断增强，特色瓜果产销形势持续向好

2023年陕西稳步推进现代设施农业发展，加大设施农业核心示范区建

设和老旧棚体集中连片改造提升力度，提高蔬菜反季节和周年供应能力。前三季度，蔬菜及食用菌产量1606.13万吨，增长2.3%①。

按照培优品种、提升品质、打造品牌和标准化生产的思路，加快果业强省建设。前三季度，全省园林水果产量657.92万吨，增长3.5%。水果销售稳步向好，特别是网络销售，上半年陕西水果网络零售实现89.32亿元，同比增长18.23%②。水果出口快速增长，2023年1~7月，全省鲜苹果、鲜梨出口数量分别为1.85万吨和1.69万吨，同比分别增长15.63%和28.03%，销售金额同比分别增长22.74%和57.17%。

（三）生猪生产规模不断扩大，畜牧业稳定增长

2023年前三季度，畜牧业产值同比增长3.4%，市场供应充足。2023年，对第一批生猪产能调控基地进行动态调整，遴选了第二批国家级、省级生猪产能调控基地，将能繁母猪存栏量稳定在合理区间。第二季度末，全省生猪存栏892.6万头，同比增长5.0%；能繁母猪存栏87.1万头，同比增长1.2%。出栏显著增加，上半年，生猪出栏650.8万头，同比增长5.4%，猪肉产量51.7万吨，同比增长5.9%。

牛产业发展平稳，第二季度末，全省牛存栏155.1万头，同比增长0.9%；上半年牛出栏25.3万头，同比下降1.2%。羊存栏稳中略增，第二季度末，全省羊存栏915.5万只，同比增长1.6%；上半年羊出栏303.4万只，同比下降2.2%。家禽生产总体平稳，肉鸡规模快速扩张。第二季度末，家禽存栏7546.4万只，同比增长0.8%；上半年，家禽出栏2376.5万只，同比增长7.8%。

（四）农产品价格保持平稳，生猪、猪肉价格低位运行

2023年前三季度，粮油价格保持平稳。陕西省发展改革委对全省10

---

① 《前三季度陕西省经济稳定恢复 地区生产总值23681.34亿元》，http://m.cnwest.com/sxxw/a/2023/10/26/22004663.html，最后访问时间：2023年10月26日。

② 陕西省果业中心：《2023年1~6月陕西水果电商数据监测分析》，http://www.guoye.sn.cn/2023n/39618.jhtml，最后访问时间：2023年9月5日。

个设区市和韩城市、杨凌示范区重要商品市场价格监测显示：前三季度，成品粮价格保持稳定，面粉价格在2.37~2.44元/斤波动，大米（粳米）价格在2.88~2.95元/斤波动。花生油价格保持总体平稳，并呈波动下降态势，1月平均每5升为153.13元，6月平均每5升为151.38元，9月平均每5升为150.38元。前三季度，23种蔬菜市场平均价格随季节小幅波动，除春节前后平均价格超过4元/斤外，其他时段价格在2.83~3.73元/斤运行。

前三季度，猪肉价格经历了下跌、低位平稳、波动回升的运行轨迹。猪肉（后腿肉）价格从1月的最高价15.3元/斤持续下跌，5月跌破12元/斤后，6月、7月价格在11.6元/斤左右波动，8月逐渐回升，在13.6元/斤左右波动运行。总体上，生猪价格受猪周期低位的影响，前三季度，猪肉价格均处于低位，猪粮比价一直处于盈亏平衡点6∶1以下。

（五）农村从业人数规模创近年同期新高，农村居民收入较快增长

2023年，得益于就业环境的改善，农村从业劳动力总量增加。第三季度末，陕西农村外出务工劳动力总量595.5万人，比上年同期增加20万人，同比增长3.5%。与此同时，本地务工农村劳动力人数也明显增加，从而使农村从业劳动力规模创近年同期新高。第二季度末，全省农村从业劳动力总量达到935.3万人，比上年同期增加24.2万人，同比增长2.7%。

前三季度，陕西农村居民人均可支配收入12676元，同比增长7.6%，增速与全国保持一致；扣除价格因素，实际增长7.1%[①]；增速快于城镇2.3个百分点，城乡收入差距继续缩小，城乡收入比为2.69∶1，较上年同期缩小0.06。上半年全省脱贫人口人均纯收入达8733元，同比增长14.02%。前三季度，农村居民人均生活消费支出11568元，同比增长12.5%。

---

① 《陕西前三季度人均可支配收入增长6.5%，城乡收入差距进一步缩小》，https：//finance.sina.com.cn/roll/2023-10-20/doc-imzruakf0736193.shtml，最后访问时间：2023年10月24日。

二 2023年陕西农业农村经济发展新亮点

（一）粮食生产经受住极端天气的考验，粮食继续保持丰收

2023年，陕西遭遇了历史罕见的"烂场雨"，但夏粮总产量和单产仍高于过去五年平均水平，粮食生产经受住了极端天气的考验。这得益于粮食生产能力的稳步提高。

陕西持续推进高标准农田建设，建管用并举，不断提高农田生产能力。集成推广小麦宽幅沟播技术、玉米增密度技术，将玉米单产提高50公斤，将小麦单产提高40~50公斤，创造了"吨半田"产量新纪录，最高亩产1581.96公斤。

不断提高农业科技装备支撑水平，加大农机研发推广力度，调整完善农机购置补贴政策，打造了主要粮食作物全程机械化示范县23个，主要农作物耕种收综合机械化水平达到72.2%。推动农业社会化服务升级扩面，围绕50个粮食生产重点县推广粮食生产全程托管。推动产粮大县奖励资金全面覆盖，不断提高种粮积极性。

（二）现代农业全产业链建设成效显著，产业集群加快发展

2023年，陕西对现代农业全产业链进行优化调整，新增中药材产业链，形成了生猪、蔬菜、茶叶、牛羊禽肉、乳制品、苹果、猕猴桃、食用菌、中药材等现代农业全产业链。成功创建了20个全产业链典型县，围绕产业链发展关键环节和弱项短板，抓点示范推进产业延链、补链、强链，打造全产业链发展典型县，鄠邑区、富平县等20个县被认定为首批省级产业链典型县。全产业链做法成为主题教育中央第三指导组重点推荐案例。

2023年，陕西新增陕西生猪和陕西蔬菜2个国家优势特色产业集群，累计成功创建了7个优势特色产业集群。渭南市临渭区下邽镇、黄龙县三岔

镇、柞水县下梁镇等 29 个乡镇上榜首批国家农业产业强镇名单。依托优势特色产业集群、国家级现代农业产业园、国家级农业产业强镇、省级现代农业产业园，积极推进产村融合、产城融合，实现集群覆盖产业链、园区覆盖典型县。

（三）秦创原农业板块建设成绩丰硕，农业科技支撑增强

2023 年，陕西加快秦创原农业板块建设，继续推进"三年行动计划"。组建陕西省作物育种共性技术研发平台和创新联合体，构建"院士+技术委员会+专家工作室"的高层次人才体系。杨凌示范区立足发展现代农业"国家队"定位，高标准建设中国（旱区）种业硅谷，大力推动育种研发、农业国际合作纵深发展。全面推进国家旱区农业种业创新基地、国家品种测试评价分中心、种质资源引进中转基地等种业创新平台建设，开工建设良科国家育繁推一体化种子研发中心、省农作物种子繁育加工基地项目。2023 年 1~8 月秦创原农业板块技术交易额超过上年全年的两倍；科技型中小企业数量较上年增长 47%。截至 2023 年 8 月，陕西共建成 9 家国家级农业科技园区、68 家省级农业科技园区、62 家国家级星创天地和 21 个乡村振兴科技示范村。

（四）直播市场发展迅速，"数商兴农"深入实施

2023 年，陕西持续推进数字乡村试点，深入实施"数商兴农"工程，积极培育农产品网络品牌，推动"互联网+"农产品出村进城工程高质量发展。作为电商新业态的直播带货发展迅猛，成为农产品销售的重要渠道。"6·18"期间，陕西水果直播交易额实现 2.07 亿元，同比增长 17.69%；"双十一"期间，全省直播交易额累计实现 17.47 亿元，同比增长 39.91%，占网络零售额的 13%。"数商兴农"促进了农产品加速上行。"双十一"期间，通过直播间、电商平台、小程序、新零售等渠道，全省农产品网络零售额实现 27.87 亿元，同比增长 15.07%。猕猴桃、苹果、坚果、茶饮等持续热销，促进了优质农产品产业链和供应链加快形成。

（五）和美乡村加快建设，乡村治理能力持续提升

2023年，陕西加快建设宜居宜业和美乡村。深入实施农村环境综合整治提升行动，加大农村厕所改造、生活垃圾污水治理力度。上半年，全省新改建农村卫生户厕15.9万座，累计改建农村户用卫生厕所500.3万座，卫生厕所普及率80.7%；93.49%的村庄生活垃圾实现了收运处理；34%的行政村生活污水得到有效治理。持续提升乡村治理能力，不断完善乡村治理措施。2023年，西安市蓝田县汤峪镇、延安市子长市安定镇、安康市白河县卡子镇入选第三批全国乡村治理示范乡镇，西安市阎良区关山街道康桥村、西安市临潼区代王街道山任村、西安市高陵区泾渭街道米家崖村等30个村入选第三批全国乡村治理示范村。陕西在开展乡村治理体系建设试点示范工作中，不断探索和创新，形成了"积分制+""清单制+""网格化+""数字化+"等乡村治理经验和模式。

三 2023年陕西农业农村经济发展存在的主要问题

（一）巩固拓展脱贫攻坚成果防返贫致贫仍面临压力

为巩固拓展脱贫攻坚成果同乡村振兴有效衔接，陕西省着力支持重点帮扶镇和重点帮扶村加快发展，支持返乡创业，推动乡村振兴，但防返贫致贫的压力仍较大，截至2023年6月，全省还有防返贫监测对象7.35万户22.36万人。尽管2023年上半年全省脱贫人口人均纯收入达8733元，同比增长14.02%，但仍有数万脱贫人口年人均纯收入不及8000元。

全省有11个国家乡村振兴重点帮扶县和15个省级乡村振兴重点帮扶县，经济社会发展基础总体还较弱，自身"造血"功能不强，脱贫群众稳定增收压力较大。特别是易地搬迁脱贫人口人均纯收入增速低于全省脱贫人口人均纯收入增速。

资金投入受限，苹果、猕猴桃、茶叶等优势产业的防灾减灾和市场体系

不健全，抵御冷冻、冰雹、干旱等自然灾害和价格波动等市场风险能力较弱；农业特色产业规模化、标准化、集约化程度还较低，产业链和价值链较短，农业科技服务跟进不及时，产业发展的引领带动能力不强，以及扶贫产业同质化等因素，加剧了脱贫群众稳定增收压力。同时，部分脱贫劳动力就业不稳定，外出务工收入减少，还有部分脱贫户内生动力不足。

（二）农业强省建设存在短板和弱项

2023年是加快建设具有陕西特质农业强省的开局之年，但农业强省建设面临一些短板和弱项。

资源环境约束。水资源不足、耕地资源不足、耕地质量不高对农业强省建设构成刚性约束。全省人均水资源量和亩均水资源量，均不足全国平均水平的一半。关中灌区亩均水资源量仅相当于全国平均水平的1/6。水资源不足严重制约了陕西省农业强省建设进程。此外，陕西农业强省建设还受耕地资源不足、耕地质量总体不高的限制。

科技成果转化不够。陕西具有农业科技优势，但是农业科研推广缺少"领头羊"，作物育种上缺乏引领性大品种，全国128家国家级育繁推一体化企业陕西仅有2家，全省生猪、奶牛、家禽90%以上为国外品种。

农业规模化、标准化经营水平偏低。龙头企业带动能力不强，国家级龙头企业55家，仅占全国的2.8%，年销售收入超过100亿元的只有2家，超过50亿元不足100亿元的仅1家，75%的省级龙头企业收入不到1亿元。在省级以上705家龙头企业中，从事种养的生产型企业达352家，一产占比50%。作为陕西现代农业全产业链之一的生猪养殖规模化率较全国平均水平低7个百分点。全省绿色、有机等优质农产品1858个，仅占农产品总数的12.8%。

此外，单产水平较低。2022年陕西省粮食单产286.8公斤/亩，是历史最高水平，但与立地条件相当的相邻8个省（区、市）359.9公斤/亩的平均单产相比，还有每亩73.1公斤的差距。设施蔬菜单产为全国平均水平的72%。茶园亩均干茶产量较全国低22.5公斤，苹果实际挂果果园平均亩产为山东的70%。

（三）农产品品牌竞争力尚需提升

农业强省建设必须不断增强农业竞争力。品牌化是农业现代化的核心竞争力和重要标志，强大的农业要求强大的品牌。陕西农产品品牌建设取得了很大成效，但品牌建设仍有很大的提升空间。

根据2022年中国果品品牌价值评估报告，陕西延安苹果、咸阳马栏红苹果、周至猕猴桃、白水苹果、大荔冬枣品牌价值位列全国榜单前十，但在品牌价值上还存在较大差距，山东烟台苹果品牌价值152.94亿元，新疆库尔勒香梨品牌价值138.07亿元，而居第三位的陕西延安苹果的品牌价值只有82.99亿元。根据2023年中国茶叶区域公用品牌价值评估报告，安康富硒茶、汉中仙毫、汉中红、泾阳茯茶等4个品牌名列排行榜，但在品牌价值上也存在较大差距。位居榜首的西湖龙井品牌价值为82.64亿元，而安康富硒茶、汉中仙毫、汉中红、泾阳茯茶的品牌价值分别为43.8亿元、43.23亿元、14.49亿元和10.41亿元。

陕西将中药材产业链作为现代农业全产业链之一，但中药材的品牌打造还存在差距。2022年中国地理标志农产品（中药材）品牌声誉前100位，陕西只有平利绞股蓝、略阳杜仲2个中药材入选榜单。

（四）农村居民增收面临困难

不仅脱贫群众实现稳定增收压力大，在不利的农业气象条件和市场环境，以及农村改革配套措施不到位等因素的影响下，农村居民增收普遍面临困难。

不利农业气象条件影响农民增收。2023年5月下旬至6月初的连阴雨致夏粮减产，种植户种粮收入损失巨大。全省夏粮总产量463.73万吨，较上年减少12.17万吨；其中小麦产量416.63万吨，较上年减少13.15万吨。夏粮减产或使种粮收入损失数亿元。

市场价格波动也深刻影响农民增收。2023年猪粮比价持续低于盈亏平衡点，生猪养殖连续亏损。根据陕西省农业农村厅畜牧兽医局的监测数据，

2023年1~7月，散养户平均每出栏100公斤生猪亏损243.87元，规模场平均每出栏100公斤生猪亏损242.17元；只有8月有微利，8月散养户平均每出栏100公斤生猪盈利13.31元，规模场平均每出栏100公斤生猪盈利13.94元；9月又继续亏损。农药、化肥、种子等农业生产资料成本上升也挤压了农民增收空间。同时，农村资源盘活渠道不畅影响农民财产性收入增加。村级集体经济总体偏低，经营收益在50万元以上的村只占7.8%，村集体经济对农民的增收作用还较弱。

（五）农业灾害对农业生产影响较严重

2023年不利气象条件不时发生。2月，渭北、关中局地旱情旱象明显。4月，陕西遭遇连续降温，陕北西部、秦岭山区部分地方有小雪、雨夹雪，对农业生产造成了影响，特别是陕北苹果种植区花期面临冻害风险。5月底至6月初，陕西遭遇"烂场雨"，总雨量大，雨量偏多、程度极大，降雨持续时间久。持续降雨天气造成全省800余万亩小麦滞收导致含水量偏高，190.18万亩出现萌动、穗发芽、霉变等灾情，致使夏粮歉收。6月下旬到7月上旬，陕西出现干旱天气，局部出现高温热灾。此外，2023年全省小麦、水稻、玉米等粮食作物病虫害呈偏重发生态势。

与此同时，农业防灾减灾意识还显不足，对待突发气象灾害应急组织不力等问题普遍存在，农业防灾减灾设施设备欠缺，不能满足抗灾救灾需求，粮食作物政策性保险覆盖率低、保障水平不高。

四 2024年陕西农业农村经济形势展望与预测

（一）粮食可能继续稳产增产

陕西强抓耕地保护和种业创新，推进粮食产能稳步提升。严格落实耕地保护制度，确保4327.56万亩耕地保护任务不突破、划定的3379.43万亩永久基本农田全部用于粮食生产。2023年印发《关于高质量建设高标准农田的十条措施》，分区分类加快高标准农田建设，整区域推进、集中连片建设旱涝保收、高产高效的粮田。优先支持粮食主产县申报国家新一轮千亿斤粮食产能提升项目，完善粮食生产补偿机制和全程社会化服务。借助国家陕西种源库力量，建设陕西种源保护库，加快建立种子储备制度，构建育繁推一体化体系，促进良种产好粮。高标准农田建设和种业创新为粮食稳产高产奠定了坚实基础，但粮食生产仍面临极端天气和病虫害的不利影响。

展望2024年，粮食产量将可能总体保持稳定。采用多元线性回归分析法，对2024年陕西粮食产量进行预测，以粮食产量为因变量，以粮食播种面积、粮食生产价格、化肥施用量、极端天气和病虫害的发生概率为自变量，建立回归预测模型。利用二阶自回归求取自变量的预测值。应用Eviews6.0软件进行预测，预测结果显示，2024年粮食产量为1306.2万吨。

（二）畜禽产量可能保持平稳增长

2023年，陕西以稳猪、扩禽、大力发展牛羊为重点，推进生猪、乳制品、肉牛肉羊、家禽四条畜牧业全产业链建设，推动畜牧业高质量发展。坚持"牛羊并重、乳肉同抓"，加快草食畜牧业发展优化产业结构。遴选部、省级生猪产能调控基地，将能繁母猪存栏量稳定在合理区间，持续抓好"双奶源"基地建设。猪牛羊禽肉产量、生猪存栏保持增长，为2024年畜牧业持续稳定发展提供了有利条件。但是2023年，生猪价格持续低迷，养殖户亏损严重，可能使部分养殖户退出，特别是中小猪企和散户可能被淘汰出局。生猪养殖行业门槛的进一步提高，可能影响生猪产品供给。

采用多元线性回归分析法预测，以肉类生产价格、疫情发生概率为自变量，以肉类总量为因变量，建立回归分析模型；并对肉类生产价格、疫情发生概率作二阶自回归。预计2024年猪、牛、羊等肉类总量将可能达到139.7万吨。

（三）蔬菜产量可能持续增长

2023 年，陕西为确保"菜篮子"产品稳产保供，积极推动蔬菜产业提质增效。稳步推进现代设施农业发展。重点扩大设施蔬菜种植规模，推动集中连片设施农业基地老旧设施改造，建设设施农业核心示范区，提高反季节蔬菜供应能力。积极提高蔬菜单产，推动工厂化育苗中心、高标准城市保供基地建设。推进高山露地蔬菜高质量发展，在高海拔地区扩大试点，应用新品种、新技术提高单产，配套应用适宜的机械，提高生产效率；通过施用有机肥和采后预冷等提高蔬菜品质。推进蔬菜、食用菌全产业链建设，着力促进产业链重点县区、重点项目建设和链主龙头企业的培育与壮大。积极推动食用菌链主企业生产设施标准化、工厂化、数字化改造提升。这些措施为2024 年蔬菜稳产保供和质量提升打下了较好的基础。但蔬菜产业仍面临市场销售不畅、劳动力成本上涨、农资上涨等不利因素。预计 2024 年，陕西蔬菜及食用菌产量可能达 2187.5 万吨。

（四）水果产量可能稳定增长

陕西果园面积大、产业集中度高。陕西已建成全球最大的优质苹果集中连片种植基地和全球最大的猕猴桃种植基地，拥有 30 个苹果基地县、6 个猕猴桃基地县。30 个苹果基地县年产量合计超 1000 万吨，面积、产量在全省比重均在 75%以上；6 个猕猴桃基地县的产量在全省比重也大约在 75%。多年来，果业基地县持续推动果园管理水平、生产技术水平等方面不断提高。得益于单产水平的提升，近年来受农业产业结构调整和果园提质改造，在部分基地县苹果种植面积减少的情况下，产量未出现大幅度减少。2023 年，陕西以苹果、猕猴桃为重点，改造低质低效果园，新建标准化果园，创建高质高效示范园，推动全省果业提档升级。规模稳定的基地县和果业提档升级的推进，将有力地保障水果产量稳定增长。同时，水果生产还可能遭受低温、多雨、降雪、冰雹等灾害天气的不利影响。展望 2024 年，水果产量可能保持稳定增长，灾害发生概率按上年计，预计 2024 年水果产量可达 2158.2 万吨。

五 促进2024年陕西农业农村经济发展的若干对策建议

（一）持续做好巩固拓展脱贫攻坚成果与乡村振兴有效衔接

精准落实帮扶措施，根据监测对象风险类别、帮扶需求、发展能力等实施分类帮扶，及时落实针对性、精准性帮扶措施，在产业扶持、就业促进、以工代赈等方面优先支持监测帮扶对象。

以产业发展助力脱贫群众持续增收。结合当地自然禀赋、产业基础、区位交通等条件，大力培育特色产业，加快产业升级，增强苹果、猕猴桃、设施农业和养殖业等传统优势产业核心竞争力；打造农业优势产业集群，不断延伸产业链，完善供应链，提升价值链，不断提升产业发展的增收能力。完善脱贫群众参与产业发展和分享产业增值收益机制，推行"龙头企业+基地+农户""合作社+农户"等多种经营模式，把帮扶产业增值收益更多留给脱贫群众。

创新增收渠道，积极发掘脱贫群众的收入新增长点。挖掘乡村经济价值、生态价值、文化价值，因地制宜发展休闲旅游、生态养老、农村电商等新业态。推动村集体经济的多元发展，鼓励经济强村强镇围绕产业发展，发挥产业、技术、市场发育成熟的优势，向周边薄弱村扩展，带动集体经济薄弱村增加集体收入。

（二）加快建设具有陕西特质的农业强省

立足陕西资源要素条件，加快农业强省建设。强化耕地用途管制，坚决遏制耕地"非粮化""非农化"。推进耕地"云保护"，利用大数据、云计算、人工智能、物联网等新一代信息技术，对耕地保护实行全天候监管。在产粮大县、千万亩粮食规模化经营核心示范区、大中型灌区同步实施高标准农田建设和高效节水灌溉建设。

发挥秦创原农业板块平台作用，加快农业科技创新步伐。着力攻克农业生产"卡脖子"技术，攻克"种子芯片"、关键农机装备等农业关键核心技术。推动农业科技型企业加速成长，建立"创新创业团队—科技型中小企业—农业科技小巨人企业—高新技术企业—瞪羚企业"的科技型企业梯队培育体系。

优化农业生产服务，助力新型农业经营主体纾困。鼓励新型农业经营主体合作共赢，引导农业经营主体联合采购农资和服务，开展农机作业、农产品营销，节约交易费用。加大农机购置补贴力度，拓宽补贴范围，特别是将设施大棚、农用无人机、轨道运输机械设施等纳入补贴。拓宽新型农业经营主体融资渠道，适当降低新型农业经营主体贷款门槛；量身定制金融产品，满足新型经营主体多层次的融资需求。

推进"陕菜"预制菜发展，延长壮大特色农业产业链。推动预制菜企业与农业生产基地合作，促进农业产业延链、强链。积极引进投资规模大、经济效益好、产业链条长、带动作用强的预制菜生产企业落户陕西，支持陕西农业龙头企业、餐饮企业和冷链物流企业积极投入预制菜产业发展，培育发展一批预制菜专精特新企业。

（三）多渠道促进农村居民收入持续增长

多渠道推动农村居民增收，使农村居民收入增长持续快于城镇居民。推动就业增收，扩大农民工资性收入。鼓励产业园区、农业龙头企业、各类小微企业以多种形式提供农民工就业岗位，鼓励发展就业帮扶车间，探索实施对企业吸纳农业转移人口就业的奖励政策。依托专精特新中小企业的培育发展，扩大农民工高质量就业容量。吸引农民工进入家政、养老、托幼等领域就业。规范发展平台经济，支持农民工从事网约车、快递、直播销售等新就业形态。政府投资项目尽可能实施以工代赈，优先吸纳当地农民参与道路交通、地下管线、河湖水系等市政工程建设。

促进创业增收，巩固农民经营净收入。鼓励农业龙头企业和农业产业化联合体通过订单生产、资源配套、市场服务等形式，与农户建立紧密协作关系，带动农民发展产业增收。推动农村一二三产业融合发展，发展农产品加工业，将预制菜产业作为推动农产品加工高质量发展的重要抓手；引导农民参与乡村旅游、田园康养、农耕体验、休闲民宿等新产业、新业态开发运营。鼓励乡村工匠、文化能人、手工艺人等能工巧匠创办乡村作坊、家庭工坊。鼓励农民发展庭院经济。

盘活农村资产，拓展农民财产净收入。支持村集体经济组织以土地资本要素入股园区、建设标准厂房物业、壮大村级集体经济。鼓励农户以土地承包经营权入股新型经营主体。推进农村宅基地"三权分置"制度改革，适度放活宅基地使用权，允许农户闲置宅基地通过出租、入股等方式在一定范围内流转获得收入。推动惠民政策广覆盖，增加农民转移净收入。

（四）持续推进农业品牌建设，擦亮"陕字号"金字招牌

提升农业竞争力是建设农业强省的重头戏。农业品牌建设是增强陕西省农业产业韧性和竞争能力的重要途径。

以数字技术助力"陕字号"金字招牌打造。在坚持用打造"百年老字号"精神、持之以恒地塑强陕西农业品牌的同时，充分利用数字技术推进农业品牌创新发展。强化数据在农业品牌打造和品牌价值提升上的作用，利用消费者数据挖掘有市场需求的产品，采用线下和线上结合的方式传播品牌，以数字化溯源和品牌产权保护品牌。以数字技术挖掘农产品产地文化密码，提升品牌文化内涵。

借力"一带一路"，提升陕西农业国际竞争力。加强与共建"一带一路"国家的农业技术与贸易合作。引进国际先进技术，促进农业产业转型升级和提升竞争力，推动苹果、猕猴桃、陕茶等优势农产品打入国际高端市场。加快推进上海合作组织农业技术交流培训示范基地建设，在实施面向上合国家的援外培训中，促进农业技术创新、先进知识和经验交流，提升杨凌农业科技国际影响力。

（五）打好农业保险组合拳，提升农业抗风险能力

产业韧性强是农业强省建设的基础保障。农业灾害频发、市场波动剧烈

不利于农业产业韧性提升。要不断完善农业保险制度，提升农业抗风险能力。

探索主粮作物完全成本保险和种植收入保险试点。在咸阳地区试点主粮作物收入保险的基础上，提高粮油作物物化成本保险保障水平，争取中央主粮作物完全成本和种植收入保险在陕西省粮食主产县试点。在樱桃完全成本保险、露地蔬菜完全成本保险等纳入省级支持范围后，支持增加完全成本保险试点品种。

推进"保险+期货"模式创新。总结借鉴延长县苹果"保险+期货"项目、佳县生猪"保险+期货"项目的经验，创新推进"保险+期货"模式，扩大试点规模和覆盖品种。鼓励在"保险+期货"基础模式中，探索传统养殖保险和生猪价格保险相融合的生猪养殖收入保险，并借助人工智能技术进行生猪数量识别和养殖情况监测，提高生猪养殖保险保障水平。支持保险公司与期货公司、商业银行合作，探索更多地方优势特色农产品"保险+期货"价格险向收入险转型升级。

优化地方财政保费补贴政策。扩大财政补贴范围，推动农业保险持续"扩面"。将苹果、设施农业、奶山羊等 3 个保险品种纳入中央财政对地方优势特色以奖代补，加大对猕猴桃、仔猪等地方特色农业产业保险的支持力度。适当提高省级财政保费补贴比例，降低市县财政补贴比例，减轻基层财政补贴压力。

参考文献

《2023 年上半年陕西民生经济运行报告》，https：//snzd. stats. gov. cn/fbjd/2023/45158. shtml，最后访问时间：2023 年 9 月 19 日。

《陕西聚力打造千亿、百亿级产业链》，https：//www. sohu. com/a/718961732_119659，最后访问时间：2023 年 10 月 4 日。

《陕西科技创新重要指标实现快速增长》，https：//baijiahao. baidu. com/s？id = 1774887443408211810&wfr=spider&for=pc，最后访问时间：2023 年 10 月 21 日。

B.3
2023年陕西工业经济运行分析与2024年预测

陕西省社会科学院经济研究所课题组[*]

摘 要： 2023年，陕西工业经济承压运行，工业生产稳中趋缓，工业结构持续优化，工业投资增势良好，工业企业盈利承压，下行压力较大，仍然存在区域工业发展差距较大、产业创新能力较弱、产业链条存在短板、人才供给存在制约的问题。未来，在国际环境日趋复杂严峻、国内需求明显萎缩、重点工业产品价格下降等多重因素影响下，陕西需要在提升产业创新能力、加快产业结构优化升级、推进产业数绿融合、促进"四链"深度融合、激发市场主体活力、打造先进制造业产业集群等方面多措并举，推动工业经济提质增效。

关键词： 工业经济 科技创新 数绿融合 新赛道 陕西

一 2023年陕西工业经济运行分析

2023年，受国际环境日趋复杂严峻、国内需求明显萎缩、重点工业产品价格持续下降等因素影响，陕西工业经济下行压力进一步加大，工业生产走弱。面对增长压力，陕西连续出台了一系列工业稳增长政策，加大助企纾困和奖励扶持力度，大力推动重点产业链延链补链强链，支撑工业企稳回

---

[*] 课题组负责人：裴成荣，陕西省社会科学院经济研究所所长，二级研究员，研究方向为城市与区域经济、产业经济；执笔人：宫汝娜，陕西省社会科学院经济研究所助理研究员，研究方向为产业经济。

升，政策效应逐步显现，积极因素不断累积，全省工业发展保持了底盘稳、韧性强、潜力大的特征，装备制造业较快增长，新兴动能规模不断扩大，对全省经济稳增长起到有力支撑作用。

（一）工业生产稳中趋缓，下行压力较大

2023年，陕西工业生产整体放缓。总体来看，前三季度，全省规模以上工业增加值同比下降1.5%[①]，较上半年降低1.8个百分点，比2022年同期降低10.2个百分点，降幅较1~8月扩大0.1个百分点，下行压力较大。从三大门类看，三大行业"一增两降"，采矿业增加值增长1.1%，制造业增加值下降4.2%，电力、热力、燃气及水生产和供应业增加值下降3.7%。从季度增速来看，前三季度均低于上年同期增速，且呈阶梯式下降，第一季度，全省规模以上工业增加值累计增速为3.2%，比2022年同期低5.9个百分点；第二季度规上工业增加值增速为0.3%，相比第一季度有所回落，比2022年同期低8.3个百分点；第三季度增速相比第二季度有所回落，降幅较前两个季度收窄（见图1）。从当月增速来看，进入第二季度后，工业生产走弱，规上工业增加值月度增速已连续5个月负增长，累计增速进入第二季度后持续回落，1~7月由正转负，从8月起，规上工业增加值月度降幅连续两个月收窄，9月，全省规上工业增加值同比下降2.0%，降幅比7月收窄0.9个百分点，比8月收窄0.7个百分点，工业运行中的积极因素正在不断显现。

从区域比较来看，前三季度全国规模以上工业增加值同比增长4.0%，陕西规上工业增加值增速较全国平均水平低5.5个百分点（见图2），居全国后列。从当月增速来看，前三季度陕西每月规上工业增加值增速均低于全国平均水平。这一方面是因为上年疫情叠加俄乌冲突，全球大宗商品价格上涨，拉动陕西能源工业，使上年基数较高；另一方面，美国晶片法案出台等全球主要经济体产业政策变化，对陕西的半导体等产业造成影响，说明陕西在相关产业领域的抗风险能力不足，对外贸易经验薄弱，产品优势并未完全建立。

[①] 本研究报告数据来源于国家统计局与陕西省统计局。

图1　2022年1月至2023年9月陕西规模以上工业增加值累计增长情况

资料来源：陕西省统计局。

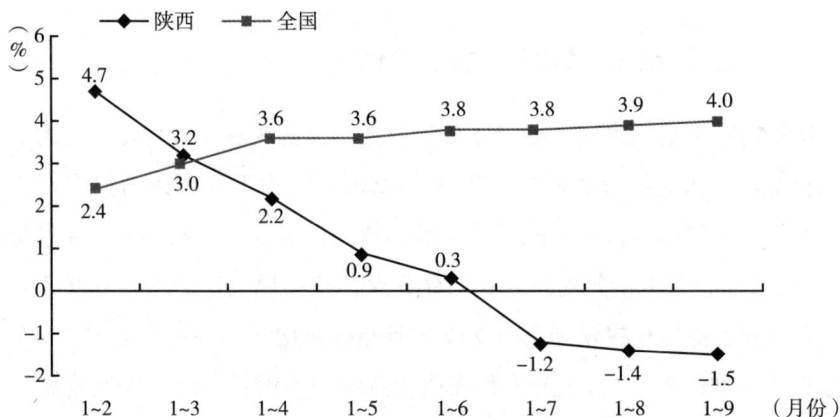

图2　2023年1~9月陕西与全国规模以上工业增加值累计增长情况

资料来源：国家统计局、陕西省统计局。

从产品产量来看，能源工业生产稳定，高科技产品生产加快。在能源产品中，原煤生产稳定增长，前三季度，全省生产原煤5.64亿吨，同比增长1.3%，尤其是7月、8月，分别生产原煤6480.8万吨、6492.7万吨，月增速分别为4.6%、3.9%，拉高原煤整体累计产量；原油生产缓中趋降，前三季度，全省生产原油1875.6万吨，同比下降2.2%，比上半年上升0.4个百分点，降幅有所收窄；原油加工量降幅不断收窄，上半年，全省加工原油885.2万吨，同比下降7.9%，从7月起，降幅持续收窄，前三季度，原油加工量为1387.0万吨，比上半年上升6.0%；天然气生产增长较快，前三季度，全省生产天然气242.5亿立方米，同比增长7.6%，比上半年提高3.0个百分点；电力生产稳定增长，前三季度，全省发电量累计2170.9亿千瓦时，同比增长6.0%，比上半年提高0.2个百分点，电力产品中，火力、风力发电稳定增长，水力发电增速较快，太阳能发电量增速下降。在非能源产品中，新产业持续发展壮大，高科技产品生产加快，前三季度，汽车产量累计101.37万辆，同比增长35.8%，其中，SUV产量同比增长45.8%，代表高技术产品的新能源汽车产量72.31万辆，同比增长42.1%；前三季度，太阳能电池产量同比增长129%，集成电路圆片产量同比增长19.3%，变压器产量同比增长12.5%。

（二）工业结构持续优化，行业分化明显

从不同行业增速来看，各行业分化明显，能源工业生产稳定，有力支撑了工业增长。从主要行业来看，2023年以来，能源工业增速增势要好于非能源工业，前三季度，规上能源工业增加值同比增长1.5%，较1~8月加快0.3个百分点，较上半年提高0.6个百分点，拉动规上工业增长0.9个百分点，为全省工业增长提供了有力支撑。能源行业增长存在一定差异，4个能源行业"三增一降"，煤炭开采和洗选业持续稳定增长，前三季度同比增长1.1%，比上半年回落0.4个百分点；石油和天然气开采业增速平稳，前三季度同比增长3.7%，比上半年加快0.7个百分点；石油、煤炭及其他燃料加工业稳定回升，前三季度同比增长2.7%，较上半年提高3.7个百分点；电力、热力生产和供应业同比下降1.2%，降幅较上半年收窄3.7个百分点。

受国内需求萎缩、新增动能不足、市场竞争加大等复杂因素影响，非能源工业运行持续下行，装备制造业增长较快。前三季度非能源工业增加值同比下降5.9%，增速较1~8月回落0.7个百分点，较上半年回落4.7个百分点。具体来看，装备制造业增长较快，转型升级成效明显，前

三季度，规上装备制造业增加值同比增长3.8%，高于规上工业增速5.3个百分点，其中，计算机、通信和其他电子设备制造业增长16.9%，汽车制造业增长29.1%，自年初以来均保持两位数增长，对全省工业经济拉动明显。

从重点产业来看，陕西特色现代化工业体系建设不断取得新进展，新动能发展优势持续巩固，新能源产业蓬勃发展，前三季度，全省新一代信息技术产业增加值同比增长9.8%，新能源汽车产业增加值增长20.1%，新产业持续发展壮大。以新能源汽车和太阳能电池为代表的新能源产业发展迅速，前三季度，太阳能电池产量3136.7万千瓦，同比增长129.0%，充电桩产量33.3万个，同比增长132.4%，新能源汽车产量同比增长42.1%；新一代信息技术产业创新力度不断提升，半导体及集成电路产业规模位居全国前列，隆基绿能是全球最大的单晶硅光伏产品制造企业和国际单晶硅片标准的制定者，三星西安工厂闪存芯片产能约占全球产能的15%，奕斯伟12英寸大硅片项目产能规模国内领先；新材料产业转型升级势头强劲，宝鸡已成为全球最大的钛产业发展聚集区，宝钛集团实现了我国钛领域国际标准制定零的突破。

（三）工业投资增势良好，投资结构持续优化

工业投资占比持续提升，前三季度全省工业投资占全部投资比重为27.3%，较上半年提升0.8个百分点。高技术领域投资增长较快，前三季度，全省高技术制造业投资同比增长0.7%，高于投资增速9.4个百分点，其中，电子及通信设备制造业投资增长2.7%，航空航天器及设备制造业投资增长32.6%，西安奕斯伟硅产业基地二期项目、三星电子闪存芯片产品升级、大型载重无人机、有人机及航空发动机项目、阎良区航空供应链配套项目等大项目带动作用明显。制造业重点产业链发展提速，前三季度，汽车制造业投资同比增长12.4%，比亚迪新能源乘用车零部件二期项目、西咸新区秦汉自动驾驶产业园起步区等汽车产业项目进展较快；电气机械和器材制造业投资增长22.7%，光伏设备及元器件制造投资增长迅速，隆基乐叶

高效单晶电池项目、众迪锂电池年产 12GWh 新型动力电池扩产项目等光伏产业项目带动作用强；石油、煤炭及其他燃料加工业投资增长 24.4%，实体经济发展基础进一步夯实。

（四）工业企业盈利承压，企业利润降幅收窄

从企业经营效益看，工业企业利润出现明显下行趋势，增速逐月下降，前三季度，全省规模以上工业企业实现营业收入 23035.4 亿元，同比下降 8.7%，较上半年回落 4.7 个百分点；实现利润总额累计 2582.1 亿元，同比下降 26.3%，较上半年回落 0.8 个百分点，降幅较 1~7 月收窄 0.1 个百分点。企业经营成本升高，1~8 月，规模以上工业企业每百元营业收入中的成本为 78.22 元，同比增加 2.24 元；每百元营业收入中的费用为 6.98 元，同比增加 0.49 元。

8 月末，规模以上工业企业每百元资产实现的营业收入为 132.7 元，同比减少 19.8 元；人均营业收入为 207.9 万元，同比减少 15.8 万元。助企纾困效果明显，企业亏损有所改善，前三季度，全省规上工业亏损 2161 家，企业亏损面为 27.6%，较上半年降低 0.3 个百分点；亏损企业亏损总额累计 292.2 亿元，同比增长 31%，较上半年回落 5.2 个百分点。

二 2023年陕西工业经济运行存在的问题

（一）区域工业发展差距较大

除西安、榆林外，其他地区产业规模较小，省内产业布局有待改善。陕西已经形成了以西安高新技术产业开发区、西安国家民用航天产业基地、西安经济技术产业开发区为核心的产业聚集区，以集成电路产业为例，省内 90%以上的集成电路企业集中于上述区域，且大部分集中在西安高新区区域。产业集群化发展的趋势明显，作为陕西经济"领头羊"，工业是拉动西安经济的主要力量，前三季度，西安规上工业增加值同比增长 7.4%，分别

高于全国、全省 3.4 个、8.9 个百分点，但省内其他地区工业生产面临较多困难，前三季度，宝鸡工业增加值同比下降 13.5%，咸阳工业增加值同比下降 4.6%，渭南工业增加值同比下降 4.2%，延安工业增加值同比下降 1.9%，汉中工业增加值同比下降 7.8%，安康工业增加值同比下降 23.5%，商洛工业增加值同比下降 18.7%，应进一步以西安为中心，联合其他地区，整合现有的产业资源，发展上、下游的配套产业链，促进各地产业协同发展。

（二）产业创新能力较弱

产业研发投入强度、新产品产值率、研发活动覆盖率仍然偏低，企业创新能力和成果转化能力还比较弱。主要表现在如下方面，一是企业创新活动不够活跃。规上企业研发活动覆盖率、研发投入强度、新产品产值率均低于全国平均水平。二是创新主体有待壮大。代表产业创新先进力量的制造业单项冠军、"小巨人"企业占全国总数的比重不到 3%，专精特新中小企业占全省规上企业的比重不到 12%，产业创新主体规模和创新水平仍有很大提升空间。三是创新生态尚需优化。要素供给、制度供给与市场需求不对称、赋能不到位，政策支持不够精准，创新生态活力迸发的"良田沃土"尚未形成。

（三）产业链条存在短板

产业链存在关键核心技术"卡脖子"问题。以 24 条重点产业链中位列首位的数控机床产业链为例，一是除秦川集团外，缺少更多能够带动产业发展的龙头企业，中小企业、民营企业主体的规模、数量、活力相较于浙江、广东等沿海数控机床发达省份有一定差距。二是产业链条存在"断链""弱链"环节，如关键部件方面的五轴摇篮转台、五轴摆头、直线电机，软件方面的机床设计、仿真软件、后处理软件等。三是产品在中低端市场有一定竞争力，但在高端市场方面，未完全掌握主机与核心部件的关键技术，精确度、稳定性、可靠性同国际先进产品存在一定差距。

（四）人才供给不足

陕西地处西北，经济发达程度和市场化程度与东南沿海地区存在一定差距，导致人才流失严重，从普通技工、专业技术人才、科技创新人才到复合型人才均有不同程度缺口，一定程度上制约了产业的发展。以生物医药行业为例，医药行业属于知识密集型及技术密集型产业，需要将多学科的知识技术加以整合与应用，对人才的素质要求较高，行业也急需技术兼经营的优秀人才，虽然陕西高校众多，但在平台资源和城市吸引力方面都不及东部省份。

三　陕西工业发展环境分析及2024年预测

（一）2024年陕西工业经济运行面临的形势研判

1. 全球主要经济体产业政策本土化回流

全球主要经济体产业政策本土化回流，芯片产业链供应链实施"去中国化"，将重创我国半导体产业链，使高新技术产业发展被掣肘。2022年8月，美国签署了《2022年芯片和科学法案》，加大对美国半导体产业发展的资金支持，限制补贴企业与中国合作。2023年1月，美国联合日本、荷兰于华盛顿签订关于扩大对华芯片技术限制的协议。2023年，日本将23项与芯片制造有关的设备和材料列入出口管制对象。日本、荷兰、美国在半导体设备和材料领域占据重要位置，三国达成限制协议将对中国先进半导体制造能力产生较大影响，自半导体出口管制措施实施以来，我国半导体设备采购受到较大打击，半导体设备进口规模呈现大幅下降趋势，我国集成电路的进口规模也出现了明显的下降。目前我国高端芯片主要依靠进口，缺乏高端芯片可能会阻碍我国企业以具有成本效益的方式进行图像和语音识别等任务所需的高级计算，进一步削弱我国科技产业创新能力和发展潜力。陕西半导体产业规模在全国排名靠前，拥有英特尔、紫光国芯、三星、西岳、美光、华天、隆基硅等集成电路产业链代表企业，全球产业链恢复缓慢、产业政策去全球化将对陕西半导体产业发展产生溢出效应。

2. 美欧实施大规模绿色产业补贴政策

美国不断加大对其本土新能源汽车、清洁能源开发等绿色产业的保护力度，加速全球新一轮绿色博弈，2022年通过的《通胀削减法案》只针对在北美地区组装的电动汽车实施税收抵免优惠，支持发展本土绿色工业生产，刺激绿色消费，力图在电动汽车和电池领域"牵制中国"，实现电动汽车产业链美国本土化。2023年3月欧盟委员会推出《净零工业法案》和《关键原材料法案》，给予本土绿色产业更多支持，防止企业将产能转移。美欧大规模绿色产业补贴政策，将搅动全球产业链、供应链布局，恶化全球产业生态，给我国新能源产业发展带来严峻的挑战。以新能源汽车为例，美国对本土新能源汽车行业提供大量税收优惠和补贴，歧视在华生产的原料和商品，促使部分跨国企业将部分产业链转移到其他国家。欧洲在绿色产业领域更加依赖中国，但在供应链多元化的政策背景下，欧洲将转而从澳大利亚、非洲、东南亚以及美国等地进口更多的原材料，对于我国依赖减少，长此以往将对我国的国际贸易和绿色产业链带来不利局面。

3. 六大支柱产业塑造工业发展新优势

陕西一直以来大力实施工业强省战略，实践"十四五"制造业高质量发展规划，重点发展高端装备、电子信息、节能与新能源汽车、现代化工、新材料、生物医药六大支柱产业。高端装备产业方面，以航空航天装备、先进轨道交通装备、智能制造装备、节能环保等装备为重点，布局在西安、宝鸡、汉中、渭南、咸阳、榆林等地，打造全国高端装备研发和制造中心；电子信息产业方面，陕西电子工业高速增长，重点发展半导体及集成电路、智能终端、新型显示、太阳能光伏等领域；节能与新能源汽车方面，陕西瞄准绿色化、智能化发展方向，新能源汽车产业呈现爆发式增长态势；现代化工产业方面，依托省内煤油气盐综合资源优势，以打造"世界一流高端能源化工基地"为发展目标，重点发展高科技绿色环保、高附加值的精细化学品和化工新材料，做大做强现代化工产业；新材料产业方面，西安市作为国家级新材料及产业化基地，聚集了一大批新材料产业科研机构和企业，目前已形成以超导材料、有色金属材料等为主导的产业体系；生物医药产业方面，聚焦生物药、创新药、高端医疗器械、医药研发及医疗服务，已经形成了相对完善的门类和体系，具有一定的发展潜力和优势。

4."双中心"建设助力工业创新发展

2023年陕西省政府工作报告指出，西安获批建设综合性国家科学中心和科技创新中心，成为继北京、上海以及粤港澳大湾区后第四个获批建设"双中心"的城市。习近平总书记强调，建好西安综合性国家科学中心和科技创新中心，努力打造国家重要科研和文教中心、高新技术产业和制造业基地。综合性国家科学中心是国家创新体系建设的基础平台，致力于突破重大科学难题和前沿科技瓶颈，提升基础研究水平；科技创新中心是在综合性国家科学中心的基础上进一步将科研成果进行应用及产业化发展。"双中心"获批建设意味着陕西科技发展方向将以"基础科学理论研究+技术研发+成果转化""三驾马车"并驾齐驱，不仅汇聚众多前沿理论，更多的是创新要素集聚、先进产业铺展，陕西将借助"双中心"建设机遇，持续释放"西引力"，打造具有全球影响力的硬科技创新策源地和具有前沿引领性的新兴产业衍生地。

5.秦创原创新驱动平台为企业发展提供强大支撑

自秦创原创新驱动平台建设以来，秦创原总窗口建设成效不断凸显，创新资源加速聚集，创新生态持续优化，科技型企业蓬勃生长。一是产业园区、创新平台为企业发展提供了强大支撑，科技型企业不断培育壮大，截至2023年6月底，53205项科技成果实现单列管理，12973项成果正在实施转化，高校院所科研人员累计创办领办企业832家；二是进一步促进"两链"深度融合，2023年上半年，依托省级科技专项和创新平台，相关科研团队、企业攻克349项关键技术，解决21项"卡脖子"难题，填补国内产业空白22项；三是创新"生态雨林"加速构建，筑"巢"引"凤"显现成效，2023年上半年，秦创原创新促进中心联盟成立，组建了首批15家高校工作站，选派52名科技经纪人入站，新建了300支"科学家+工程师"队伍，培育技术经理人 837 名，"校招共用"支持企业引进高层次人才 124 名；四是为企业提供资金支持，秦创原科创基金充分发挥国有资本的引领作用，通过构建多层次、分阶段、全周期的子基金集群，畅通创新链与产业链之间的资本供给，切实解决了科创企业融资难问题。

（二）2024年陕西工业经济运行趋势展望

2023 年以来，面对复杂多变的内外部环境和经济运行下行压力，全省工业经济运行总体稳中趋缓，生产、效益呈现"前高后低"逐渐趋缓态势，这既有部分行业、部分企业生产经营情况不佳、持续增长乏力的原因，也受到 2022 年同期工业增长高基数影响。面对增长压力，陕西连续出台了一系列工业稳增长政策，加大助企纾困和奖励扶持力度，聚焦大力发展先进制造业，以优化结构为目标、以科技创新为引领、以骨干企业为承载、以数字赋能为抓手、以绿色低碳为导向，扎实推进陕西新型工业化建设，陕西工业经济将在机遇和挑战中重塑竞争力。综合内外部环境，结合形势研判，2024年，省内工业稳增长、促投资等一揽子政策将持续显效，高质量项目不断推进，为工业稳步回升提供保障，陕西规模以上工业增加值将保持恢复态势，工业经济运行企稳回升、稳中向新。

分产业来看，新产业新动能持续走强，高技术制造业、战略性新兴产业占比将持续提高，新一代信息技术、新能源汽车、新材料、大数据、人工智能、生物质能等新产业新动能领域市场主体不断扩张，在工业高质量发展中发挥引领作用。数字经济发展势头强劲，数字产品制造业、数字技术应用业等数字经济核心产业快速发展、能级不断提升，将成为推动陕西经济社会高质量发展的重要引擎，同时赋能制造业高质量发展实现新跃升。

四 推动陕西工业经济提质增效的对策建议

（一）持续提升产业创新能力，构建科技创新体系

提升关键核心技术攻关能力。一是强化产业基础技术攻关。实施产业基

础再造工程，编制产业基础创新发展目录，加快突破关键原材料、机器人、光电子、高端软件等核心领域，精准补齐基础零部件、基础元器件、基础材料等方面短板。二是推进制造业"卡脖子"技术精准攻坚。大力推广"揭榜挂帅""军令状"等重大科研任务组织方式，积极开展"卡脖子"技术精准攻坚行动，集中突破一批"卡脖子"技术，支持制造业产业链扬优势补短板强弱项。

强化企业技术创新能力，构建产学研相结合的科技创新体系。一是健全企业主导产业技术研发创新的体制机制，支持企业建设各级"一企一技术"研发中心、工业设计中心等研发机构和创新平台。鼓励企业根据发展需要自主设立研发机构，在所处行业和领域内着力突破关键核心技术，抢占科技战略制高点。二是推动企业提高研发投入、开展研发活动、加强研发机构和研发人员队伍建设，提升产业技术研发和创新成果产业化水平。三是完善科技创新体制机制，重视产学研在科技创新中的联动作用，将企业、高校、科研院所高效结合，整合全要素资源向重点产业集聚，实现关键核心技术突破。

（二）加快产业结构优化升级，抢占新赛道，培育新动能

狠抓传统产业升级改造，深化供给侧结构性改革。一是以节能低碳为目标推动产业绿色化，陕西是全国能源资源富集区之一，传统产业节能减排压力较大，应加大节能降碳先进技术开发力度和推广应用，打造能源互联网，实现能源生产与大数据深度融合，推进现代化矿井建设，推动大型煤矿智能化改造，推动产业绿色化改造升级。二是实施产业集群提升工程，将传统产业改造升级和延伸产业链、发展上下游产业紧密结合起来，实施传统产业链延链强链补链工程，每年开展一批增强优势、补齐短板重点任务攻坚，着力打造细分领域特色优势产业链。

围绕产业链短板重点布局，强化战略导向，加快形成新质生产力。一是围绕战略性新兴产业和未来产业发展加强科技创新体系建设，出台支持省级实验室建设发展的若干措施，力争更多国家级重大科技平台在陕落地。二是以解决产业链空白、薄弱、短板环节为重点，组织实施产业基础再造工程项

目，聚焦新兴产业领域，组织实施重大科技创新工程项目，实施"工作项目化、项目清单化、清单责任化"推进。三是在核心零部件等重大产业领域，充分调动企业自主研发积极性，发挥资本积极作用，不断提高创新要素市场化配置能力，保障产业链供应链安全稳定。

充分发挥自身区位和资源禀赋优势，抢占经济新赛道。一是充分发挥西部陆海新通道关键节点的区位优势，形成面向中亚、南亚、西亚国家的对外开放通道，更好发挥陕西在联通国内国际双循环和服务"一带一路"大格局中的战略作用。二是陕西具有丰富的高校资源，在推动科技创新中具有天然优势，要充分盘活创新要素，以实体经济作为塑造高质量发展新动能的重点，不断释放经济新活力，推动产业向高端化、智能化、绿色化方向发展。

（三）推进产业数绿融合，激发联动效应

完善大数据资源管理，加强产业创新基础设施建设。夯实工业互联网平台、工业软件、智能硬件和装备、网络设施及安全等基础支撑，支持综合型、特色型和专业型工业互联网平台建设，搭建省级重点工业互联网平台，推动平台汇聚工业大数据、工业 App 和数字化转型解决方案等赋能资源。抓住大数据资源的发展契机，以大数据信息分析为新型产业创新生态系统建设提供创新资源，通过制定相应政策来加强大数据资源的管理，以进一步完善创新资源配置，促进产业创新活动的持续良好开展。

推动企业数字化转型，发挥绿色发展优势。一是加快推动龙头骨干企业、中小企业、产业链"智改数转"，充分发挥陕西集成电路等产业优势，培育一批生态主导型产业链"链主"企业，支持"链主"企业推行数字化交付，带动上下游企业数字化协作和精准对接，培育数字化产业生态。二是实施中小企业数字化赋能专项行动，高标准建设中小企业数字化转型促进中心等载体，构建从技术创新、产业孵化到应用推广的全方位数字化服务体系，持续为中小企业提供数字化转型服务，鼓励平台企业、转型服务商、电信运营商等提供普惠性质的公有云底座、低代码软件等数字工具，开发使用便捷、成本低廉的数字化解决方案，降低中小企业"上云上平台"成本。

激发数绿融合发展的产业联动效应。一是以数字化赋能绿色化发展，以物联网、区块链、云计算等数字技术助力工业领域的能源供给、传输、存储、使用等过程，通过数字建模、决策优化等方式实现节能减污降碳、实现资源的高效利用。二是以绿色化促进数字技术升级，以能源结构转型、资源循环利用、碳排放降低等为目标的产业绿色化发展，对数字化采集技术、网络化传输性能、工业领域的数字建模及数字孪生技术提出更高要求，推动数字技术与各行业深度融合，进一步提升数字化赋能。

（四）促进"四链"深度融合，建立和完善产业生态

破除体制机制障碍，拆除"篱笆墙"。陕西为促进创新链、产业链深度融合制定了一系列政策措施，但科技成果转化仍存在不够、不顺、不畅等问题，科技创新活动存在"孤岛"现象。破除体制机制障碍，拆除阻碍产业化的壁垒，一方面，以产业需求为导向进行创新，强化产业关键技术攻关，由省级部门牵头，支持24条重点产业链"链主"企业与上下游企业协同攻关；另一方面，以创新成果引导产业发展、升级产业，对已完成技术攻关转向大规模产业化的优质项目进行全要素赋能支持，真正实现创新链、产业链互动、互促、互融。

优化创新创业生态环境。一是完善优质企业孵化育成体系，探索实施"创业导师+专业孵化+创业投资"高端孵化服务模式，推动持股孵化、基金孵化、采购孵化和外包孵化，提升创业孵化服务水平。打造产业服务共享平台、科技信息共享平台、技术创新共享平台，为企业提供信息、技术、咨询、成果转化等方面的服务。二是支持领航型企业发挥产业链"链主"作用，通过行业协会、产业联盟等方式，在技术攻关、产品配套、品牌渠道、资金融通等方面，带动关联度高、协同性强的中小企业进入产业链、供应链、创新链，鼓励中小企业加强与领航型企业的协同创新、配套合作。

确保市场、政府"两只手"协同发力，围绕创新链、产业链完善资金链、人才链。一是充分发挥有效市场和有为政府作用，健全技术创新市场导向机制，建立市场导向的企业技术创新成果分享机制，完善企业创新成果市

场交易体系，使企业真正从技术创新中受益。二是对于关键技术投入超过产出的部分，更好发挥政府作用，设立前瞻性产业引导基金等支持措施，在人才的选拔、培养、评价、使用、保障等方面进行体系化、链条式设计，确保资金链、人才链精准对接创新链、产业链各个环节，提高资源要素在链条中的使用效率。

（五）加大对企业支持力度，激发市场主体活力

进一步建立健全市场主体准入机制，畅通市场主体退出渠道。放宽市场准入门槛领域，落实市场准入制度，优化企业登记与退出服务两项重点任务，开展市场准入效能评估，实施外商投资企业登记"一窗通办"等措施，建设企业破产办理一体化联动平台，完善办理破产数据共享、业务协同机制。健全公平竞争审查机制，及时清理、废除市场分割、指定交易等妨碍统一市场和公平竞争的政策，开展招投标和政府采购违反统一市场建设专项整治行动，推动政府采购招投标公平竞争。

健全完善中小企业梯度培育机制，加大力度为中小微企业纾困解难。培育创新型中小企业，专精特新企业、专业化"小巨人"和制造业单项冠军企业，以及"独角兽""瞪羚"企业，着重发展高新技术企业、科技型企业，支持优质企业加快上市。针对一些中小微企业资金周转面临较大困难、亟须补充流动性资金等问题，建议设立省级中小微企业应急转贷纾困基金，为符合条件的中小微企业提供短期资金过桥服务，支持银行机构扩大中小微企业信贷规模。

推进重大项目建设，扩大有效投资。项目一线是最好的"练兵场""赛马场""竞技场"，重大项目是高质量发展、现代化建设的"硬支撑""强引擎""动力源"。要在加快项目建设上下功夫，建立完善政府联系服务重大项目重点企业工作机制，全力推动项目快开工、快建设、快投产。选派优秀干部专职驻点服务重点工业项目，发挥窗口作用，当好企业和项目的"服务员"，及时协调解决项目建设中遇到的困难问题，让更多重大项目跑出加速度。推动土地节约集约利用，产业用地可以采取租让结合等灵活土地供应方式，缩短企业拿地时间，节约拿地成本。

（六）持续推进智能化制造，打造先进制造业产业集群

制定出台推进先进制造业集群发展规划。成立省先进制造业集群培育工作办公室，统筹优化全省先进制造业集群布局，开展先进制造业集群发展质量效益评价，提升集群竞争力；根据陕西各地制造业发展规模、细分领域行业发展优势、产业链所处具体环节，科学编制先进制造业集群培育方案，充分利用财政、金融、创新等集群政策工具箱，建立先进制造业协同发展推进机制。

联动发挥产业链、产业园区作用。坚持"抓龙头、铸链条、建集群、强配套"的发展思路，实现产业的链式聚集和联动发展，围绕龙头企业，搭建产业园区，将散落的中小企业"串珠成链"，形成增长极，积极引导产业集聚区发挥特色、错位发展，形成以国家级产业园区为骨干、省市级工业园区为补充的产业布局体系，特色鲜明、实力突出的先进制造业产业集群。

持续推进智能化改造。制造业的先进性在很大程度上体现为较高的信息化水平，陕西制造业的信息化水平近年提升较快，但在国内还不领先，数字产业化和产业数字化都呈加速发展态势。应支持企业采用新技术、新工艺、新设备、新材料进行改造升级，给予相应资金补贴；对制造业、信息化行业紧缺人才建立人才需求清单，持续加大顶尖专家和青年人才引进力度，完善"专家人才+产业集群+配套基金+平台支撑"发展模式。

参考文献

《2023 年前三季度全省国民经济运行情况》，http：//tjj. shaanxi. gov. cn/tjsj/tjxx/qs/202310/t20231031_ 2305442. html，最后访问时间：2023 年 10 月 27 日。

B.4
2023年陕西对外贸易发展
形势分析与2024年预测[*]

刘晓惠　冉淑青[**]

摘　要： 面对复杂的国际贸易环境，陕西外贸发展承压前行。乘着共建"一带一路"、中国—中亚峰会的东风，陕西应加快塑造开放型经济发展新动能新优势，创新服务贸易发展机制促进贸易量质并进，大力拓展开放大市场挖掘新兴市场潜力，推动贸易升级壮大实体经济，打造高端品牌会展做强开放大平台，全力稳住陕西外贸基本盘，以高水平开放推动高质量发展。

关键词： 对外贸易　"一带一路"　新兴市场　开放型经济

一　2023年陕西对外贸易发展形势分析

（一）陕西对外贸易发展总体分析

2023年全球经济总体呈现复苏势头，充满韧性，但也面临贸易保护主义、债务问题、通货膨胀等挑战，对全球贸易产生负面影响，世界贸易组织预测2023年全球商品贸易量将增长0.8%。同时，2023年是共建"一带一

---

　* 本文中未注明来源的数据均来源于国家统计局网站、中华人民共和国海关总署网站、陕西省统计局网站和西安海关网站。

** 刘晓惠，陕西省社会科学院经济研究所助理研究员，研究方向为区域经济；冉淑青，陕西省社会科学院经济研究所副研究员，研究方向为城市经济与区域发展。

路"倡议提出十周年,习近平主席在10月18日第三届"一带一路"国际合作高峰论坛上宣布中国支持高质量共建"一带一路"的八项行动,为推动共建"一带一路"更高质量、更高水平发展指明了路径。

1.共建"一带一路"十年陕西开放发展成果丰硕

自共建"一带一路"倡议提出以来,陕西抢抓机遇、扩大开放,对外贸易规模持续扩大,全省进出口总额连续跨越2000亿元、3000亿元和4000亿元大关,年均增长14.7%;与共建"一带一路"国家进出口额翻了两番,年均增长18.4%,并在2022年首次突破1000亿元,增长41%。2013~2022年,陕西累计对共建"一带一路"国家投资12.4亿美元,占同期全省对外投资总额的23.8%;在共建"一带一路"国家完成工程承包营业额达135.7亿美元,占同期全省对外承包工程营业总额的52.6%。陕西全面开放的新优势加速形成,在共建"一带一路"大格局中的作用日益突出。

2.2023年陕西外贸发展承压前行[①]

2023年,陕西提出加快发展开放型经济,在积极应对复杂的国际贸易环境的同时,更加深度融入共建"一带一路"大格局,外贸发展承压前行。1~9月,陕西外贸进出口总额实现2962.9亿元,同比下降17.3%,其中全省出口实现1908.1亿元,同比下降14.6%;进口实现1054.8亿元,同比减少21.6%。前三季度陕西累计实现贸易顺差为853.3亿元,外贸进出口依存度为12.5%。

从2023年前9个月月度外贸进出口值来看,3月、4月全省月度进出口均超过350亿元,其中3月最高,为395.7亿元;7月进出口最少,为285.6亿元。从单月出口值来看,3月、4月、5月、6月、9月均超过200亿元,其中3月全省出口值最大,为264.9亿元,8月最小,为175.0亿元;从单月进口值来看,2月全省进口值最多,为132.3亿元,6月最少,为96.7亿元;从各月贸易余额来看,均实现贸易顺差,其中3月贸易顺差134.0亿元,为最高值(见表1)。

---

① 本小节数据来源于中华人民共和国西安海关网站。

表1 2023年1~9月陕西外贸发展月度情况比较

单位：亿元

项目	1月	2月	3月	4月	5月	6月	7月	8月	9月
进出口值	307.3	326.1	395.7	355.0	330.7	307.4	285.6	293.2	361.9
出口值	194.2	193.8	264.9	236.0	205.0	210.7	184.4	175.0	244.3
进口值	113.2	132.3	130.8	119.0	125.8	96.7	101.2	118.2	117.6
贸易余额	81.0	61.5	134.0	116.9	79.2	114.0	83.3	56.8	126.7

资料来源：中华人民共和国西安海关网站。

3. 陕西自贸试验区改革开放综合试验平台作用日益明显

2023年同样是我国自贸试验区建设的十周年。自2013年上海自贸试验区挂牌运行以来，十年间我国先后设立的21个自贸试验区成为我国对外开放的新高地、全面深化改革的"排头兵"。陕西自贸试验区挂牌运行六年多来，在深化投资领域改革、推动贸易转型升级、深化金融领域开放创新等方面开展了一系列创新实践，165项试点任务全面实施，36项制度创新成果在全国复制推广，106项制度创新成果在全省复制推广，改革开放综合试验平台作用日益明显。[①] 1~8月，陕西自贸试验区新设市场主体33514家，新增注册资本760.64亿元。其中新设企业17964家（含外资企业72家），新增企业注册资本756.11亿元（含外资企业注册资本2.35亿美元）；新设注册资本亿元以上企业54家。

4. 长安号构建起陆空内外联动、东西双向互济的贸易通道

2023年同样是中欧班列长安号开行的十周年。2013年11月28日，首列中欧班列长安号从西安开往哈萨克斯坦阿拉木图，十年来中欧班列长安号实现了跨越式发展，从初期每周开行1列，发展到如今每天开行10余列，开行量、货运量等核心指标稳居第一。截至2023年9月底，已累计开行20045列，国际货运干线覆盖了欧亚大陆45个国家和地区；2023年前三季度，中欧班列长安号开行3991列，较上年同期增长29.54%。[②]

---

① 《从"生根发芽"到"枝繁叶茂" 陕西自贸试验区打造开放型经济发展主阵地》，金台资讯，2023年10月25日。

② 《从西安港到青岛港 外媒记者探访"一带一路"陆海交通枢纽》，人民网–国际频道，2023年10月20日。

（二）陕西外贸发展特点分析

1.进出口整体呈现明显下滑态势

2023年，受全球经济形势影响，外需增长放缓，陕西对外贸易波动较大，进出口累计值增幅呈下滑态势，1~9月减少17.3%，从前9个月来看，1~4月下滑幅度最少，为9.0%。其中，1~9月出口降低14.6%，较上月收窄1.5个百分点，1~4月出口下滑幅度最少，为1.4%；1~9月进口减少21.6%，较上月收窄1.0个百分点，自2022年3月以来一直负增长（见图1）。

2.一般贸易比重进一步提高

从贸易方式来看，一般贸易出口实现快速增长、比重进一步提高。2023年前三季度，陕西省一般贸易进出口值1270.8亿元，同比增长0.9%，占同期全省进出口总值的42.9%，同比提高8个百分点。其中，出口833.9亿元，同比增长15.7%；进口437.0亿元，同比下降18.8%。加工贸易进出口值1323.4亿元，同比减少31.1%，占同期全省进出口总值的41.6%，同比降低11.6个百分点。保税物流进出口值304.4亿元，同比下降4.5%（见表2）。

3.国有企业进出口实现较快增长

从贸易企业类型来看，国有企业进出口实现较快增长，民营企业进出口比重显著提升，外商投资企业进出口比重低于50%。2023年前三季度，陕西省国有企业进出口值234.9亿元，同比增长4.8%，占同期全省进出口总值的7.9%，同比增加1.7个百分点。民营企业进出口值1274.4亿元，同比减少2.9%，占同期全省进出口总值的43.0%，同比提高5.9个百分点。外商投资企业进出口值1443.4亿元，同比下降29.2%（见表3），占同期全省进出口总值的48.7%，同比减少7.8个百分点。

4.与马来西亚、俄罗斯贸易增幅、比重双增长

从主要贸易对象来看，中国陕西对韩国、中国台湾、美国、日本、中国香港等传统贸易伙伴进出口额均呈下降趋势，马来西亚、俄罗斯成为陕西第三大和第五大贸易伙伴。2023年前三季度，中国陕西对韩国的进出口值为515.3

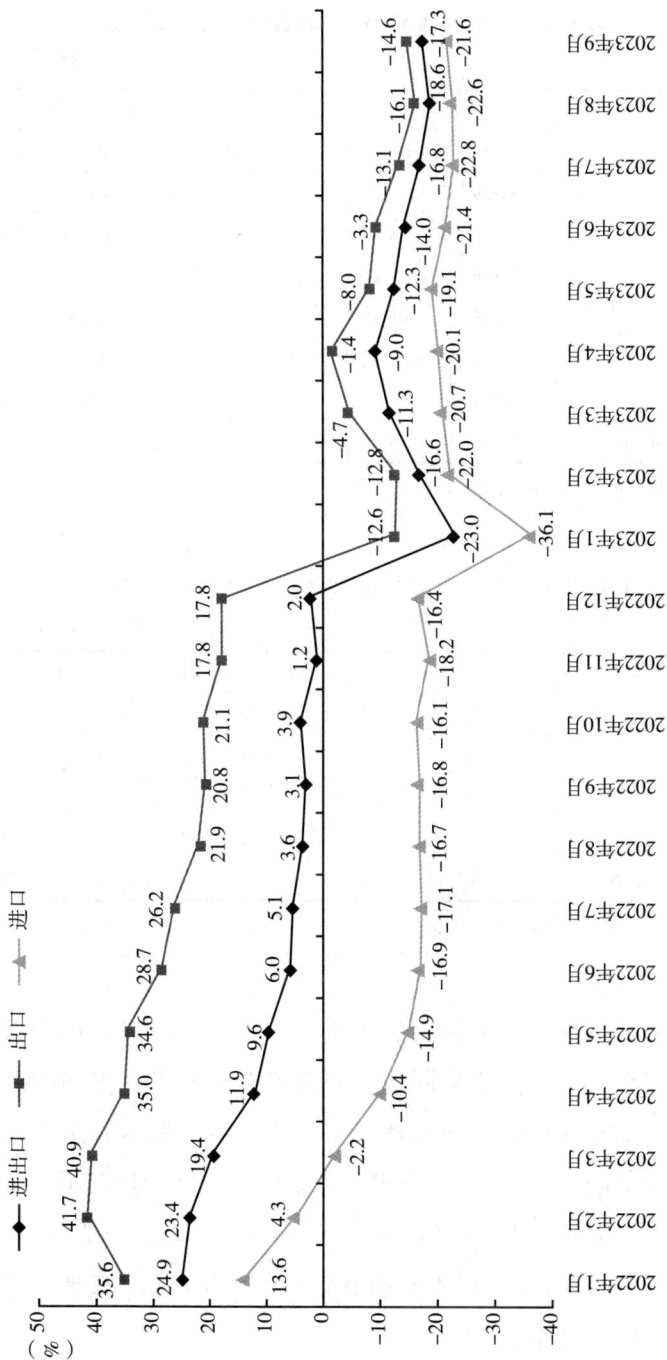

图1 2023年1~9月和2022年陕西对外贸易累计值同比增速比较

表2　2023年1~9月按主要贸易方式划分陕西对外贸易情况

单位：亿元，%

指标	进出口		出口		进口	
	总值	同比增长	总值	同比增长	总值	同比增长
陕西	2962.9	-17.3	1908.1	-14.6	1054.8	-21.6
一般贸易	1270.8	0.9	833.9	15.7	437.0	-18.8
加工贸易	1323.4	-31.1	847.3	-33.0	476.1	-27.4
来料加工贸易	736.8	-40.9	453.8	-46.8	283.0	-28.2
进料加工贸易	586.5	-12.7	393.4	-4.2	193.1	-26.1
保税物流	304.4	-4.5	221.6	-9.7	82.8	13.1
海关特殊监管区域进口设备	46.6	-33.7	—	—	46.6	-33.7

资料来源：中华人民共和国西安海关网站。

表3　2023年1~9月按不同类型企业划分陕西对外贸易情况

单位：亿元，%

指标	进出口		出口		进口	
	总值	同比增长	总值	同比增长	总值	同比增长
陕西	2962.9	-17.3	1908.1	-14.6	1054.8	-21.6
国有企业	234.9	4.8	100.1	0.1	134.8	8.5
外商投资企业	1443.4	-29.2	874.9	-31.0	568.5	-26.2
民营企业	1274.4	-2.9	933.0	7.6	341.4	-23.3

资料来源：中华人民共和国西安海关网站。

亿元，同比下降27.6%，占同期全省进出口总值的17.4%，虽然韩国仍是陕西的最大贸易伙伴，但比重同比下降2.4个百分点。中国陕西对马来西亚进出口值226.6亿元，同比增长11.2%，占同期全省进出口总值的7.6%，比重同比提高1.9个百分点，马来西亚跃升为陕西第三大贸易伙伴；中国陕西对俄罗斯进出口值194.9亿元，同比增长107.3%，占同期全省进出口总值的6.6%，比重同比提高3.9个百分点，俄罗斯跃升为陕西第五大贸易伙伴（见表4）。

表4 2023年1~9月中国陕西与主要贸易国家（地区）的贸易情况

单位：亿元，%

地 区	进出口		出 口		进 口	
	总值	同比增长	总值	同比增长	总值	同比增长
中国陕西	2962.9	-17.3	1908.1	-14.6	1054.8	-21.6
韩 国	515.3	-27.6	318.3	-28.2	197.0	-26.4
中国台湾	300.7	-43.4	87.3	-59.2	213.4	-32.7
马来西亚	226.6	11.2	181.3	18.6	45.2	-11.1
美 国	205.5	-28.0	117.7	-37.5	87.7	-9.7
俄罗斯	194.9	107.3	150.7	246.5	44.0	-12.7
日 本	155.9	-13.7	37.0	-18.2	118.9	-12.2
中国香港	139.2	-46.4	138.6	-46.5	0.7	25.6

资料来源：中华人民共和国西安海关网站。

5. 与共建"一带一路"64国贸易额高速增长

从与共建"一带一路"国家贸易情况来看，2023年前三季度，陕西对共建"一带一路"国家（64国）①进出口值实现942.2亿元，同比增长22.8%，占同期全省进出口总值的31.8%，同比提高10.4个百分点；出口764.7亿元，同比增长36.5%；进口177.5亿元，同比减少14.5%。其中，与"一带一路"东南亚11国进出口值实现490.9亿元，同比增长10.2%，占同期共建"一带一路"国家（64国）贸易额的52.1%；与共建"一带一路"蒙俄及中亚等7国进出口总值实现239.0亿元，同比增长118.2%（见表5）。

6. 安康、榆林、汉中、延安、咸阳、渭南进出口总值保持快速增长态势

从各市贸易情况来看，6市进出口保持快速增长。2023年前三季度，安康、榆林、汉中、延安、咸阳、渭南进出口总值保持快速增长态势，同比增幅分别为106.6%、75.0%、27.9%、15.7%、10.1%、4.2%。西安进出口值实现2639.8亿元，同比减少19.9%，占同期全省进出口总值的89.1%，比重同比减少2.6个百分点。宝鸡、商洛、铜川进出口总值同比分别减少4.1%、10.9%、13.7%（见表6）。

---

① 本文仅统计共建"一带一路"国家中的64国。

表5　2023年1~9月中国陕西与共建"一带一路"部分国家的贸易情况

单位：亿元，%

指　标	进出口		出口		进口	
	总值	同比增长	总值	同比增长	总值	同比增长
中国陕西	2962.9	−17.3	1908.1	−14.6	1054.8	−21.6
共建"一带一路"国家（152国）	1538.2	−3.9	1143.8	10.6	394.4	−30.3
共建"一带一路"国家（64国）	942.2	22.8	764.7	36.5	177.5	−14.5
共建"一带一路"东南亚11国	490.9	10.2	382.1	21.0	108.8	−16.0
共建"一带一路"蒙俄及中亚等7国	239.0	118.2	190.9	244.3	48.0	−11.2
共建"一带一路"中东欧16国	56.9	−22.9	50.6	−16.1	6.4	−53.1
共建"一带一路"南亚8国	54.1	−20.7	48.6	−22.9	5.5	6.0
共建"一带一路"西亚北非16国	85.4	30.4	81.1	32.4	4.3	1.2
共建"一带一路"其他独联体6国	15.9	208.2	11.4	170.0	4.5	379.4

资料来源：中华人民共和国西安海关网站。

表6　2023年1~9月陕西及各市的贸易情况

单位：亿元，%

区　域	进出口		出口		进口	
	总值	同比增长	总值	同比增长	总值	同比增长
陕西省	2962.9	−17.3	1908.1	−14.6	1054.8	−21.6
西安市	2639.8	−19.9	1694.5	−17.9	945.2	−23.2
铜川市	10.5	−13.7	7.4	63.9	3.2	−58.9
宝鸡市	77.0	−4.1	51.2	27.5	25.8	−35.6
咸阳市	107.1	10.1	55.8	−2.7	51.2	28.4
渭南市	16.6	4.2	12.2	−5.1	4.4	43.5
汉中市	28.8	27.9	19.7	−7.7	9.1	682.5
安康市	14.1	106.6	14.1	115.7	0.03	−89.5
商洛市	15.5	−10.9	14.9	86.8	0.6	−93.4
延安市	11.5	15.7	0.9	10.7	10.6	16.1
榆林市	42.0	75.0	37.4	94.7	4.7	−3.2

资料来源：中华人民共和国西安海关网站。

二 陕西对外贸易发展的环境分析

（一）国际环境

2023年全球经济总体呈现复苏态势，但依然受到局部地缘冲突、美元强势加息、贸易趋向萎缩、消费需求疲软等不利因素的冲击，各经济体的增长态势存在显著差异。国际货币基金组织（IMF）总裁格奥尔基耶娃10月5日发表讲话称，尽管全球经济从过去几年的严重冲击中持续复苏，但复苏进程缓慢而不均衡。当前全球增长的步伐仍然十分缓慢，远低于疫情暴发前2020年3.8%的平均水平，中期增长也已进一步减弱。

1. 美国

受大规模财政刺激和货币宽松、消费者信心和支出的恢复、企业投资和库存增加等因素影响。2023年上半年，美国国内生产总值实现13.22万亿美元[1]，成为全球复苏最快的主要经济体之一。8月消费者物价指数（CPI）同比上涨3.7%，较上月扩大0.5个百分点。9月失业率为3.8%，与上月持平，是2023年2月以来的最高值。1~8月，未经季节调整，美国货物贸易总额34392.8亿美元，同比下降5.4%。其中，出口同比下降2.5%；进口同比下降7.2%；贸易逆差收窄14.5%。[2] 自2023年1月以来，为应对高企的通胀和供应链紧张状况，美国已经连续四次加息，联邦基金利率目标区间提高到7月的5.25%~5.5%，达到22年来的最高水平。

2. 欧盟

欧盟统计局公布的数据显示：2022年底启动的7500亿欧元"下一代欧

---

[1] 《上半年GDP：美国13.22万亿美元，欧盟8.87万亿美元，中国意想不到》，智慧财经家，2023年10月9日。

[2] 《2023年8月美国货物贸易逆差1018亿美元 同比收窄11.0%》，https://xueqiu.com/5296061618/262533416，2023年10月6日。

盟"复苏计划，为各成员国提供了贷款和拨款，促进了绿色转型、数字化和社会凝聚力提升，2023年上半年，欧盟27国生产总值（GDP）按市场价格计算达到88778.8亿美元，同比增长7.2%。其中，第一季度增长1.2%，第二季度增长0%。总的来看，德国、法国等核心国家的经济表现明显弱于西班牙、意大利等边缘国家。同时受到能源价格、供应链中断和基准效应的推动，8月欧元区国家消费者物价指数同比上升5.3%，与7月持平，环比增长0.6%，高于预期的0.4%。为应对通货膨胀，欧洲央行自2022年7月以来已经连续加息十次，已累计加息450个基点，为有史以来最快的紧缩步伐。

3.德国

2023年上半年，德国国内生产总值实现2.18万亿美元，超越日本，成为全球第三。其中，第一季度经济同比上涨0.1%，但第二季度却下降了0.6%，致使上半年国内生产总值同比下降0.3%，拖累了欧盟GDP的增长。主要原因是俄乌冲突导致能源成本暴涨，全球加息压力使德国企业和消费者面临更高的借贷成本，投资和消费意愿下降，从而对德国经济造成了负面影响。9月制造业PMI为39.6，虽环比上升0.5，但远低于50的荣枯线。9月消费者物价指数同比上涨4.5%，环比上涨0.3%，降至2022年2月以来的最低水平。

4.日本

2023年上半年，受益于政府积极的财政政策和宽松的货币政策，日本国内生产总值实现28.85万亿日元，同比增长2.0%。8月消费者物价指数同比上涨3.2%，较为温和。1~8月，货物进出口总值136.11万亿日元，同比下降1.1%。其中，出口64.07万亿日元，同比增长2.1%；进口72.03万亿日元，同比下降3.9%；贸易逆差7.96万亿日元，同比减少34.8%。

5.韩国

2023年上半年，韩国实际国内生产总值为969.50亿韩元，同比增长0.9%，增速较第一季度下跌0.01个百分点，比上年同期下跌2.1个百分点；货物与服务贸易出口环比下降0.9%，同比上涨0.3%；进口环比下降3.7%，同比上涨 2.8%。9 月消费者物价指数同比上涨 3.7%，环比上涨 0.6%。

6. 金砖国家

2023 年 8 月 23 日金砖国家领导人第十五次会晤，习近平主席发表题为《团结协作谋发展 勇于担当促和平》的重要讲话，对当前世界形势作出论断："世界进入新的动荡变革期，正在经历大调整、大分化、大重组，不确定、不稳定、难预料因素增多。"对金砖合作提出了四点主张：深化经贸、财金合作，助力经济发展；拓展政治安全合作，维护和平安宁；加强人文交流，促进文明互鉴；坚持公平正义，完善全球治理。在此次会晤中金砖国家进行了扩容，邀请沙特阿拉伯、埃及、阿联酋、阿根廷、伊朗和埃塞俄比亚 6 国加入，体现出金砖国家合作机制的包容与开放。

2023 年上半年，依靠人口红利、发达的软件外包及 IT 产业等有利因素，印度国内生产总值达到 1.73 万亿美元，紧跟在日本之后，排名全球第五，超过英国、法国等西欧强国，成为全球第五大经济体，占金砖国家 GDP 的 13.9%，同比增长 6.9%，超过我国增速（5.5%），居全球第一位。8 月消费者物价指数同比增长 6.83%，较上月（7.44%）有所回落，但仍处于高位。9 月制造业保持强劲增长，制造业 PMI 为 57.5。

2023 年上半年，俄罗斯国内生产总值实现 75.39 万亿卢布，占金砖国家 GDP 的 7.8%，同比增长 1.6%，其中，第一季度经济下降 1.8%，但第二季度经济逆势增长 4.9%。9 月消费者物价指数环比上升 0.87%，同比上升 6.0%，均高于预期值。

2023 年上半年，巴西国内生产总值达到 6449.08 亿雷亚尔，占金砖国家 GDP 的 8.2%，同比增长 3.7%（见表 7）。其中，第一季度经济增长 4.0%，第二季度经济增长 3.2%。

2023 年上半年，南非国内生产总值为 1871.86 亿美元，占金砖国家 GDP 的 1.5%，同比下降 10.9%，其中，第一季度同比下降 9.1%，第二季度同比下降 12.6%。[1]

---

① 《2023 年上半年金砖国家名义 GDP 初值 12.48 万亿美元》，经济数据智能分析平台。

表7　2023年上半年部分国家国内生产总值和增速比较

单位：亿美元，%

国家	国内生产总值（GDP）	同比增速（本币）
美　国	132266	2.2
中　国	85586	5.5
德　国	21805	-0.3
日　本	21385	2.0
印　度	17326	6.9
英　国	16145	0.3
法　国	15004	0.9
意大利	10776	1.2
巴　西	10263	3.7
加拿大	10109	1.6
俄罗斯	9755	1.6
澳大利亚	8534	2.5
墨西哥	8519	3.7
韩　国	8304	0.9

资料来源：《上半年GDP前10强：日本跌至第四，印度增速第一，俄罗斯跌出前十》，简易财经，2023年9月10日。

从全球贸易发展形势来看，2023年10月5日世界贸易组织（WTO）发布最新的贸易统计数据和展望表示，由于2022年第四季度开始的全球贸易持续低迷，WTO经济学家对2023年全球商品贸易增长的预测大幅降低，直接"腰斩"了2023年全球商品贸易量的增长规模——预计2023年全球商品贸易量将增长0.8%，不到此前4月预测（1.7%）的一半；预测2024年，伴随着缓慢但稳定的GDP增长，贸易增长应会回升。WTO表示，全球贸易放缓似乎具有广泛性，涉及众多国家和多种商品；放缓的确切原因尚不清楚，但通胀、高利率、美元升值和地缘政治紧张局势都是导致增长放缓的因素。WTO总干事伊韦拉（Ngozi Okonjo-Iweala）表示："如果没有一个稳定、开放、可预测、有章可循和公平的多边贸易体系，全球经济特别是贫穷国家，将难以复苏。"

（二）国内环境

2023年是共建"一带一路"倡议提出10周年，习近平主席在10月18日第三届"一带一路"国际合作高峰论坛开幕式上发表题为《建设开放包容、互联互通、共同发展的世界》的主旨演讲，回顾共建"一带一路"10年成绩，总结宝贵经验，宣布中国支持高质量共建"一带一路"的八项行动，即构建"一带一路"立体互联互通网络、支持建设开放型世界经济、开展务实合作、促进绿色发展、推动科技创新、支持民间交往、建设廉洁之路、完善"一带一路"国际合作机制，为推动共建"一带一路"更高质量、更高水平发展指明路径。

当前，在世界经济复苏势头不稳的大环境下，我国外贸顶住压力，稳规模、优结构持续推进，积极因素不断积蓄。随着我国经济恢复的积极因素不断积蓄，我国外贸稳规模、优结构一系列政策措施落地见效，进出口有望继续巩固向好势头。2023年前三季度，我国外贸进出口总值实现30.8万亿元，同比微降0.2%；外贸进出口依存度为33.7%，同比下降约23个百分点。其中，出口17.6万亿元，同比增长0.6%；进口13.2万亿元，同比下降1.2%；贸易顺差4.4万亿元，同比增长4.0%（见图2）。全国外贸发展呈现以下特点。

一是进出口季度环比稳定增长，9月进出口创年内单月新高。从季度看，第一、二、三季度我国进出口分别为9.72万亿元、10.29万亿元、10.79万亿元，进出口逐季抬升；从月度看，9月当月进出口3.74万亿元，环比连续2个月增长，规模创年内单月新高。

二是贸易方式结构持续优化。2023年前三季度，我国一般贸易进出口实现20.1万亿元，同比增长1.6%，占我国进出口总值的65.1%，同比增加1.1个百分点，一般贸易比重持续上升。其中，出口增长2.3%，进口增长0.6%。

三是民营企业进出口实现快速增长。2023年前三季度，民营企业进出口实现16.34万亿元，同比增长6.1%，占我国进出口总值的53.1%，同比提升2.9个百分点。

四是与共建"一带一路"国家贸易比重大幅增长。2023年前三季度，我国对共建"一带一路"国家进出口总值为14.32万亿元，同比增长3.1%，占我国进出口总值的46.5%，同比上升14.2个百分点。2023年是共建"一带一路"倡议提出10周年，海关总署组织编制的中国与共建"一带一路"国家贸易指数显示，该指数由2013年基期的100点升到2022年的165.4点，表明共建"一带一路"倡议对贸易的促进作用持续增强。

五是自贸试验区进出口规模不断扩容。2023年前三季度，我国21个自贸试验区进出口实现5.65万亿元，同比增长4.6%，占我国外贸整体比重进一步提升到18.3%；海南自贸港进出口增长20.3%。

2023年世界经济复苏势头不稳，各经济体增长存在显著差异，自2022年第四季度开始全球贸易持续低迷，中国外贸发展环境仍存较大的复杂性和不确定性，为有效稳外贸引外资，2023年以来我国实施的部分政策和措施如下。①1月，《国务院办公厅转发商务部科技部关于进一步鼓励外商投资设立研发中心若干措施的通知》发布，提出支持开展科技创新、提高研发便利度、鼓励引进海外人才、提升知识产权保护水平4个方面16条举措，加大对外商投资在华设立研发中心开展科技研发创新活动的支持力度，进一步扩大国际科技交流合作。②4月，国务院办公厅发布《关于推动外贸稳规模优结构的意见》，x从5个方面提出18条措施，包括强化贸易促进拓展市场、稳定和扩大重点产品进出口规模、加大财政金融支持力度、加快对外贸易创新发展、优化外贸发展环境，更大力度推动外贸稳规模优结构，确保实现进出口促稳提质目标任务。③6月，国务院印发《关于在有条件的自由贸易试验区和自由贸易港试点对接国际高标准推进制度型开放若干措施的通知》，通过实施推动货物贸易创新发展、推进服务贸易自由便利、便利商务人员临时入境、促进数字贸易健康发展、加大优化营商环境力度、健全完善风险防控制度等措施提出在有条件的自由贸易试验区和自由贸易港聚焦若干重点领域试点对接国际高标准经贸规则，统筹开放和安全，构建与高水平制度型开放相衔接的制度体系和监管模式。④8月，国务院发布《关于进一步

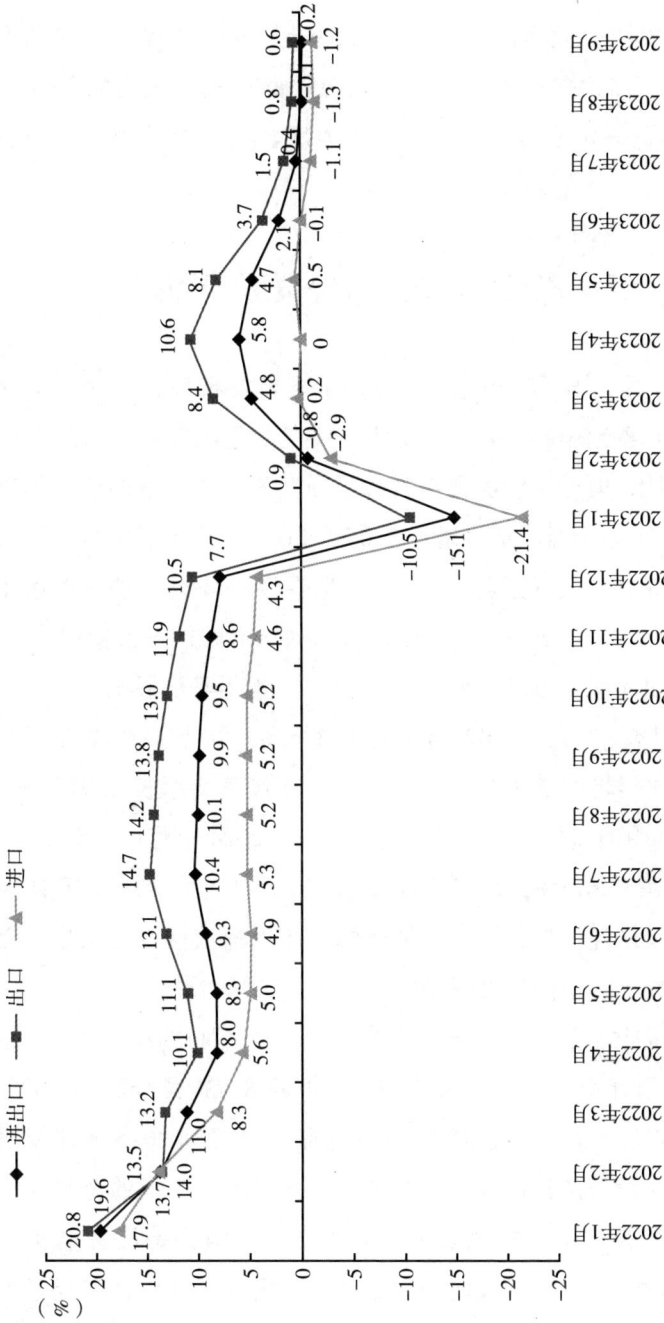

图 2　2023 年 1~9 月和 2022 年全国对外贸易累计值（人民币）同比增速比较

优化外商投资环境加大吸引外商投资力度的意见》，提出提高利用外资质量、保障外商投资企业国民待遇、持续加强外商投资保护、提高投资运营便利化水平、加大财税支持力度、完善外商投资促进方式等6个方面24条措施，推进高水平对外开放，更大力度、更加有效吸引和利用外商投资。

三　2024年陕西省外贸形势预判

2023年10月，国际货币基金组织（IMF）发布最新一期《世界经济展望》，认为全球经济继续从新冠疫情、乌克兰危机等负面因素中缓慢复苏并展现出韧性，但全球经济增长仍然缓慢且不均衡，各国分化趋势日益扩大。预计2023年全球经济将增长3.0%，2024年全球经济将增长2.9%，较7月预测下降0.1个百分点。其中，《世界经济展望》预测发达经济体2023年将增长1.5%，2024年将增长1.4%；新兴市场和发展中经济体2023年将增长4.0%，2024年将增长4.0%。《世界经济展望》认为，美国2023年经济将增长2.1%，2024年将增长1.5%；欧元区2023年经济将增长0.7%，2024年将增长1.2%；日本2023年经济将增长2.0%，2024年将增长1.0%；中国2023年经济将增长5.0%，2024年将增长4.2%；印度2023年经济将增长6.3%，2024年将增长6.3%（见表8）。IMF认为相比新兴市场和发展中经济体，发达经济体的经济增速放缓更为明显，而许多新兴市场经济体展现出的韧性强于预期。

另外，《世界经济展望》基于货币政策收紧，加之国际大宗商品价格下跌等因素，预计全球通胀率将从2022年的8.7%稳步降至2023年的6.9%和2024年的5.8%，大多数国家的通胀预计要到2025年才能回到目标水平。但同时报告还警告称，由地缘政治紧张因素引发的全球经济碎片化正在加剧，不仅会给全球贸易带来更多限制，阻碍跨境资本和技术流动，还将给全球经济带来巨大损失，妨碍在气候变化和粮食安全等领域的全球多边合作。

表8　国际货币基金组织对主要经济体增速预测比较

单位：%

国家/地区	2022年增速	2023年增速预测	2024年增速预测
全球	3.5	3.0	2.9
发达经济体	2.6	1.5	1.4
美国	2.1	2.1	1.5
欧元区	3.3	0.7	1.2
德国	1.8	−0.5	0.9
法国	2.5	1.0	1.3
意大利	3.7	0.7	0.7
日本	1.0	2.0	1.0
英国	4.1	0.5	0.6
加拿大	3.4	1.3	1.6
新兴市场和发展中经济体	4.1	4.0	4.0
中国	3.0	5.0	4.2
印度	7.2	6.3	6.3
俄罗斯	−2.1	2.2	1.1
巴西	2.9	3.1	1.5
南非	1.9	0.9	1.8

资料来源：根据2023年10月《世界经济展望》整理。

从2023年前三季度经济发展各指标来看，中国国内生产总值实现5.2%的增速，国民经济发展稳中向好态势不变，在世界经济复苏势头不稳的大环境下，外贸承压前行，货物贸易进出口平稳运行，积极因素不断积蓄。虽然前三季度陕西外贸发展整体表现较为低迷，下滑幅度较大，而外部环境将更趋复杂多变，2024年陕西要更加主动融入和服务构建新发展格局，更加深度融入共建"一带一路"大格局，在扩大对内对外开放中强动力、增活力，打开发展新天地。预计2024年陕西外贸发展将回暖增长。

四　促进陕西外贸高质量发展的对策建议

2023年5月17日习近平总书记在听取陕西省委和省政府工作汇报时强

调陕西要着力扩大对内对外开放，打造内陆改革开放高地。乘着共建"一带一路"、中国—中亚峰会的东风，陕西要加快发展开放型经济，塑造开放型经济发展新动能新优势，深入落实《关于着力扩大对内对外开放促进开放型经济高质量发展的实施意见》，以高水平开放推动高质量发展。

（一）创新服务贸易发展机制，促进贸易量质并进

一是积极创建国家服务贸易创新发展示范区。以数字驱动、高端服务为先导，推动数字技术与服务贸易深度融合，开展服务贸易企业数字赋能行动；以政策协调、融合发展为导向，进一步完善跨部门统筹协调决策机制，推动实现服务业与服务贸易发展政策在战略、管理、平台、项目等方面的融合与协同，加强服务业与服务贸易融合发展的制度创新，打造一批标志性服务贸易发展园区；大力发展国际离岸服务外包业务，培育一批具有自主知识产权、自主品牌、高增值服务能力的服务外包骨干企业，全面提升承接服务外包能力和水平；以西安国家级服务外包示范城市为中心，辐射带动宝鸡、咸阳、渭南等市提高服务外包业务的能力，不断增强陕西省服务贸易竞争力。二是鼓励和支持西安、咸阳、宝鸡等市积极申建国家市场采购贸易方式试点，为小微企业和个体工商户搭建出口海外的桥梁。通过市场采购贸易方式试点建设，推动特色产品和优势产品市场采购贸易，建立"本土特色产业+市场采购"供应链，加速陕西省市场采购贸易实现由传统线下采购逐步向线上下单、履约、收款、结汇的数字化转型，扩大市场采购贸易规模和海外需求，提升西部陆海新通道货源组织能力和集散分拨能力。

（二）大力拓展开放大市场，挖掘新兴市场潜力

一是乘着共建"一带一路"、中国—中亚峰会的东风，积极开拓布局RCEP国家、共建"一带一路"国家等新兴市场。2023年上半年陕西省新能源汽车、锂离子蓄电池、太阳能电池"新三样"出口207.7亿元，同比增长7.5%。因此，要大力支持陕西省新能源汽车推广、优化产业发展环境，助力企业积极开拓南亚、中亚、西亚、非洲等板块的新能源汽

车市场，稳步提升海外市场占有率。打造"一带一路"进出口商品集散中心，更好促进中亚、丝路伙伴国特色产品对接陕西省市场，持续扩大陕西省在共建"一带一路"国家的影响力和市场份额。二是巩固和提升陕西省传统外贸市场优势。依托陕西省开发区、综保区、自贸试验区等各类优势开放平台，紧盯欧美、日韩、台港等国家和地区，鼓励各市围绕重点产业链开展精准招商，按照先进适用原则积极承接境内外产业转移。三是支持中小企业拓展市场。支持中小企业参与广交会、进博会、中博会等重要展会活动，鼓励大型电商平台为中小企业和个体工商户提供线上销售服务和流量支持；持续扩大中小微企业出口信用保险统保平台覆盖面，对企业自行缴费投保一般贸易、加工贸易、跨境电子商务等出口信用保险的，开展保费补贴。

（三）推动贸易升级壮大实体经济

一是实施重点外贸企业培育工程。加快培育一批跨境电商、离岸贸易、数字贸易、外贸综合服务等新型国际贸易标杆企业；推动一批标志性外资项目落地，引进一批技术含量高的中小外资项目；对专精特新企业、产业链供应链龙头企业等开展AEO精准培育。二是推进通关便利化创新。建立进出口货物知识产权状况预确认机制，对进出口货物知识产权进行申报前预确认，经确认为授权产品的，通关过程中海关根据预确认结果快速放行，加快守法企业通关查验进度，提升陕西省知识产权保护水平和贸易通关便利化水平。三是支持现代农业产业出口发展。试点进出口农产品第三方检验检测采信，设立进出口鲜活易腐农食产品属地查检绿色通道，加大出口农食产品生产企业对外注册推荐力度，支持蔬菜、水果等特色产品出口，便利优质种质资源及相关设施设备引进。

（四）打造高端品牌会展，做强开放大平台

一是打造高端会展产业新高地。积极策划中欧班列国际合作论坛，探索政府与市场主体合作办展新模式，大力推动丝绸之路国际博览会、欧亚经济

论坛、杨凌农高会、全球秦商大会、中国西部国际装备制造业博览会、榆林煤博会等重点展会提质升级，推进政府办展市场化、专业化发展，打造高端化、国际化展会品牌。二是打造"会展+产业"新优势，培育一批与产业主导方向高度契合的"小而精"品牌展会。树立"会展+"融合发展理念，围绕陕西省制造业、文化旅游业、现代农业重点产业链，打造"会展+产业"新优势，培育形成一批以智能制造、电子信息、新能源、航空航天、物联网、新材料、文化创意与设计服务、医药研发等优势产业为主的"小而精"的品牌展会，以展促产、以产带展，形成会展业、主导产业、配套产业等多业态融合发展的会展全价值产业链。三是完善区域合作机制，开展跨城市、跨区域办展合作。通过区域合作扩容会展经济，推进西安都市圈与长三角、粤港澳大湾区、成渝都市圈会展业之间在资源共享、信息互通、项目合作、企业联动、品牌集聚等方面紧密合作，联合申办高能级的国家级展会，放大区域融合效应。

参考文献

《陕西"一带一路"建设硕果盈枝》，《陕西日报》2023年10月11日。

《从"生根发芽"到"枝繁叶茂" 陕西自贸试验区打造开放型经济发展主阵地》，金台资讯，2023年10月25日。

《从西安港到青岛港 外媒记者探访"一带一路"陆海交通枢纽》，人民网-国际频道，2023年10月20日。

《上半年GDP：美国13.22万亿美元，欧盟8.87万亿美元，中国意想不到》，智慧财经家，2023年10月9日。

《2023年8月美国货物贸易逆差1018亿美元 同比收窄11.0%》，https://xueqiu.com/5296061618/262533416，2023年10月6日。

《还加息吗？多国央行进入观望期》，《21世纪经济报道》2023年10月4日。

《2023年上半年金砖国家名义GDP初值12.48万亿美元》，经济数据智能分析平台。

《WTO最新预测：2023年贸易增长预期"腰斩"》，第一财经，2023年10月7日。

《迎接共建"一带一路"更高质量、更高水平的新发展——习近平主席在第三届

"一带一路"国际合作高峰论坛开幕式上的主旨演讲凝聚强大合力》，中华人民共和国中央人民政府门户网站，2023 年 10 月 19 日。

《国务院新闻办就 2023 年前三季度进出口情况举行发布会》，中华人民共和国中央人民政府门户网站，2023 年 10 月 13 日。

《习近平听取陕西省委和省政府工作汇报》，新华社，2023 年 5 月 17 日。

B.5
2023年陕西服务业发展形势分析与2024年预测[*]

曹 林　张爱玲[**]

摘　要： 2023年，陕西服务业持续较快恢复，对经济社会发展贡献作用更加凸显，服务业新动能加速释放，新业态亮点纷呈，各地市服务业竞相恢复，服务业经济效益逐步转好。然而，服务业持续恢复的基础仍不稳固，服务业发展不平衡不充分问题突出，劳动生产率偏低，企业面临不小的经营困难和压力。展望2024年，陕西服务业面临良好的发展形势，将迎来技术革命催生新业态新模式注入新动能、市场与政策双轮驱动、改革开放全面深化等发展机遇，将保持全面持续恢复态势，实现较快平稳增长，继续发挥经济社会发展主力军作用，高质量发展步伐加快，新动能不断蓄积。为此，要推进服务消费与投资双向发力，构建优质高效的服务业新体系，强化服务业主体与平台建设，推进服务业区域协调发展，全面扩大服务业开放，以制度性开放深入推进服务业改革，加强服务业精准政策支持。

关键词： 服务业　劳动生产率　陕西省

2023年，面对复杂多变的国内外环境和艰巨繁重的改革发展任务，陕

---

* 本文为2021年陕西省社科基金项目"陕西先进制造业和现代服务业深度融合发展的路径和对策研究"（立项号：2021D064）、陕西省社会科学院2021年重大课题"科技创新的体制机制性制约因素研究"（立项号：21SXZD11）的阶段性成果。
** 曹林，陕西省社会科学院经济研究所副研究员，研究方向为现代产业与服务经济；张爱玲，陕西省委党校（陕西行政学院）讲师，研究方向为产业经济。

西省委、省政府着力推动服务业高质量发展，服务业持续较快恢复，接触型服务业稳步复苏，现代服务业增势良好。

一　服务业总体运行特点

（一）服务业生产经营持续较快恢复

2023年，伴随疫情防控平稳转段，服务业生产经营持续恢复，但随着基数的不断抬高，同比增速回落，服务业经济全面恢复依然存在一定压力。2023年第一季度，服务业快速增长，增加值同比增长6.5%，比2022年高出近4个百分点，高于全国同期1.1个百分点；上半年，服务业增加值继续保持增长势头，增速略有回落，同比增速降至6.2%，略低于全国平均水平；前三季度，服务业增加值同比增长5.4%，较上半年回落0.8个百分点，低于全国同期0.6个百分点（见图1）。分行业看，接触型聚集型服务业恢复向好，2023年前三季度，全省文化、体育和娱乐业增加值同比增长5.3%，高于GDP增速2.9个百分点，文化艺术业，游览景区管理，旅行社及相关服务业，会议、展览和相关服务业等接触型行业规上企业营业收入同比增速分别为112.8%、15.3%、263.3%和17.4%；住宿和餐饮业增加值同比增长13%，略低于全国平均水平；交通运输、仓储和邮政业增加值同比增长8.6%，高于全国平均水平1.1个百分点。从投资看，受房地产市场深度调整、地方债务管控趋紧、PPP政策调整等因素影响，服务业固定资产投资与全国同趋势，出现增速回落，并由正转负；2023年第一季度、上半年、前三季度分别增长6.4%、0.1%和-9.6%，上半年、前三季度增速分别低于全国平均水平1.5个和10.3个百分点（见图2）。

（二）服务业带动经济社会发展作用更加凸显

疫情防控的平稳转段推动服务业加快恢复，服务业成为带动全省经济回升的主要动力，吸纳社会就业的作用持续恢复增强。2022年，受疫情影响

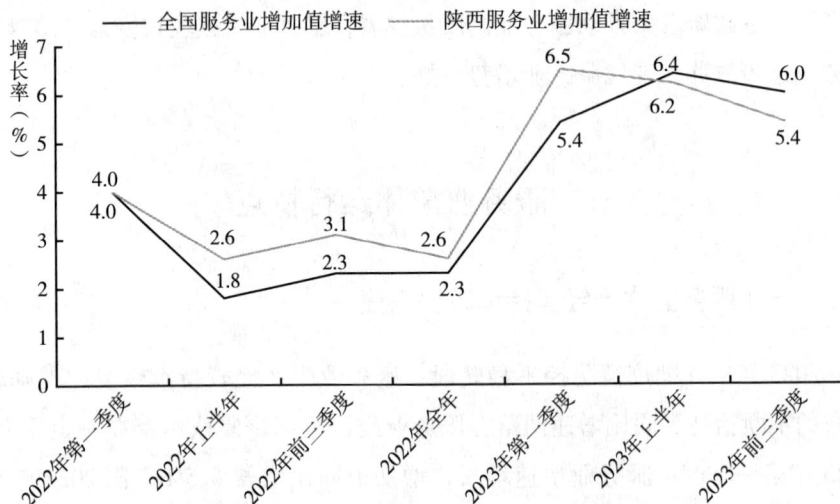

图1　2023年前三季度陕西与全国服务业增加值同比增速比较

资料来源：《2023年前三季度全省国民经济运行情况》，http://tjj.shaanxi.gov.cn/tjsj/tjxx/qs/202310/t20231031_2305442.html，最后检索时间：2023年11月3日；《前三季度国民经济持续恢复向好　高质量发展稳步推进》，https://www.stats.gov.cn/sj/zxfb/202310/t20231018_1943654.html，最后检索时间：2023年10月23日。

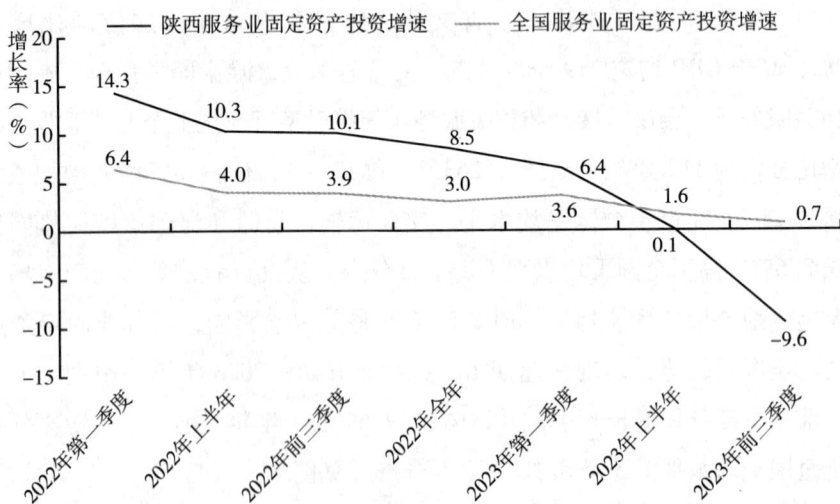

图2　2023年前三季度陕西与全国服务业固定资产投资同比增速比较

资料来源：《2023年1~9月全省固定资产投资运行情况》，http://tjj.shaanxi.gov.cn/tjsj/tjxx/qs/202311/t20231129_2308694.html，最后检索时间：2023年11月29日；《2023年1~9月份全国固定资产投资增长3.1%》，https://www.stats.gov.cn/sj/zxfb/202310/t20231018_1943657.html，最后检索时间：2023年10月23日。

服务业增加值 14262.86 亿元，占 GDP 的比重为 43.5%，仅相当于 2016 年的水平；服务业增长贡献率为 28.7%，下降了近一半。2023 年第一季度、上半年与第三季度服务业增加值分别为 3684.84 亿元、7252.32 亿元和 11151.72 亿元，占 GDP 的比重提高至 48.2%、46.8% 和 47.1%；服务业增长贡献率分别达到 82.7%、213.2% 和 400.2%，成为二产回落情况下支持经济增长的绝对支柱。服务业已经成为吸纳就业的主渠道，所占就业人员总量的比重呈持续增长之势。但 2022 年服务业就业人数与所占比重出现近十年来首次回落，服务业就业人数和比重分别为 986 万人和 47.7%，分别比 2021 年下降 50 万人和 1.8 个百分点。2023 年以来，随着服务业的加快恢复，服务业吸纳就业人数出现恢复性增长，但服务业用工需求仍然较低，增长后劲不足。2023 年 9 月末，全省规模以上服务业企业用工人数 85.6 万人，比 2022 年末增加 9400 人，较 2023 年第二季度末增加 9000 人。

（三）服务业新动能加速释放，新业态亮点纷呈

现代服务业，尤其是生产性服务业增势良好，成为带动服务业增长的重要动力。2023 年前三季度，信息传输、软件和信息技术服务业同比增长 8.2%，租赁和商务服务业、金融业增加值同比增速均为 8.1%，高于服务业平均增速近 3 个百分点；科学研究和技术服务业增加值同比增长 4.7%，科学研究和技术服务业规上服务企业营业收入同比增长 14%。数字技术创新应用消费新场景，拉动市场销售较快增长。2023 年前三季度，全省限额以上单位通过公共网络实现商品销售额 674.48 亿元，占限上单位消费品零售额的比重为 16.8%，前三季度同比增速有所回落但继续保持增长势头；[①] 快递市场规模持续扩大，前三季度陕西邮政行业寄递业务量累计 15.32 亿件，同比增长 17.91%，其中，快递业务量累计完成 10.46 亿件，同比增长

---

① 《前三季度全省消费品市场保持增长》，http://tjj.shaanxi.gov.cn/tjsj/tjxx/qs/202311/t20231129_2308698.html，最后检索时间：2023 年 11 月 30 日。

28.42%。[①] 新业态新模式亮点纷呈。社交电商、直播带货、无人销售等新业态蓬勃发展，"智慧+""酒店+"等新经济新模式带来消费新体验；西安演绎大唐文化近乎极致，网红社交带火"夜经济"；新业态逐步"下沉"区县，诸多新业态、新场景、新品牌在区县开花结果，为服务消费增长带来新增量。

（四）全省各地市服务业竞相恢复

伴随疫情防控的平稳转段，各地市服务业竞相恢复，但受整体经济增速回落调整的影响，服务业增势减弱。从三大区域看，关中地区城市服务业增长分化，总体增势略有回落，2023年第三季度，关中地区服务业增加值为8055.32亿元，占全省的72.23%，比2022年同期减少0.15个百分点；陕南地区服务业同比增速加快，增加值为1424.83亿元，占全省的12.78%，比2022年同期上升0.07百分点；陕北地区服务业同比增速较快，增加值为1671.57亿元，占全省的14.99%，比2022年同期上升0.08个百分点。从城市看，西安服务业持续稳定恢复，2023年第一季度、第二季度、第三季度同比增长6.6%、5.7%、5.3%，分别比2022年同期提高4.2个、4.1个和3.7个百分点；商洛增长持续加速，第一季度、第二季度、第三季度同比增速分别为5.7%、7.2%和7.3%；宝鸡、咸阳、汉中、榆林保持快速增长态势，第一季度、第二季度、第三季度增速如表1所示。

表1 2022年与2023年前三季度陕西各地市服务业增加值季度增长情况

单位：%

地市	2022年第一季度	2022年第二季度	2022年第三季度	2022年全年	2023年第一季度	2023年第二季度	2023年第三季度
西安	2.4	1.6	1.6	1.3	6.6	5.7	5.3
铜川	5.5	1.1	2.9	2.0	5.1	2.9	3.6
宝鸡	3.0	2.6	2.5	2.8	8.1	9.0	6.1
咸阳	6.7	4.0	5.2	3.8	6.5	7.1	5.6

---

① 《2023年1~9月邮政行业运行情况》，http://sn.spb.gov.cn/shanxsyzglj/c100062/c100149/202310/053a1c0c305943b7b62c9982d644d547.shtml，最后检索时间：2023年10月23日。

地市	2022年第一季度	2022年第二季度	2022年第三季度	2022年全年	2023年第一季度	2023年第二季度	2023年第三季度
渭南	7.0	3.4	3.0	2.9	4.9	5.9	4.4
杨凌示范区	3.4	0.4	1.4	2.3	7.5	4.9	4.1
榆林	7.7	6.7	7.9	5.8	7.1	6.6	5.0
延安	6.5	4.8	5.9	5.5	4.4	6.9	5.1
汉中	3.8	2.1	3.8	2.9	7.1	6.8	5.2
安康	4.8	2.5	3.1	2.9	5.7	5.1	4.8
商洛	4.4	3.9	4.0	3.7	5.7	7.2	7.3

资料来源：《2023年上半年各市（区）生产总值》，http://tjj.shaanxi.gov.cn/tjsj/jdsj/qs_440/202307/t20230731_2295665.html，最后检索日期：2023年9月31日；《2023年1~9月各市（区）生产总值》，http://tjj.shaanxi.gov.cn/tjsj/jdsj/qs_440/202311/t20231109_2306510.html，最后检索日期：2023年11月21日。

（五）服务业经济效益逐步转好

服务业企业盈利能力总体偏弱，但服务业经济效益逐步转好。2023年上半年，规模以上服务业实现利润总额149.71亿元，企业亏损面为42.9%，其中，租赁和商务服务业企业亏损面达49%，交通运输、仓储和邮政业企业亏损面为41.3%。[①] 2023年1~9月，全省规模以上服务业实现利润总额273.12亿元，高于2022年同期132.3亿元，十大门类中9个行业处于盈利状态，其中，信息传输、软件和信息技术服务业实现利润总额92.86亿元，占全省规模以上服务业企业利润总额的34.0%，科学研究和技术服务业实现利润总额67.68亿元，占比24.8%；从亏损面来看，1~9月，规模以上服务业在库企业亏损面为39.9%，较上半年亏损面减少3个百分点，其中，交通运输、仓储和邮政业，租赁和商务服务业占比较高的行业亏损面分别为39.7%和42.3%，比上半年分别下降1.6个和6.7个百分点。[②]

---

① 《上半年规上服务业运行分析》，http://tjj.shaanxi.gov.cn/tjsj/tjxx/qs/202309/t20230918_2301075.html，最后检索日期：2023年10月9日。

② 《全省规模以上服务业企业盈利情况保持稳定》，http://tjj.shaanxi.gov.cn/tjsj/tjxx/qs/202311/t20231129_2308704.html，最后检索日期：2023年11月17日。

二 服务业运行存在的问题

2023 年，陕西服务业持续恢复，但随着全省整体经济的回落调整，服务业运行依然面临完全恢复的压力，存在诸多困难和制约。

（一）服务业持续恢复的基础仍不稳固

2023 年第一季度，全省服务业增加值同比增长 6.5%，实现"开门红"，上半年同比增速回落至 6.2%，第三季度再次调整至 5.4%，与疫情之前 8.5%以上的增长水平仍有较大差距，服务业恢复的基础仍不稳固。从行业看，在六大行业中，2022 年占比居于前四位的分别是金融业、批发和零售业、房地产业、交通运输业，合计占比超过 50%。2017~2019 年四行业平均增速分别为 6.5%、6.8%、7.0%和 7.3%；2020~2022 年四行业平均增速分别为 6.5%、1.5%、0.4%和 4.3%。2023 年第三季度，批发和零售业虽然有所恢复，但增速仅为 3.9%，低于全国同期水平 2.2 个百分点，也比疫情前增速低 2.9 个百分点；房地产业增加值占服务业增加值比重约为 12%，但仍处于调整发展阶段，恢复增长动力不足。

（二）服务业发展不平衡不充分

陕西服务业发展不平衡。从区域来看，西安"一城独大"但辐射力不够强，陕北、陕南中心城市服务业区域带动作用不足，县域服务业发展相对滞后；从内部结构看，服务业与现代农业、先进制造业融合程度不深，生产性服务业专业化水平不高，生活性服务业标准化、规范化水平偏低，服务品质有待提升。陕西服务业发展不充分。从服务业规模来看，2022 年陕西服务业增加值占 GDP 的比重仅为 43.5%，比全国平均水平低近 10 个百分点；从服务业发展水平看，服务业创新驱动不足，现代化发展水平不高，突出表现为传统服务业所占比重较大，2022 年仅住宿和餐饮业，批发和零售业，交通运输、仓储和邮政业三行业所占比重就超过 27%，高新技术服务、商务服务等现代服务业占比较低，服务业新业态、新模式有待提振激发。

（三）服务业劳动生产率偏低

陕西服务业就业人员劳动生产率不高。与全国平均水平比较，2022年陕西服务业劳动生产率为144667.4元/人，全国服务业劳动生产率为184685.4元/人，陕西低于全国40018元/人，不到全国服务业劳动生产率的80%。[①] 动态比较，2018~2022年全国服务业就业人员劳动生产率年均增速为7.1%，而陕西服务业劳动生产率则呈现波动缓慢增长态势，年均增速仅为1.4%，与全国平均增速存在较大差距。与内部产业部门比较，2022年，陕西就业人员全员劳动生产率为158628.6元/人，二产劳动生产率为369677.3元/人，而陕西服务业就业人员劳动生产率分别为陕西全员劳动生产率、二产劳动生产率的91.2%和39.1%。动态比较，2018~2022年陕西就业人员全员劳动生产率年均增速9.3%，二产劳动生产率年均增速为5.3%，而服务业劳动生产率年均增速仅相当于全员劳动生产率的15%、二产劳动生产率的26.4%。因此，推进服务业高质量发展，提高服务业劳动生产率迫在眉睫。

（四）企业面临不小经营困难和压力

2023年，尽管服务消费实现较快增长，但受就业压力与居民增收缓慢的影响，服务消费产能难以充分释放，企业面临服务消费不足带来的市场压力。伴随劳动力和原材料成本增加，经营成本、管理费用居高不下，企业普遍面临较大经营压力，盈利能力偏弱，企业亏损面较高，尤其是小微型企业经营较为困难。数字经济蓬勃发展，服务业新业态、新模式层出不穷，在激发新活力、带来新动能的同时，对传统服务企业也形成强烈冲击，线上对线下的替代，网购对实体零售的替代，新消费对传统消费的替代，等等，加剧

[①] 《中国统计年鉴（2023）》《陕西省统计年鉴（2023）》，根据第三产业增加值、第三产业就业人数有关数据整理计算。

了传统服务企业面临的适应性阵痛和暂时性困难。政府相继出台的系列纾困解难政策，较大程度缓解了经营企业的困难，但是面临深层体制制约和政策精准性不足，政策落实效果有所折扣，有待进一步改进完善。

三　服务业面临的形势与展望

2023 年，随着疫情防控的平稳转段，全国经济持续回升向好。展望2024 年，我国发展面临的有利条件强于不利因素，经济回升向好、长期向好的基本趋势没有改变。陕西服务业将面临良好的发展环境与经济形势，在迎来不利因素挑战的同时，也将迎来诸多政策利好与发展机遇。

（一）形势分析

1. 面临的发展机遇

一是技术革命催生新业态新模式、带来新动能。新一轮科技革命和产业变革酝酿兴起，推动产业组织和商业方式产生重大变革，不断催生服务业新业态、新模式。新科技革命以绿色、健康、智能为引领方向，推进新的产业变革，带来产业颠覆性发展新机遇，也将迎来新一轮科技创新高潮，促使风险投资、人力资源、设计研发、知识产权、服务外包业的迅猛发展。以 5G为标志的新技术和产业变革推进工业和服务业深度融合，将推动传统生产方式和商业模式变革，新技术的多点突破和融合互动推动了人工智能、车联网、生命健康等新兴服务业的兴起，培育服务业的新生增长点。新技术及其广泛应用催生了网络视听、互联网教育、新零售、车联网、共享经济等新业态，培育了跨界融合型、"互联网+"型、平台经济等新模式，形成高铁网络、电子商务、移动支付、共享经济等世界消费经济新潮流，为服务业新一轮增长注入发展新动能。

二是服务业发展面临市场与政策双轮驱动。我国具有超大市场规模优势与巨大内需潜力，已经成为带动国内与世界经济恢复增长的强劲动力。伴随人均 GDP 超过 12300 美元，陕西正快步迈向经济高质量发展阶段，产业转型升级步伐加快，制造业逐步呈现高端化、智能化、绿色化发展趋势，制造业与服务业双向互融，服务型制造、制造型服务快速发展，推动生产性服务业步入快速增长轨道。陕西居民人均可支配收入和人均消费支出分别超过3万元与2万元，经济社会发展呈现更多依靠消费引领、服务驱动的新特征，人们消费结构逐步由生存型、传统型、物质型向发展型、现代型、服务型转变，激发生活性服务业发展潜力。2024年陕西服务业增加值占GDP比重将超过46%，预计在2026年陕西或将迈入增加值与就业占比"双过半"的"服务经济"时代，服务业在国民经济中的地位和作用更加凸显。近年来，陕西省委省政府高度重视服务业，加速构建优质高效的服务业新体系，密集出台的服务业"十四五"规划、服务业各类专项规划、服务业专项资金、服务业集聚区、服务业纾困等系列政策，助推服务业高质量发展，未来服务业面临市场与政策双驱动力。

三是全面深化改革开放，加速注入新动力。近年来，我国坚定推进服务业开放，服务业制度型开放迈出重要步伐，外资准入逐步放宽，营商环境持续优化，取得多方面的显著成效，成为世界服务业开放的重要推动者，也实现了以开放促改革、改革促发展，为我国服务业开拓新空间。陕西以打造内陆改革开放高地争做西部示范为目标，加快构建支撑有力的全域开放体系，积极开拓"一带一路"国际市场，发展特色服务贸易产业园区，不断扩大对外合作空间。同时，以制度性开放为引领，高标准建设陕西自由贸易区，深化服务贸易创新试点，不断放宽市场准入，不断完善服务业法律法规、管理体制、运行机制、政策体系。服务业是制度密集型产业，服务业制度的不断完善，将持续为服务业发展注入新动力。

2. 面临的挑战

一是经济回落调整对服务业高质量发展提出了更高要求。2023年陕西经济总体延续了恢复态势，但经济增速出现了一定程度回落。前三季度经济增速下调至2.4%，经济下行压力加大，经济转型升级要求迫切，寻求新的经济增长支撑的内在要求强烈。在制造业面临转型升级重压的背景下，服务业肩负着稳定全省经济增长的重任和压力。制造业加速转型升级，加快向产业高端迈进，然而，也面对劳动年龄人口数量下降、高端人才缺乏、技术"卡脖子"等突出问题，面对科技引领作用不强、制度创新约束趋紧等内在制约。推进经济转型升级和高质量发展的人才、技术、知识、信息、管理、制度等条件基础仍较为薄弱，在条件不具备或不完全具备的情况下推进产业转型升级与服务业高质量发展，将面临很多新的挑战。

二是服务业体制改革滞后抑制了服务业发展活力和效率提升。服务业体制改革是难度最大的领域，陕西服务业面临诸多体制机制障碍，成为未来服务业发展的最大挑战之一。服务业部分行业领域面临垄断，金融保险、电信网络、铁路民航、教育培训、新闻传媒等比较典型，生产性服务业领域也较为突出。运用法治化方式推动服务业开放的措施较少，对标国际先进规则推进服务业开放的力度有待加大，改革措施亟待精准。服务业标准化法律地位缺失、政策管理不到位等问题长期存在，服务标准化程度不高，服务品牌缺失。服务业面临企业成本高企的制度障碍，土地、水电气等要素成本较高，因轻资产属性普遍存在的融资难、融资贵问题较为突出。

（二）发展展望

展望2024年，面临经济稳步发展的宏观经济形势，陕西服务业将保持全面稳定恢复态势，实现平稳较快增长。

一是服务业加快全面恢复，实现平稳较快增长。2023年第一季度、上半年、前三季度，在全省GDP增速出现回落的情势下，服务业增加值同比增速略微回调，但依然保持较高速度，同比增速分别为6.5%、6.2%与5.4%，其发展态势好于一产、二产，为稳定整体经济增长发挥着重大作用。进入第四季度，全省将紧抓关键期全力冲刺，围绕重点领域和关键环节持续发力，全力以赴稳增长、扩投资、促消费，为服务业稳定增长助力，预计服务业增加值增速在4%左右。展望2024年，在全国经济持续恢复向好的背景下，伴随服务业惠企助企政策的有效落实，消费市场不断稳定回升向好，高质量项目投资持续实施，服务业开放不断扩大，改革深入推进，服务业发展具有持续发展的良好支撑和有利条件。预判住宿和餐饮业，批发和零售业，交通运输、仓储和邮政业等接触型服务业将加快恢复，金融业，信息传输、软件和信息技术服务业，租赁和商务服务业，科技服务业等现代服务业将继续保持较快增长速度，服务业整体将呈现稳定向上势头，实现平稳增长，预计增速在6%左右。

二是服务业规模持续扩大，继续发挥经济社会发展主力军作用。服务业加快全面恢复，规模将会持续扩大。2018年、2019年陕西服务业增加值占GDP比重分别达到45.51%和46.61%，2020年达到48.14%。从2023年前三季度看，服务业保持持续较快增长，第一季度、上半年、前三季度服务业增加值占比分别为48.2%、46.8%和47.1%，预计2023年服务业增加值比重将达到45%左右，2024年提高到47%左右，2026年或将超过50%。服务业吸纳就业人员保持增长态势，2019~2021年，陕西服务业就业人员所占比重分别为45.79%、48.93%和49.55%。2022年回调降至47.7%。从2023年上半年、前三季度看，规模以上服务业就业人数基本平稳，略有增长，预计2023年陕西服务业就业人员所占比重将在48%左右，预计2024年接近50%。

三是服务业高质量发展步伐加快，新动能不断蓄积。2023年，全省聚力推动秦创原和西安"双中心"建设，着力建好人才、资本、科技三个"大市场"，全力推进科技成果转化，创新驱动服务业高质量发展取得良好成效。展望2024年，服务业高质量发展步伐将进一步加快。新技术加速服务业应用，高技术服务业固定资产投资持续增长；现代服务业快速发展，数字服务业高速增长；消费场景不断创新，服务业新模式新业态更加活跃；服务业开放不断扩大，特色出口基地快速发展，服务贸易进出口额超过80亿美元；以开放促改革，陕西自贸区、服务贸易创新试点不断深化，制度性改革持续推进，以改革释放发展新动能。2023年、2024年服务业就业人员劳动生产率预计增长6%~8%，分别超过15.5万元/人和16.5万元/人。

四　服务业发展的建议

（一）推进服务消费与投资双向发力

加大消费增长驱动力，增强投融资推动力，推进服务业持续发展。一是积极扩大服务消费。扎实推进激发消费活力促进消费增长三年行动，严格落实最新发布的陕西促进消费增长若干措施，提振消费信心，扩大服务消费。优化消费结构，进一步推动住宿和餐饮、批发和零售等接触型消费恢复，扩大新能源汽车、金银珠宝等升级类商品需求，培育壮大新型消费，大力发展数字消费、绿色消费、健康消费，积极培育文娱旅游、体育赛事、国货"潮品"等新的消费增长点。开展促进消费活动，创新开展"秦乐购"促销活动，鼓励各市县发放消费券。培育壮大智慧产品和智慧零售、智慧家政、数字文化、智能体育、"互联网+医疗健康"等消费新业态。通过数字赋能、商旅文体融合等打造消费新场景，激发消费活力。二是持续加强服务业投融资。加大财政资金支持，重点支持科学研究、技术服务业等关键领域、薄弱环节的发展。积极调整政府服务业投资结构，用好省级现代服务业引导基金，扩大创业基金规模，发挥服务业担保资金作用，引导社会资本对生产性服务业的投入。以省市级现代服务业产业集群为依托，加强对服务业集聚区生产或生活功能配套设施建设，加大对生产性服务业园区基础设施的投资支持力度。重点招引实施一批延链补链强链的重大服务业项目，提升高质量项目建设成效，培育做强主导服务业。

（二）构建优质高效的服务业新体系

强化科技创新驱动，着力推动服务业品质化、数字化、融合化发展，加快构建优质高效的服务业新体系，促进服务业高质量发展。一是强化科技创新驱动。加快推进西安"双中心"建设，充分发挥秦创原辐射作用，进一步健全技术要素市场，强化科技体制机制创新，加强科技服务业标准化建设，做强科技服务业，加速科技创新引领现代服务业体系建设。二是提升服务业质量。引导健全地方性服务业标准体系，引领行业规范发展和扩大优质服务供给，鼓励企业主导或参与国际服务业标准的制定。加强服务质量管理体系建设，推行试点优质服务承诺标识制度，加强服务业质量监测评价。支持服务业企业实施品牌战略，培育具有国内外竞争力的服务品牌。三是加快推进服务业数字化。加大数字经济牵引力，通过培养专业数据服务商，发展新型数字服务基础平台，推进算力、网络、新智能等新型基础设施建设等举措，不断夯实数字化基础底座。加快研发设计、金融服务、现代物流等生产性服务业的数字化转型，丰富商贸服务、文化旅游、健康养老、家政托育等生活性服务业的数字化应用场景，推进服务业企业数字化转型。四是持续推进服务业融合发展。培育壮大研发设计、信息服务、商务服务、制造服务业市场主体，推动现代服务业和先进制造业深度融合。提升种业研发、农资供应、仓储物流、农机作业及维修、市场营销等全过程服务水平，大力发展休闲农业、乡村旅游，推进现代服务业和现代农业深度融合。积极推动科技、信息、文化、旅游、养老、健康等服务业互动融合，培育特色文旅、智慧健康养老、数字创意等融合发展新业态，推动实现服务业全产业融合。

（三）强化服务业主体与平台建设

加强培育服务业市场主体，加快建设服务业平台，积极培育服务业增长新动能。一是培育壮大市场主体。建立完善服务业各领域重点企业联系机制，以相关部门对口联系的方式帮扶重点企业。鼓励服务业企业专业化发展，打造跨界融合产业集团和产业联盟，培育若干服务业龙头企业或企业集团。积极发展专精特新中小企业和行业"小巨人"，提升中小企业竞争力。完善社会化服务体系，建设中小企业公共服务平台，促进企业产需对接、供需匹配。二是打造服务业集聚发展平台。实施省、市、县三级联创现代服务业集聚区，持续培育一批省级现代服务业集聚区创新发展示范区，打造"千亿级""五百亿级""百亿级"省级现代服务业集聚区。三是建设服务业开放发展平台。推进高标准建设陕西自贸试验区，着力打造国际化法治化便利化营商环境。建好国家文化出口基地、中医药服务出口基地等5个国家级服务贸易基地，积极申报国家语言服务、人力资源服务、知识产权服务、地理信息服务等专业特色服务出口基地。

（四）推进服务业区域协调发展

充分发挥西安服务业核心城市的辐射作用，不断增强关中服务业创新协同发展，持续强化区域中心城市的支撑带动作用，做大做强县域服务经济板块，构建全省服务业"一核一带多极"发展格局。一是着力将西安打造成具有较大世界影响力的国际服务经济中心。支持西安建设国家中心城市，推进西安"双中心"建设，打造传承中华文化的世界级旅游目的地城市、丝路科创中心、丝路金融中心、国际消费中心城市、"一带一路"国际物流枢纽、医养健康服务领先城市，推动"三中心二高地一枢纽"核心功能全面提升，建成服务大西安、带动大关中、引领大西北、辐射新丝路，具有较大世界影响力的丝路国际服务经济中心。二是推进关中城市群服务业协同发展。以西安为核心，以咸阳、渭南、宝鸡、铜川、杨凌为重点，强化核心城市服务功能，转移非核心城市服务功能，构建凸显功能、突出特色、错位发展的协同机制，共同打造服务业协同创新发展示范带。三是培育区域性服务业中心城市。发挥区域和产业优势，做强特色服务业，大力推进榆林、宝鸡、汉中、安康等区域中心城市发展，带动区域服务业水平提升。四是做大做强县域服务经济板块。建议实施服务业强县工程、服务业创新区县扩展行动，扩大县域服务业规模，提升县域服务业竞争力。

（五）全面深化服务业改革开放

推进服务业扩大开放，以制度性开放促进服务业改革，以改革促发展。一是积极扩大服务业开放。主动融入"一带一路"大格局，推进西咸新区服务贸易创新试点；办好欧亚经济论坛、丝博会等对外交流活动；深化与共建"一带一路"国家和地区在文化、旅游、教育、体育、医疗等领域的交流与合作。鼓励企业"引进来""走出去"，进一步放开服务业领域市场准入，落实"先照后证""一照一码"，推进登记注册全程电子化和电子营业执照应用；引导外资企业在陕西设立服务企业、各类功能性总部和分支机构、研发中心、营运基地等；支持服务企业"走出去"，提升企业"走出去"公共服务平台功能，为服务企业"走出去"和服务出口创造良好环境。二是以制度性开放推进服务业体制机制改革。进一步完善负面清单管理制度，分类放宽服务业准入限制，积极稳妥地放宽互联网、教育、文化等敏感产业，完善负面清单修订动态调整机制，加快建立跨境服务贸易负面清单管理制度；分类推进服务业体制机制改革，聚焦陕西科技服务、教育培训、文化旅游等重点领域，厘清破除不同体制机制障碍的重点举措；强化服务业高水平开放法治保障，健全与负面清单管理模式相配套的事中事后监管制度；健全服务业对外投资促进和保护机制，清理、取消束缚服务业对外投资的不合理限制，完善对外投资合作国别指南和产业导引，增加对外投资合作公共服务供给。

（六）加强服务业精准政策支持

基于服务业领域覆盖面广、行业异质性大的特点，加强对服务业行业深化研究，制定针对性强的产业政策及措施。用好用足陕西省产业结构调整（服务业）专项资金，继续落实陕西促进服务业领域困难行业恢复发展的若干政策，帮助企业纾困解难。加快出台推进先进制造业与现代服务业深度融合发展指导意见，设立省级先进制造业与现代服务业深度融合发展示范区域和示范企业，制定政策措施，推动制造业与服务业融合发展。加快制定服务业质量管理体系，推动服务业行业标准建设，提升陕西服务业品牌。依托陕西"空天"制造与服务业优势，加快制定商业航天、低空经济等新兴产业发展指导意见，激发优势产业新动能。积极开展服务业行业企业专项调查，聚焦企业存在的难点、堵点、痛点，制定精准政策措施，开展推送个性化企业政策礼包、中小企业服务行动、行业协会助企行等活动，推动实现精准施策。

参考文献

《服务业运行开局良好企业盈利状况明显改善》，http：//tjj. shaanxi. gov. cn/tjsj/tjxx/qs/202305/t20230524_ 2287424. html，最后检索日期：2023 年 10 月 16 日。

《2023 年上半年全省国民经济运行情况》，http：//tjj. shaanxi. gov. cn/tjsj/tjxx/qs/202307/t20230728_ 2295398. html，最后检索日期：2023 年 10 月 22 日。

《上半年规上服务业运行分析》，http：//tjj. shaanxi. gov. cn/tjsj/tjxx/qs/202309/t20230918_ 2301075. html，最后检索日期：2023 年 10 月 9 日。

《全省规模以上服务业企业盈利情况保持稳定》，http：//tjj. shaanxi. gov. cn/tjsj/tjxx/qs/202311/t20231129_ 2308704. html，最后检索日期：2023 年 11 月 17 日。

《陕西省统计局新闻发言人解读 2023 年前三季度全省国民经济运行情况》，https：//www. toutiao. com/article/7294090205131784719/，最后检索日期：2023 年 10 月 30 日。

综合篇

B.6

加快产业转型升级，助推陕西经济
高质量发展的对策研究[*]

陕西省社会科学院经济研究所课题组[**]

摘 要： 加快产业结构优化升级，促进新旧动能接续转换，是陕西加快构建新发展格局、全力推动高质量发展的重要抓手。因此，陕西要完整、准确、全面贯彻新发展理念，加快构建新发展格局，全力推动高质量发展，一是壮大创新集群提升发展能级，强基聚链筑牢产业基础。扬长补短发挥陕西能源优势，做强做优现代能源产业集群。二是推动"四链"深度融合，助力补链延链提升产业能级。以科技为第一生产力、人才为第一资源、创新为第一动力，全面推动创新链、产业链、资金链、人才链深度融合，为支撑高质量发展做实见效成势。三是以数字经济开辟产业发展新赛道，抢抓未来产

* 本文为 2023 年陕西经济社会发展重大研究课题（立项号：23SXZD04）、2023 年国家社会科学基金项目（项目批准号：23BGL309）的阶段性成果。

** 课题组成员：裴成荣，陕西省社会科学院经济研究所所长、二级研究员，研究方向为城市与区域经济、产业经济；顾菁，陕西省社会科学院经济研究所副研究员，研究方向为城市经济、区域经济；张馨，陕西省社会科学院经济研究所副研究员，研究方向为区域经济；张建涛，陕西省信息中心研究员，研究方向为产业经济。

业新机遇，不断培育壮大发展新动能，以数智化赋能陕西现代化产业体系建设。

关键词： 产业转型升级　现代化产业体系　陕西经济

党的二十大报告提出，高质量发展是全面建设社会主义现代化国家的首要任务。我国发展面临新的战略机遇、新的战略任务、新的战略阶段、新的战略要求、新的战略环境，要牢牢把握高质量发展这个首要任务，完整、准确、全面贯彻新发展理念，推动经济实现质的有效提升和量的合理增长。习近平总书记在听取陕西省委和省政府工作汇报时强调，陕西要实现追赶超越，必须在加强科技创新、建设现代化产业体系上取得新突破。要立足自身产业基础和资源禀赋，坚持把发展的着力点放在实体经济上，在巩固传统优势产业领先地位的同时，勇于开辟新领域、新赛道，培育竞争新优势。以科技创新为引领，加快传统产业高端化、智能化、绿色化升级改造，培育壮大战略性新兴产业，积极发展数字经济和现代服务业，加快构建具有智能化、绿色化、融合化特征和符合完整性、先进性、安全性要求的现代化产业体系，做强做优现代能源产业集群①。

加快产业结构优化升级，促进新旧动能接续转换，是高质量发展题中之义。陕西要完整、准确、全面贯彻新发展理念，加快构建新发展格局，全力推动高质量发展，一是加速技术革新和设备更新，提升传统产业价值创造能力，强基聚链筑牢产业集群基础，做强做优现代能源产业集群。二是以科技为第一生产力、人才为第一资源、创新为第一动力，全面推动创新链、产业

---

① 《习近平听取陕西省委和省政府工作汇报》，中华人民共和国中央人民政府网站（2023 年 5 月 17 日），https://www.gov.cn/yaowen/liebiao/202305/content_6874465.htm? eqid = eod6312b00517b6000000066465c540&wd = &eqid = 846c52b000094f650000000664 744a06，最后检索时间：2024 年 1 月 18 日。

链、资金链、人才链深度融合，加快推动高质量发展见效成势。三是不断培育壮大发展新动能，开辟数字经济新赛道，以数智化赋能陕西现代化产业体系建设。

一　壮大创新集群提升发展能级，
强基聚链筑牢产业基础

习近平总书记来陕考察时强调，陕西要做强做优现代能源产业集群。总书记的重要指示为陕西现代能源产业发展把舵定向、擘画未来。能源产业是国民经济发展的重要支撑，肩负着保障国家能源安全和改善民生的重要使命。陕西作为能源资源大省，能源产业资源禀赋优异，资源储量产量居全国前列。陕西煤炭、石油、天然气储量和产量均位居全国前列，风能资源、太阳能资源、煤层气储量、生物质能资源、水能资源都较为丰富。中长期内，能源产业在陕西工业中的支柱地位不可替代、在陕西经济社会发展中的主导地位不可替代、在国家能源安全中的战略地位不可替代。省委书记赵一德多次提出"扬能源优势，做强现代能源产业集群"的重点是念好"稳、控、转"三字经，"稳"是坚持稳煤、扩油、增气并举，释放优质产能；"控"是严控"两高"项目盲目发展；"转"是加快煤化工产业高端化、多元化、低碳化发展，同时把传统能源挣来的"本钱"通过市场化、专业化手段，投在新能源和非能源产业培育发展上。陕西经济增长潜力大，但产业结构偏重、能源结构偏煤，需正视能源产业发展的短板和不足，把握陕西能源产业比较优势，加强政策协调和转型规划，提升能源产业竞争力，做强做优现代能源产业集群。

近年来，陕西以转变能源发展方式为主线，以陕北能源化工基地、关中能源接续区和陕南绿色能源区为依托，稳步提高一次能源产品产量，重点发展煤电化一体化、油炼化一体化和能源装备一体化，着力推动化工产业高端化、电源建设大型化和载能工业特色化，有序发展以水电、风电和太阳能为主的新能源，积极实施"气化陕西"等能源民生工程，持续向现代新型能

源强省目标迈进。2022年，陕西工业增加值突破1.3万亿元①，居全国第12位，占全年生产总值的40.2%，全年外送煤炭近5亿吨、电量600亿千瓦时，新能源装机量新增270万千瓦。2023年1~7月，新能源汽车产量51.5万辆，同比增长39.5%。太阳能光伏产业全国领先，15个企业和项目入选国家智能光伏试点示范，数量位居全国第一；半导体产业规模位居全国前列。

但是，陕西现代化能源产业建设还存在以下问题。一是能源保障能力亟须加快提升。陕西油田勘探开发进入中后期，优质储量占比下降，剩余油气资源以致密油气、页岩油气为主，统筹增储上产与效益开发难度增大。同时，陕西能源消费总量增长较快，2022年增长11.3%，天然气消费总量和占比显著增加，但石油消费总量上涨较缓，能源生产、消费仍以煤炭为主。供应本地区能源比例不断缩小，消费与生产增长速度不匹配，可再生能源生产、消费比例也远低于全国水平，造成煤炭行业产能过剩，油气、新能源供给缺口增大。二是能源产业亟须转型升级。陕西化石能源产量在全国排名均高于其储量排名，可持续发展的压力越来越大。能源化工产业链较短，初级产品和大宗产品占比高，精细化工和新材料等高附加值产品研发生产不足。2022年，我国独立炼厂成品油收率为58.38%，而延长石油成品油收率在70%以上，油多化少且柴汽比高，还需进一步向化工品转化。三是数字化技术赋能能源绿色转型还需重点突破。2021年我国一次电力及其他能源占发电量比重为28.87%，而陕西为12.97%，风电、光伏、水电等清洁能源发电能力还需进一步提升。四是中小能源企业活力不足，可持续发展动力亟须加强。陕西多次改革重组形成了多家龙头能源企业，整体竞争优势逐渐凸显。但管理创新灵活的中小能源企业生存空间受到严重挤压，常对新型非常规能源勘探开发望而却步，以致陕西新能源和非常规能源发展动力相对不足。此外，陕西整体消费水平不高导致能源价格承受能力偏低，天然气等价格相对较高的清洁绿色能源消费市场难以在短期内爆炸式增长。建议陕西加

---

① 文中所有数据来自陕西省统计局。

快推进传统能源产业纵向延伸和新能源产业横向拓展，强基聚链筑牢产业基础，将能源资源优势转化为经济优势，建设现代能源体系的先行区，打造万亿级现代能源产业创新集群，为经济高质量发展注入强劲动能。针对以上问题，提出以下对策建议。

（一）增强能源供应链稳定性，为国家能源安全保驾护航

增强能源供应能力，打造高端能源供应主要承载区。加大油气勘探开发力度，坚持常非并举，积极扩大非常规资源勘探开发，加大页岩油、页岩气、煤层气开发力度。抓好已开发油田"控递减"和"提高采收率"，推动老油气田稳产，加大新区产能建设力度。加快释放优质产能，充分发挥原油自产、外购、进口"三种资源"多渠道保障作用。稳妥推进陕西榆林煤制油气战略基地建设，加强安全战略技术储备。加快完善煤油气产供储销体系，积极协同国家成品油储备体系建设、煤炭储备基地建设和天然气长输管线的规划建设，确保项目尽快落地见效，为保障国家能源供应和支撑陕西经济社会发展发挥重要作用。

（二）坚持强链固链，纵深推进产业创新集群融合发展

聚焦重点领域、关键环节，"链"上发力，推进产业链"强筋壮骨"，不断塑造新优势，培育新动能。引导重点行业加大节能降碳改造力度，形成标杆企业示范转、产业链群协同转的良性循环。部署推动传统能源产业创新集群发展，制定实施产业创新集群建设相关指导意见、行动计划、重点工作清单和若干政策，形成立体化的一揽子政策支持体系。充分发挥现代服务业尤其是生产性服务业对产业升级的赋能作用，让核心竞争力更多体现在技术、标准、品牌、服务上，牵引产业整体向价值链高附加值环节迁移。多措并举提高产业链韧性，推动更多优势产业链向"微笑曲线"两端延伸。延伸能源产业链条，加强能源综合利用和深加工生产，加快固体废物综合利用实现变废为宝，引导能源产业向纵深发展，推动新能源优先开发和优先利用，落实"一心两区四走廊五基地"新能源布局，着力解决

补贴、消纳和空间布局等关键问题，保障新能源产业供应链自主可控地推动化石能源利用更多向化工原料转变、能源供给更多向清洁能源转变、能源资本运作更多向培育非能产业转变。拉长拓宽产业链条。

（三）加快能源系统智能化改造，提升产业链现代化水平

以高端化、智能化、绿色化为主攻方向，深入实施产业基础再造和重大技术装备攻关工程。支持优势企业开展机器换人、设备换芯、生产换线、产品换代等领域设备设施、工艺流程的智能化升级，高质量完成规上工业企业智能化改造、数字化转型全覆盖。打破能源企业间的数据壁垒，提高能源行业的信息透明度和能源数据的挖掘与利用效率，实现能源行业的数据共享和数字化转型。发挥国有能源企业在新一轮科技革命和产业变革浪潮中的引领作用，打造能源类企业数字化转型示范。实施规上工业企业数字化转型、中小企业数字化赋能、产业园区数字化改造、产业集群数字化生态构建等具体行动。实施"区块链+能源"创新应用试点，在能源微电网、能源交易系统、智能充电桩、储能运营、能源信息安全等领域实现应用。适应数字化、自动化、网络化能源基础设施发展，建设智能调度体系，实现源网荷互动、多能协同互补及用能需求智能调控。积极培育能源转型新业务、能源数字新产品、能源平台新服务，打造互利共赢的能源互联网生态圈。

（四）推动能源绿色低碳转型，积极践行"双碳"目标

培育发展风、光、氢、地热等新能源产业，积极在风电、光伏、天然气等清洁能源领域优化产业布局。加快构建以新能源为主体的新型电力系统，加大力度规划建设以大型风光电基地为基础、以其周边清洁高效先进节能的煤电为支撑、以稳定安全可靠的特高压输变电线路为载体的新能源供给消纳体系。支持省属能源企业建设"源网荷储"一体化智慧能源网，大幅降低油田、煤矿、炼化、化工等主业用电、用热成本，实现新能源产业与传统产业高效协同、绿色低碳发展。加快国家能源互联网示范工程建设，鼓励实施集光储充于一体的"多能互补"的微电网示范项目，打造陕北"煤风光储

输一体化"新能源综合示范基地。重点围绕绿氢积极推进氢能产业示范项目，大力支持延长石油集团布局制氢、氢燃料电池、氢能储运、油氢混合加注等全产业链，推动陕西传统能源企业绿色转型发展。

二 推动"四链"深度融合，助力补链延链 提升产业能级

产业是发展的重要载体，创新是引领发展的第一动力，要推动创新链、产业链、资金链、人才链深度融合。习近平总书记强调，陕西要强化企业科技创新的主体地位，推动创新链产业链资金链人才链深度融合，加快科技成果产业化进程。总书记的重要指示深刻揭示了科技创新必须与产业发展、经济发展协同联动、同向发力、深度融合的内在要求。近年来，互联网、大数据、云计算、人工智能、区块链等技术加速创新，新能源、生物基因技术和人工智能更是被称作新一轮产业革命的动力源。这既是全球产业链、供应链重组，价值链重构的重大机遇，也是产业结构优化调整的重要窗口期。"四链"融合关键在"融"，创新链、产业链、资金链、人才链相互交织、相互支撑，形成"一载体、一动力、两关键"的组织架构。其中，产业链是重要载体，创新链是重要动力，资金链和人才链是关键因素。

陕西是科教大省，创新综合实力雄厚。2021年3月，陕西全面启动建设秦创原创新平台，以建好秦创原创新驱动平台为抓手，立足深度融合的总体格局和联动机制，打造了一批产业结构较为完整、规模体量较大、竞争优势突出的制造业重点链。同时，以秦创原创新驱动平台建设为主引擎，坚持"四个面向"深化源头创新，聚力建设立体联动"孵化器"、成果转化"加速器"、两链融合"促进器"，重塑科创体系，蝶变科创生态，构建了从研发到孵化再到产业化的科创系统，努力打造"热带雨林"式科创生态，实现了创新资源聚集、创新功能集成、创新主体融通。秦创原推出的高校引进、企业使用、政府补贴等政策不但拥有良好的创意和实践效果，而且具有推广复制的普遍意义。陕西通过深入推进创新链、产业链、资金链、人才链

深度融合，充分激发各类创新要素的澎湃活力，努力走出了一条具有陕西特色的创新驱动发展新路径。

但是，陕西在"四链"融合方面仍存在以下问题。一是政策推动与落实不足。双向融合政策体系不健全，仍处于探索阶段，相关政策制度以及配套服务体系不完善，着眼于短期目标，缺少长效发展机制。基于跨区域的多链合作机制还未建立，创新链的"早夭"和产业链的关键核心技术支撑不足现象并存。二是企业创新主体作用发挥不够，体系化创新效能不高，创新生态尚未完善。亟须提升原创能力，突破共性关键核心技术的束缚，构建高水平创新链。三是科技成果本地转化率较低。科技成果转化收益分配机制不够完善，科技领军人才缺乏，人才激励政策不健全，政策措施落实不到位，与国际接轨的科研氛围、可持续的科研设施保障仍有很大差距。四是现有的金融体系对传统产业有比较成熟的融资模式，但对创新链的支持仍然以间接融资为主，与科创企业融资需求不匹配。科技企业重研发轻资产的特点与银行部门以抵押品价值来确定贷款额度的商业模式之间也存在矛盾，这些都限制了"四链"的进一步融合。针对这些问题，提出以下推动"四链"深度融合的对策建议。

（一）加强政策宣传，提高政策集成，夯实政府支撑和保障体系

加强多渠道、针对性政策宣传。对国家及省区市的"四链"相关政策进行系统研究和集成整理，通过多种渠道，不断加大"四链"融合相关政策的宣传力度，便于企业及时了解和掌握。以增强创新引领功能为核心，全面深挖技术创新策源力、创新生态吸引力、科技成果转化带动力和资源要素保障力，开展"四链"融合相关政策第三方评估。对政策实施落地情况、绩效、存在的问题以及修改完善建议等进行综合评估。提升政务服务标准化、规范化和便利化。梳理"四链"政务服务事项清单，推动实现同一政务服务事项要素标准统一，规范"一门"办理。线上线下并行提供规范服务，线下"进一门、到一窗、一次办"，线上"入一口、好办事、管全程"，满足企业多样化办事需求。

（二）聚焦创新生态推动共建共享，进一步挖掘释放创新潜力

加强"链主"企业"强创新"，发挥产业生态的主导作用。鼓励"链主"企业联合上下游组建创新联合体，带动上下游中小企业创新发展。针对每条产业链在核心基础零部件等方面的薄弱环节开展攻关突破，实施产业基础再造工程项目；鼓励"链主"企业率先采购、使用配套企业的创新产品，提升产业配套水平，加快推动重点产业工艺"一条龙"的示范作用。对现有企业研发机构分类指导，实现提档升级。引导和支持企业研发机构按照综合实力型、潜力型等特征和要点，抓住发展关键，集中资源发挥比较优势。完善企业现有研发机构的评估与认定。引导有条件的中小企业立足自身实际自建或依托高校共建研发机构。完善省、市、县、区多部门协同推动工作机制，在具备条件的中小型工业企业中普遍建立省市级企业研发机构。激发共性技术研发平台创新活力。弱化经营业绩考核，突出共性技术研发及行业进步贡献考核。建立健全创新容错机制，实施容错负面清单制度，激发共性技术研发平台敢于创新、善于创新的积极性。

（三）创新转化模式优化分配机制，释放科技成果转化效能

探索定向研发、定向转化和定向服务"三定向"的科技成果转化模式。瞄准企业需求开展定向研发，将科技开发资源定向投放，进行专项技术攻关；瞄准市场需求开展定向转化，研发出的成果按既定需求由企业进行定向转化；瞄准企业需要开展定向服务，为企业提供后续技术支撑。将"三项改革"推广实施与大学科技园建设结合起来，充分发挥大学科技园的桥梁作用，按照立体联动"孵化器"、成果转化加速器、两链融合促进器建设思路和模式，支持试点单位申建省级大学科技园，打造一批集孵化、转化、产业化于一体的大学科技园。

完善科技成果转化权益分配机制。改进转让与许可利益分配模式，在不同的研发阶段，提前引入社会资本、社会力量综合评估研发成果的社会经济价值。实行差异化科研项目资助模式，探索建立体现科技创新人才价值和贡

献的间接经费同成果转化收益相挂钩的动态浮动机制。加强科技经纪人队伍建设。根据重点产业链发展优势，构建引进科技经纪人并制定针对性的政策矩阵，满足未来产业集群科技成果转化服务需求；制定和规范初、中、高不同阶段科技经纪人培养方案和目标，提高科技经纪人培养规模和质量，完善科技经纪人多元培育体系；成立区域科技经纪人联盟，举办区域科技经纪人经典服务案例大赛等，构建区域协同机制。

（四）强化产品推介搭建基金平台，完善金融支持体系

探索信贷融资支持科技创新新模式，拓展银行直接参与股权投资支持创新的空间。投贷联动，通过股权投资模式来释放银行体系支持科技创新的能力。各金融机构利用网点多的优势，积极宣传融资策略，加强与企业的精准对接，打造直接融资企业后备资源库并及时更新。监管部门依据企业特征打造"一户一策"的定制款辅导计划。聚焦陕西特色资源，搭建开放基金平台。基于秦创原总窗口，引入全国资本，通过有媒介载体的开发式基金平台，推出著名基金人、著名基金公司、著名项目、著名企业等资本 ID。建立领导挂钩服务机制。针对处于不同阶段的上市后备企业提供融资对接、推荐指导、协调推进等服务。针对企业上市过程中涉及的合规证明出具等事项，提供差异化的解决方案，持续优化流程，提升工作效率。推行同股不同权，保护发展科教资源。成熟的企业，可以先在秦创原总窗口进行注册登记试点，率先实施同股不同权。试点成熟后，通过自贸区和开发区两种路径复制推广。

（五）优化柔性机制协同引才育才，优化人才管理激发创新活力

激发人才活力支持人才创新，建设新时代人才聚集高地。一是下大气力打造体系化的高层次人才培养平台，发挥高校特别是"双一流"高校人才培养的主力军作用，加强急需的高层次人才培养，特别是战略科学家、科技领军人才培养。二是要创新人才评价机制，改变人才评价制度不合理的状况。三是实施更加开放的人才政策，优化柔性人才机制，建立更加积极、更

加开放、更加有效的人才政策。激励更多科学家走出象牙塔、更多科研成果走出实验室，助力培养更多大师、战略科学家、一流科技领军人才和创新团队等构筑集聚国内外优秀人才的科研创新高地。四是积极探索科技人员职务科技成果产权激励制度改革，让科技成果产出与科研人员收益挂钩。对科研成果完成人的奖励建议直接以奖酬金方式支付，奖酬金的计算以扣除相关费用后的净收益为基数。五是深化"人才+项目+资本""院士领衔+团队培植""科学家+工程师"等协同引才育才模式，加快形成高层次人才的链式效应。支持有条件的高等学校开设科技成果转移转化课程，鼓励高等学校的技术转移从业人员参加培训活动，支持有条件的高校积极申请"技术转移专业硕士学位点"，尽快培养出一批懂发明评估、商业推广、谈判签约的专业化技术转移人才。

三 以数字经济开辟产业发展新赛道，抢抓未来产业新机遇

数字经济是开辟新领域、制胜新赛道的重要领域。找准数字经济发展新机遇，开创数字经济发展新局面，打造数字经济新优势，开辟数字经济新赛道，对陕西实现追赶超越、加强科技创新、推动现代化产业体系实现数智化变革具有举足轻重的作用。陕西拥有发展数字经济的良好基础和广阔空间，具有科教资源丰富、产业种类齐全的优势，应立足自身特色，持续推进"一新四化"，夯实数字经济发展底座，打好数字关键核心技术攻坚战，"以数强实"持续推进数实融合，培育数据要素市场，推进数字治理现代化，加快建设数字经济高质量发展强省。

近些年，陕西重点围绕促进数字经济与实体经济深度融合，着力在"一新四化"上下功夫，数字经济新型基础设施建设不断夯实，支撑能力明显提升；数字产业化加速推进，数字经济核心产业集群式发展成效显著；产业数字化持续发展，数字经济对实体经济作用叠加倍增；数字经济惠民服务效能不断提升，群众获得感明显增强。2022年，陕西数字经济规模首次超

过 1 万亿元，增速为 13.9%，位列全国第 5。大数据、半导体、网络安全等数字经济核心产业保持快速增长，产业增加值占 GDP 比重为 7%，其中半导体产业总体规模超过 1700 亿元，居全国第 4 位，在细分领域有三星半导体、华天科技、隆基股份、彩虹光电等一批世界级企业。数字技术应用产业以大数据产业为引领，在生态圈发展促进下，大数据、网络安全等数字技术产业融合创新，涌现出美林数据（工业大数据第一）、中煤航测、陕西天润（时空大数据百强）、交大捷普（网络安全百强）、四维数邦（导航及高精度地图领域全国第三）等一些细分行业、领域领军企业。

但是，陕西数字经济发展仍然存在以下问题。一是数字经济规模"偏小偏弱"，数字化产业基础薄弱。2022 年，陕西数字经济增加值占生产总值比重为 38.5%，在全国范围内仍处于第四梯队。陕西八成以上数字经济企业生存周期不超过 5 年，九成以上的数字经济企业年纳税额不足 100 万元。在七大数字经济重点产业中，陕西仅有 5 家全国百强企业，缺乏具有全国影响力的龙头企业和平台企业。二是数字经济核心产业"偏硬轻软"。陕西数字技术应用业、数字产品制造业分别占比 46.6% 和 44.4%，是数字经济核心产业的主体。陕西目前有 24 条制造业、7 条文化旅游业、9 条现代农业重点产业链，但尚未在数字经济核心产业进行布局，针对数字技术应用业，亟须"增链"。三是数字技术原创能力挖掘不足。陕西虽然是科教大省，但数字领域科技创新投入偏低，共性关键技术原创性较少。2021 年陕西人工智能专利申请量全国排名第 18 位，总量不足四川、重庆的一半。四是数实融合潜力释放不够。数字化转型服务支撑能力不够，"数实融合"还存在不全、不深等问题，亟待从"小"突破。2022 年，陕西重点项目中数字经济相关项目约 66 个，仅占项目总数的 10%，投资额占总投资的比重仅为1.3%。针对这些问题，提出以下加快数字经济发展拓展未来产业的对策建议。

（一）夯实数字经济发展底座，塑造新兴产业涌动新动能

充分发挥数据的资源基础作用和创新引擎作用。夯实数字基础能力，健

全和完善自然资源、生态环境、空间地理、宏观经济等领域的基础数据资源体系，按照高速泛在、天地一体、云网融合、智能敏捷、绿色低碳、安全可控的要求，打通数据流动"大动脉"，保障和畅通数据资源循环利用，加强数据、算力、算法、应用的有效协同和布局优化，提升数字基础设施建设和应用水平。紧抓国家"东数西算"工程契机，加快推动实现5G网络高质量覆盖，全力推进国家超级计算西安中心、国家工业互联网（陕西）分中心和行业分中心等重点项目建设，优化全省算力和数据中心布局。抢抓"一带一路"发展新机遇，逐步推进互联网数据专用通道，优化陕西互联带宽和出口带宽，推动基础设施智能化升级。按照"两地三中心"布局，建立窄带物联网（NB-IoT）、4G（含 LTE-Cat1）和5G协同发展的数字基础设施体系，实现国家级互联网骨干直联点再扩容，打造数字丝绸之路战略枢纽。在物理对象数字化、数字孪生虚实融合、智能系统及智能决策等三方面开展数字增值研究与实践。基于数据、算力、软件、平台等生产要素，重点发展算法，力争打造算法之都、实现换道超车。

（二）加快前沿技术研究布局，打好数字关键核心技术攻坚战

按照完整性、先进性、安全性要求，实现核心技术、重要产业、关键设施、战略资源、重大科技、头部企业等安全可控。梳理建立陕西数字经济安全风险"卡脖子"技术清单，以重大项目牵引的形式，组织省内外骨干企业联合在陕高校院所和上下游企业组建创新联合体协同攻关，形成一批自主可控项目成果，以创新驱动打造系列数字经济安全风险类拳头品牌产品，为全国数字经济安全发展贡献陕西技术、产品和方案。加大对在陕高校院所基础研究投入，重点依托数字经济安全风险领域科研基础好、能力强的高校院所，布局建设一批省级重点实验室。聚焦量子信息、光子与微纳电子、网络通信、人工智能、生物医药、现代能源系统等重大创新领域，组建一批国家实验室，抢抓机遇期，对现有省级重点实验室中特别优秀的，给予重点支持和培育，着力打造数字经济安全风险领域国家级重大原始创新平台。借西安获批"双中心"之际，构建陕西数字经济共性及关

键技术重点实验室。整合集成科研院所、国际国内合作机构等实用先进技术，通过实验室平台，解决数字经济前沿共性及关键核心技术问题，努力打造与科创体系相结合形成"高水平科技自立自强"的陕西数字经济发展样板。

（三）聚焦数实融合重点项目建设，"以数强实"持续推进数实融合

以数字赋能经济社会发展为主线，以挖掘开放应用场景为切入，以数据要素流通、基础设施建设为支撑，以需求牵引供给，以供给创造需求。在氢能、无人机、人工智能等重点领域，加速技术与商业价值的"双落地"，率先打造全产业链条，形成新生产力。在量子信息、合成生物、第六代移动通信等先导技术领域，培养良好的产业土壤和与技术创新环境，为技术应用落地打造可持续发展的创新之地。壮大具有高成长性的重点企业，积极主动为企业提供多层次的、契合数字经济发展的数实融合应用场景，主动释放资源要素、创造市场机会，精准发力打造更多数字化转型硬核成果，推动陕西数字化转型提势提速提质。整合全省资源创机会、供场景，构建多元化、多层次场景体系，在智能制造、能源化工、城市治理、科创教育、医疗保健、生态保护、文化旅游等领域培育展现陕西特色和重要创新成果的应用场景，壮大具有高成长性的重点企业，推广典型应用和试点示范项目，引导经营主体以应用场景为导向，按照用途用量发掘数据价值，打造"数据价值化"示范标杆，将场景建设成为陕西数字经济发展的新名片。

（四）深度培育数据要素市场，充分挖掘数据资源释放价值潜力

充分发挥市场在数据资源配置中的决定性作用，明晰数据权力边界，规范数据行为，积极构建数据产权、流通交易、收益分配、安全治理等数据基础制度。优化数据要素市场体系。持续完善基础数据资源库，建设市场监管、卫生健康、教育文化、气象等政务主题数据库，结合行业领域应用需要，建设文化、旅游、医疗、教育、体育、物流等产业发展重点领域主题数据库，推进数据资源汇聚整合。全面释放数据要素价值。推进经济社会数字

化转型，加速数据用起来。在交通、教育、医疗等各领域前瞻布局聚集海量专业知识图谱的大规模知识库和知识开放共享平台，推动大数据向大知识提升，为学术理论探索和产业技术创新聚能蓄力，为陕西现代化产业体系的智能化变革赋能，让社会、部门、企业中累积的数据动起来、活起来。

参考文献

王飞：《在加强科技创新、建设现代化产业体系上取得新突破》，《红旗文稿》2023年第11期。

赵瑾：《跨越式发展：数字时代中国服务贸易发展战略与政策》，《财贸经济》2023年第3期。

郭朝先、方澳：《从工业互联网到工业智联网：全球发展趋势与中国对策》，《山西师大学报》（社会科学版）2023年第5期。

蔡鑫磊：《陕西能源产业实现高质量发展研究——基于美国能源发展分析研究》，《当代经济》2021年第10期。

王永杰、刘海波、何丽敏：《场景概念的演进及其在科技成果转化中的运用》，《科技管理研究》2021年第15期。

B.7
陕西推动开放型经济创新发展研究

西安交通大学经济与金融学院课题组*

摘　要： 国际形势风起云涌与不断革新的时代诉求交织给陕西带来了新的挑战，因此，陕西应以崭新的姿态推动开放型经济创新发展。本报告在总结陕西推动开放型经济创新发展的现状和制约因素的基础上，系统梳理和借鉴国内外相关经验，结合陕西实际情况，提出具有陕西特色的推动开放型经济创新发展的新模式、新路径和新体制。首先，本报告构建了四主体、四要素、两保障的"4-4-2"新模式；其次，构建了"开放平台+数字走廊+双向开放"的新路径；最后，构建了省际开放与国际开放"双轮驱动"的开放型经济新体制。

关键词： 开放型经济　创新发展　陕西

一　引言

进入全方位开放发展新阶段以来，我国更加积极地参与到国际经济合作和国际分工体系中，并逐渐转为国际经贸合作的引领者，更高水平的开放型经济成为中国经济发展的新引擎。陕西位于中国内陆腹地，作为古丝绸之路的起点，历史上14个政权在此建都，其地理位置对文化传播、经济贯通具

---

* 课题组组长：温军，西安交通大学经济与金融学院副院长、教育部国家级人才计划入选者、校青年拔尖A类教授、博士生导师，研究方向为公司治理、微观金融、产业组织、新政治经济学与企业创新。课题组成员：刘希章、海弘博、段海鹏、刁宇、程至瑜、李宜璞、钟子越、刘希章、李宜璞，研究方向为金融制度与政策、宏观经济，其余成员研究方向均为产业组织、企业创新。执笔人：海弘博、段海鹏，西安交通大学博士研究生。

有重大战略意义。在推动开放型经济发展的进程中，我国在产业政策项下对陕西有丰富的支持措施，共有 7 个综合保税区、5 个国家级经济技术开发区和 7 个国家级高新技术产业开发区。本报告立足于陕西实际情况，有针对性地对陕西推动开放型经济创新发展进行研究，有助于相关政策制定推行者对陕西省当前实际经济情况和开放型经济发展现状进行总体把握，分析开放型经济在推动过程中的困局和破局方案，从而提出进一步改善陕西开放型经济创新发展的新模式、新路径和新体制。

近年来，陕西对外开放程度虽不断提高，但仍远低于全国平均水平，与沿海发达地区的对外开放程度存在较大差距。本报告在陕西推动开放型经济创新发展现状分析的基础上，充分借鉴国内外开放型经济创新发展的经验和模式，提出了陕西推动开放型经济创新发展的新模式、新路径和新体制。

二　陕西推动开放型经济创新发展的总体框架

陕西推动开放型经济创新发展应着力探索具有陕西省域特色的开放型经济创新发展实践，通过打造优渥的制度环境、开放的创新环境为推动开放型经济创新发展提供便利的条件和支持。通过鼓励建立省域内企业、大学、研究机构等多方主体参与、协调发力的合作体系和开放创新生态，促进形成开放创新生态系统的基础设施；通过制定人才引进政策、提供资金支持、建立创新创业基地等方式着力搭建对内对外双向开放型平台和机制，不仅可以吸引国内外高技术企业、创新团队和人才入驻陕西省，促进创新要素的融合和集聚，而且可通过与国内外企业、学术机构和政府建立紧密的合作关系，共享创新资源和经验；以政府政策引导为前提，建设开放型经济协同创新一站式服务体系，为实现开放型经济创新发展的目标提供保障。

首先，陕西推动开放型经济创新发展应以全球化理论为指导，强调以开放合作为重要的先导理念，通过构建政府、企业、科研机构、高等院校和金融机构等多方参与的开放型经济创新生态系统，在经济系统内各个主体之间展开深入合作、协同创新和共享资源，并且积极参与全球化，加强国际合作，获取外部资源、技术和市场，以此来构建陕西开放型经济创新发展新模式，引领经济发展新趋势。

其次，陕西在推动开放型经济创新发展过程中应以平台开放构建为载体，建设以产学研合作为核心的双向开放创新平台，加强国内外企业、学术机构和政府部门间的合作与交流，建立科研、开发、生产和销售等一系列环节的紧密联系，提升陕西在全球经济中的影响力和竞争力；在新的时代背景下，继续深化与共建"一带一路"国家在信息化、智能化发展领域的合作，同时逐步渗透与其他国家的合作，通过培育新兴产业，发展人工智能、物联网和云计算等科技的方式，升级陕西经济发展模式，搭建与畅通陕西推动开放型经济创新发展的路径，引领经济发展新趋势。

最后，为保障陕西推动开放型经济创新发展有序展开，陕西应充分协调多主体的关系，深化主体之间的联动。同时，借鉴区域经济发展理论，打破跨区域之间的壁垒，区域内形成开放创新联动与协作机制，共同发力深化对外投资和贸易体制，协同推进陕西开放型经济创新发展体制建设。

三　陕西推动开放型经济创新发展现状及制约因素

（一）陕西推动开放型经济创新发展现状

1.陕西推动开放型经济创新发展模式现状

陕西积极推动开放型经济创新发展，并取得了一定的进展，目前陕西开放型经济创新发展的模式主要有如下几种。经济特区建设：陕西设立了一些经济特区，如西安高新技术产业开发区和西咸新区，以吸引国内外投资和引进高新技术企业。产业创新：陕西注重培育战略性新兴产业和高端制造业，特别注重发展丝绸之路经济带沿线的文化旅游、农产品加工等领域。陕西还注重技术创新和科技成果转化，加强科研机构和企业的合作。加强合作交流：陕西省积极参与国内外的合作交流，加强与国内外的经贸往来，培育国际竞争力。总体而言，陕西在推动开放型经济创新发展方面已经取得了积极的成果，同时也在不断探索和改进新模式。

2.陕西推动开放型经济创新发展路径现状

陕西正在积极推动开放型经济创新发展，并已经践行了一些路径，主要包括如下几点。建设陕西自由贸易试验区，以吸引更多的外商投资和国际资金，促进跨境贸易和产业合作。加强跨境合作与交流，积极吸引外国企业和资本进入陕西，促进技术、资金和人才的跨境流动。陕西不断加强人才引进和培养，吸引高层次创新人才和团队落地创新创业。同时，不断加强高校和企业合作，培养创新创业人才，推动产学研结合，提升创新创业人才的素质和能力。

3.陕西推动开放型经济创新发展体制现状

陕西在推动开放型经济创新发展方面，已经建立了一些体制，主要包括如下几点。创新创业平台建设：陕西省积极构建创新创业平台，包括创新创业孵化器、创新创业园区等。这些平台提供创新创业所需的场地、设施、服务和资金支持，为初创企业和创新团队提供孵化、加速和成长的机会。产学研结合体制：陕西鼓励高等院校、科研机构与企业开展产学研合作，建立研发中心、技术转移机构等合作平台。这种体制促进了科技成果的转化应用，推动了科技创新与产业升级的有机结合。创新创业人才培养体制：陕西重视人才培养，通过建设创新创业教育体系，推动创新创业人才的培养和培训。此外，陕西还设立了一系列人才引进政策和项目，吸引高层次创新人才和团队来陕发展。

（二）陕西推动开放型经济创新发展的制约因素

1.陕西推动开放型经济创新发展缺乏系统性模式

（1）主体缺位

在推动开放型经济创新发展中，由于不同主体可以带来不同的视角、经验和资源，政府、企业、高等院校、研究机构等多元主体的共同参与对经济创新发展是至关重要的。陕西在推动开放型经济创新发展方面以政府为主导，其他主体的协同参与相对较少，这种主体缺位制约了陕西推动开放型经济创新发展。

（2）要素供给不充分

陕西在制度和政策环境方面可能存在不完善的因素，例如缺乏完善的知识产权保护制度、创新激励体制等，导致创新创业环境不利，创新者难以获得应有的回报和保护。开放型经济创新需要充足的创新资源支持。然而，陕西在科技人才供给、研发投入等方面仍存在不足，限制了创新活动的开展和成果的转化。

（3）保障机制不健全

开放型经济创新发展过程中可能存在多种潜在的风险和挑战。如果缺乏保障机制，就可能存在风险识别的盲区，容易导致风险和挑战对开放型经济创新发展的打击，从而影响整个发展进程。目前，与陕西推动开放型经济创新发展相匹配的经济安全保障机制相对不健全，如果没有科学的保障机制，就难以确定风险大小和对经济创新发展的影响，难以采取及时有效的风险控制措施。

2.陕西推动开放型经济创新发展路径不畅通

（1）制度开放型平台有待优化

陕西在推动开放型经济创新发展方面，尚未建立完善的制度体系，存在的问题包括创新创业政策不够明确，创新投资环境不够优化，缺乏开放、接受多元化服务的市场运营机制和服务支持体系，制度的不足可能会限制创新创业的积极性和效果。

（2）数字走廊有待形成

陕西推动开放型经济创新发展缺乏数字走廊。数字走廊可以加强区域内外企业和组织之间的联系，提供创新资源和市场机会，推动经济发展和创新能力的提升。

（3）双向开放的平台建设相对薄弱

目前，陕西在双向开放的平台建设方面相对薄弱，导致陕西企业与外部市场之间的合作多数是表面合作，缺乏深层次合作，这种合作模式难以真正促进企业创新能力的提升。

3. 陕西推动开放型经济创新发展体制不完善

（1）多主体联动和多层次协同机制不顺畅

首先，在多主体联动和多层次协同中，各参与主体追求的利益和目标可能存在差异，会导致利益分配不平衡。一些主体可能缺乏合作动力，难以形成合力推动创新发展。由于缺乏有效的沟通渠道和平台，各个领域、层次的发展策略和政策措施相对独立，无法实现良好的协同合作。其次，创新合作方式单一，企业之间的创新合作比较少，缺乏跨界或跨行业的合作限制了产业的创新和转型发展。

（2）跨区域省际经济协作开放机制不完善

陕西与周边省区市之间的经济协作程度相对较低，缺乏有力的合作机制和平台，导致区域间经济发展的协同效应受到一定的制约。各地区之间在产业布局和发展方向上缺乏有效的协调机制，导致资源配置不均衡、产业链断裂等问题。

（3）对外投资和国际贸易开放体制不健全

企业对外投资的机制和盈利模式还不够成熟，尤其是对海外市场缺乏足够的了解和把握，加上在外贸领域的政策统筹和协调机制相对薄弱，存在海外市场信息不对称的情况，导致外贸交易难度较大。此外，陕西产品在国际贸易中受到关贸壁垒影响比较大，有些产品甚至销路惨淡。

四　推动开放型经济创新发展的国外经验借鉴

（一）日本开放型经济创新发展的经验与启示

1956年，日本经济学家根据产品生命周期理论，提出产业发展的"雁型模式"，该模式认为某一产业的发展是按照从接受转移到国内生产，再到向外出口的三个阶段。第二次世界大战后，日本引进和吸收发达国家先进技术，发挥了后发优势。从外贸角度看，日本完成了出口商品结构从纺织品向资本、技术密集型产品的跨越升级。从产业角度看，表现为承接国际产业到产业外迁的动态演进，被承接和传递的产业依次遵循劳动密集型、资金密集型、技术密集型的发展模式。

陕西可以借鉴日本"雁型模式"，将本地资源优势整合，提高技术成果转化率，逐步将依赖进口的产品生产替代，向西联合周边省份做好优势互补、资源共享，将进口替代产品深加工、高赋能。陕西应加强对外交流、优化营商环境，逐步扩大出口。

（二）韩国开放型经济创新发展的经验与启示

韩国自20世纪60年代初开始由进口替代型转为出口导向型，是日本成熟产业的承接者。70年代后，韩国遭到更为低廉产品的竞争，也面临成本增加、产品竞争力下降问题，陷入经济衰退的困境。此后，韩国政府开始大力实施经济转型政策，通过加快发展知识密集型产业，为经济增长注入新的动力，实现了由劳动密集型到资本技术密集型，再到高新技术产业的升级，并通过产业升级增强了出口竞争力，实现了经济起飞，创造了"汉江奇迹"，其中，企业集团和企业国际化在推动韩国产业结构升级和提高国际竞争力中起到了决定性作用。

陕西可以参考韩国扶持大型集团公司的思路，加大对本土企业的技术支持，培育头雁企业。首先，可以搭建完备的对外开放平台，让企业能够更好地"走出去""引进来"；其次，借鉴贵州、新疆等数字赋能经验，创建数字走廊，提供数字化、智能化支撑，最终实现双向开放的高质量发展。

（三）新加坡开放型经济创新发展的经验与启示

20世纪80年代中后期至90年代末，新加坡由制造业向现代服务业经济转型。这一时期，随着中国及其他东南亚国家劳动密集型出口的快速发展，新加坡的劳动密集型出口工业失去优势，外向型经济受到很大冲击。为此，新加坡政府提出了依托城市建设和管理的城市国际化，重点带动国际金融、国际通信和国际服务贸易等产业发展的战略思路，并采取了一系列措施，促进其服务业的发展，逐步实现向现代服务业经济转型。

新加坡的体制转型经验是通过高质量服务业转型带动全国服务贸易出

口，陕西省作为西部中心区域，可以借鉴其产业联动的经验，联系周边省份实现区域经济协同，多主体联动、多层次协同，完善宏微观层面的动力机制。同时，注重国际产业合作，发挥本省优势，吸引国外资金、技术，搭建全方位的产业联动体系，促进开放型经济创新发展。

五 陕西推动开放型经济创新发展的新模式

（一）陕西推动开放型经济创新发展"442"新模式

陕西在推动开放型经济发展时，应该聚焦突出问题，结合考虑实际省情，统筹各个环节，为此报告提出"四主体—四要素—两保障"的"442"新模式。其中，四主体包括政府、科研高校、实体企业、金融机构，在政府引导下，金融机构提供资金支持，将科研项目实体落地于企业，将先进技术引入企业生产环节，推动企业扩大出口的高质量发展。四要素包括开放型经济具体运行过程中的资金、人才、技术和制度，实体经济离不开资金支持，合理的制度能够将资源高效分配，要素的自由流动促进本省经济全面开放。两保障包括安全机制和管理机制，在开放经济的同时保证国家安全、守住生命底线（见图1）。

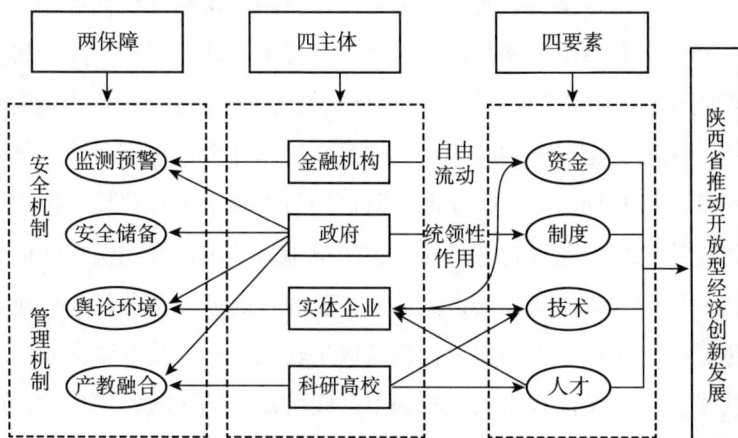

图1 陕西省开放型经济"四主体—四要素—两保障"创新发展新模式

（二）构建"四主体+四要素"开放型经济发展新抓手

陕西在推动开放型经济发展过程中，主要存在经济结构转型困难、政策环境不完善、创新资源不足等问题。基于这一问题导向，本报告结合开放型经济中必要的资金、人才、技术和制度四大要素，将政府、科研高校、实体出口企业、金融机构四大主体纳入考量范围，考察主体对于要素的推动作用，综合加快经济开放步伐，具体模式运行如下。

其一，资金是扩大开放的基础，基础设施建设、开放平台构建、外贸产业发展和良好的营商环境都离不开资金支持。一方面，由政府牵头成立投资基金或平台，将资金引入高校和企业，推动科研高校高新技术落地，将新技术引入出口企业，提高产能，降低成本，同时可以通过建立行业企业与高职院校间的对话方式，共同搭建信息反馈平台。另一方面，金融机构应发挥自身市场定价和资金支持功能，在政策范围内，建立专业的市场评估团队，保证创新型企业能够度过企业成长期，同时为出口类基础设施的完善提供资金，保证大型企业出口渠道顺畅。优化西部地区外贸口岸建设，培育跨境电商平台，支持西部地区跨境电商等贸易新业态的发展，加快西部地区外贸转型升级。

其二，政策落地落实、企业技术运用、金融机构和高校促进创新技术成果转化时都离不开劳动力和技术两个要素的自由流动。首先，要加快金融服务基础设施建设，政府应推动完善自贸试验区内金融运行的各项制度安排和硬件设施，保障安全可靠的跨境支付体系、法律环境及信用环境。优化西安国际港站功能区布局，以数字赋能中欧班列西安集结中心建设，推进铁路基础设施智能化升级，建设智慧口岸、数字口岸。其次，要加快技术创新的成果转化，保证创新资源流动渠道的通畅。陕西省政府、企业和高校应该紧紧围绕秦创原平台布局，进一步发挥创新成果转化平台的技术溢出效应，培养一批高技术企业，保证技术从高校到生产线落地，加快陕西进口替代产品的研发，扩大原有出口企业产品的生产规模。最后，要优化对外贸易平台和贸易结构，保证出口渠道通畅。自贸试验区应大力推动中小型企业的转型升级，引导外向型产业发展，鼓励各个片区内的龙头企业提高国际化经营水平，积极融入全球产业链、价值链、供应链，在全球范围内形成可供配置的资源要素。提高外贸企业的国际市场开拓能力，让企业顺畅地打开国内、国际市场，从而产生更多的全球化企业，参与国际产业链分工，运用两个市场和两种资源，形成"服务内地，面向国际"的服务方向。

其三，合理完善的制度安排是保证陕西省开放型经济可持续性的关键要素。首先，陕西省应该制定吸引外资的优惠政策，按照《鼓励外商投资产业目录（2019年版）》，重点发展国家鼓励和支持的相关产业。鼓励外商投资技术和资本密集型产业，动态地引进国外先进的技术和管理方法。利用西部资源优势，提高利用外资的吸引力，改善西部地区外商投资环境，降低投资风险，提升投资便利化水平。其次，应该加强向西开放大通道的制度建设安排，学习"长三角""珠三角""京津冀"等都市经济圈开放发展经验，强化省际合作，建立和完善西北五省区向西开放的协调联动机制，促进通道沿线各省区市的对外开放资源的共享和整合。同时依托西安咸阳国际机场与西安浐灞国际港，优化整合沿渭河各类高层级开放平台与资源，立足生态环境承载能力，科学规划、有序推动，布局沿渭河高质量开放发展经济带。最后，建立主要领导亲自抓的制度安排。全省应该在更高层级重视开放型经济发展，建立相关部门协调联动，主要领导亲自抓、季季抓、月月抓的工作机制，成立由省政府领导任组长、相关部门为成员的陕西国际贸易大通道发展规划推进工作领导小组，制定工作机制、政策措施、行动计划和考核制度。积极协调争取国家层面的政策支持，加强与沿线政府、企业的沟通协调，提升协同效应。

（三）构建开放型经济安全发展"两保障"新机制

在经济对外开放发展中，有效维护国家利益和安全是陕西省开放型经济的底线，也是遵循总体国家安全观的体现，为此本报告提出安全机制和管理机制来确保四主体和四要素模式的运行安全。

在安全机制层面，主要通过健全陕西省开放型经济安全监测预警体系和安全储备机制两大措施来为陕西省的开放型经济发展保驾护航。一方面，应构建与更高水平开放相匹配的经济安全监测预警机制，主要包括产业损害监测预警、全球供应链风险监测预警、国际收支监测预警、对外资产负债监测预警等。陕西省应该建立开放安全监测预警机制，关键是要借助体系化的制度安排、组织安排和技术安排，对开放条件下的国家经济安全现状进行监测，对未来可能危及国家经济安全的风险因素进行预警。另一方面，要构建实物储备和能力储备并举的安全储备机制。实物储备方面要重点关注陕西省开放型经济发展所涉及的园区、企业原材料供应、交货产品质量、提前期、库存水平等方面。能力储备方面，面对未来全球化的不稳定性和科技博弈的主旋律，政府应该及时把握陕西省发展方向，在科研能力、财政能力等方面积极储备，做好高校科研人才、高精尖技术、研发经费等能力资源储备。

在管理机制层面，主要从金融机构、企业、高校三个主体入手调控。一方面，要优化企业发展的社会舆论环境，引领社会广泛参与。以往传统的大众媒体更多关注企业在环境保护和公共卫生安全等领域的履责情况，鲜少关注企业在职业教育和技术流动等领域承担的职责。对此，大众传媒应该发挥社会舆论的导向功能，通过报道履行职业教育责任突出的企业，使其意识到承担社会责任对自身长远发展的重要意义，从而在陕西省区域内产生辐射效应，引领中小微企业积极投身职业教育活动，增强区域内企业整体参与职业教育的活力。另一方面，要营造产教融合共生环境。开放型经济的发展环境非常适合产教融合型企业，在企业发展的同时也能够加强自身的人才队伍建设和科研能力储备，形成真正意义上的正反馈机制。

六 陕西推动开放型经济创新发展的新路径

陕西作为西部内陆省份，地理位置是天然桎梏，开辟适宜陕西地方特色的开放型经济创新发展道路需要摆脱老旧传统路线，以制度型保障为根本，以本地优势资源为内涵，以平台搭建为重点，以数字经济为动能，以融合内外开放为指引，推动形成灵活、高效、强劲、坚韧的开放型经济。

（一）构建"开放平台+数字走廊+双向开放"的新路径

首先，针对上文提到的陕西固有的开放型经济发展路径所存在的制度体系问题、资源配置问题、技术能力问题、产业和贸易结构问题，结合当前陕西省开放型经济发展现状，以"开放平台+数字走廊+双向开放"的新路径顺应陕西省发展脉络，适宜本省落实实践，侧重解决了之前阶段所存在的发展隐患（见图2）。

"开放平台+数字走廊+双向开放"的新路径

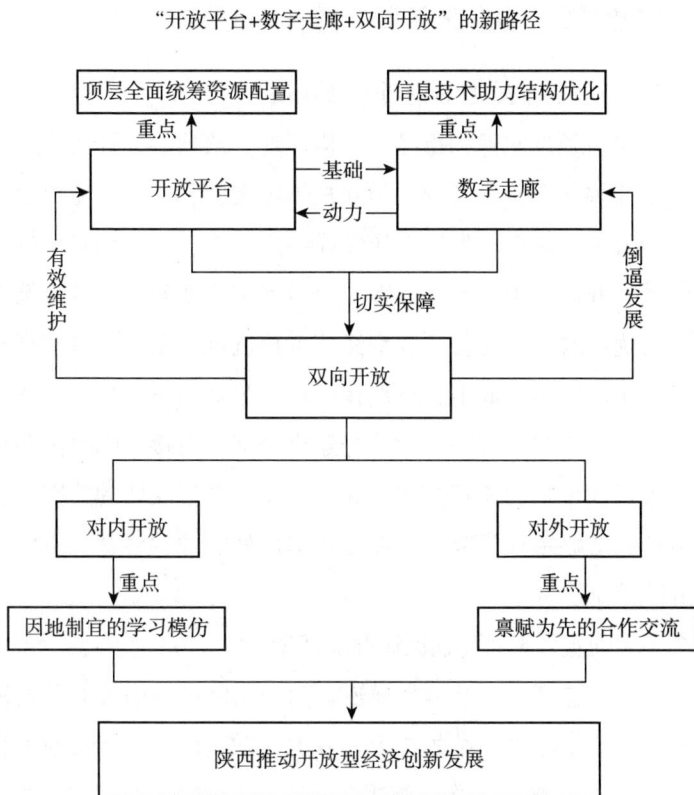

图2　"开放平台+数字走廊+双向开放"新路径示意

其次，需要关注三者之间的内在逻辑。上述三者有效形成了一个正反馈路径。第一，开放平台是数字走廊的基础，为数字走廊提供基本制度解释，而数字走廊的稳步构建又为开放平台提供源源不断的动力。第二,上述二者有机结合切实保障双向开放加快建立健全。第三,双向开放由于扩展了合作、学习、交流,立足禀赋优势,有效维护了开放平台行稳致远,而其进一步发展开放对象、提高开放层次倒逼数字走廊更加畅通、安全、有效。第四,具体而言,双向开放分为对内开放和对外开放,对内开放和对外开放分别以因地制宜的学习模仿、禀赋为先的合作交流为重点,最终共同打开陕西开放型经济创新发展的新局面。

(二)搭建顶层全面统筹资源配置的开放平台

1.创新经济开放制度,加快对外开放步伐

第一,加快引领性文件和指导性机构落地。从顶层设计入手,建立由省委、省政府主要领导牵头,省分管领导具体负责,相关部门主要负责同志为成员的推动开放型经济创新发展工作领导小组,在省一级构建明确的开放型经济评价体系、开放规则、开放标准,出台促进全要素开放的政策文件,争取国家层面的优惠政策,完善开放型经济考核制度。第二,打造高质量营商环境。关键在于降低制度成本,重点在于塑造公平的贸易环境、透明的政策要求、坚实的法制支撑,鼓励国内外企业充分交流对接,同时需要提防开放风险,保持警惕和审慎的监管方式。此外,需要抓住陕西的陆空便利条件和东西双向衔接的战略重地优势,积极吸收国内外资源、要素、市场,打造国际化的开放阵地。

2.提高要素配置效率,畅通区域开放通道

第一,着力打造高水平开放大通道。西安国际港站需要充分发挥西北地区最大的国际物流枢纽中心站的作用。着力推动陕西各市区交通枢纽拓展多元化通道网络,重点推进铁路设施现代化升级改造工程。加快"空中丝绸之路"建设,增排国际航班,提高共建"一带一路"国家航权开放水平。第二,优化配置多方优质平台与资源。沿渭河打造西部开放长廊,建立面向世界的陕西经济增长带,需要全面加强城市快速干道联通能力、打造各城市高速高架公路网,提高各类要素配置的均衡性。增加各市区县经开区、自贸

区、高新区、综保区数量并加深其联动程度，以高质量、强动能、早开放的功能区带领落后地区发展、保障先发地区优势。第三，抓住丝博会、欧亚经济论坛等开放平台。需要扩大展会规模，增强其国内外影响力，充分发挥其平台效应，推动高层平台搭建的正反馈机制运转。借助高质量平台，推动陕西本土产业、产品、服务走向世界，同时吸引更多的国内外大型企业落户陕西、来陕合作。

（三）创设信息技术助力结构优化的数字走廊

1.转变传统贸易结构，创新贸易发展机制

第一，提高贸易出口层次。加快培育一批有能力实现高附加值产品、技术和知识密集型产品出口的企业。陕西缺乏提升出口层次的优势条件，需要通过引进一批高新技术中小企业、加大与专精特新企业合作力度，逐步实现陕西高新技术产业发展或其他省区市高新技术企业落户。第二，保证陕西进出口贸易充分融入国际贸易环境。崭新的国际贸易规则对绿色、技术、质量的要求愈加严格，在陕高新企业需要以高标准的贸易规则对标研究开发、生产工作，更要抓住国际贸易契机进行贸易布局。第三，重视服务贸易在新贸易格局中的突出作用。不断推动信息通信技术、数字技术与服务贸易深度融合，以适应服务贸易竞争新格局——主要集中于以数字化赋能为特征的高端服务贸易。西安作为服务外包示范城市，应鼓励企业积极开展业务流程外包、异地数据容灾备份等服务，带领咸阳、渭南、宝鸡等周边城市服务外包发展。

2.立足数字赋能模式，优化对外开放产业

第一，以产业化赋能开放型经济质效提升。开放型经济产业化赋能需要将其与其他经济形态有效叠加，使各类生产要素充分流动、耦合，重点在于推动开放型经济与先进制造业、高新技术产业融合，围绕重大领域、关键技术布局重点产业链，推动形成具有有效配置国内外要素能力的产业集群，推动产业高级化，加速经济转型，促进价值链向中高水平延伸，以适应新工业革命背景下开放型经济的需求侧演变。第二，以数字经济赋能陕西开放型经

济创新发展。重视数据要素的支撑能力。抓住国家实施"东数西算"工程机遇，大力引流东部数字经济资源，加快构建配合搭建数字走廊的数字基础设施。加强数字要素治理。数字技术需要高标准地对接西部陆海新通道等国际通道。同时，陕西需要打造数字贸易示范园区、数字产业孵化平台，鼓励数字技术企业落户陕西，并尽快出台统一、规范的数字监管体系和标准，防范数字风险。

（四）推动禀赋为先与因地制宜的双向开放

1. 切实把握内外局势，锚准重点开放地区

第一，以安全和畅通为主题推动开放型经济发展。明确世界格局转型调整过程，以开放安全为基本盘，搭建高效、健康、常态化的外资企业沟通机制，以推介会、洽谈会等媒介提高实际利用外资规模，以信息通信技术为抓手提高前沿科技的自主创新能力。第二，立足国内大市场。关注国内产业结构转移和消费层次变化趋势，畅通内循环，重点锚准"长三角""珠三角""京津冀""粤港澳大湾区"，提升交流合作层次，学习开放型经济塑造经验，共同打造开放示范园区，抓住新疆、云南等沿边省区的区位优势，畅通邻国开放渠道。第三，推动国内国际资源对接，实现国内国际双循环。陕西要着力强化企业市场主体地位，激发其作为国内国际贸易的门户作用。紧密联系共建"一带一路"国家，与中亚、西亚、南亚各国加强能源和粮食方面的合作，进行新能源开发和海外粮仓建设。抓住中国—东盟全面战略伙伴关系高水平运行契机，开展与东亚各国的国际分工合作。顺应中拉友好合作态势，推动与拉美地区国家搭建合作交流平台。

2. 把握陕西特有优势，登上崭新开放高地

第一，立足于陕西深厚的人文历史底蕴。以文化交流为载体，推动陕西提高国内和国际交流密度，积极主办、承办以文化遗产保护、历史文明交流等为主题的国际论坛。以人文底蕴丰富和扩充陕西国际交流内涵，讲好陕西故事，打造陕西专有的国际名片，在国际舞台上展示新时代的陕西形象。基于此，完善陕西旅游业体系，以西安为核心联动周边地市，做好配套服务，建立起国际性旅游消费中心。第二，立足于科教优势。依托陕西丰富的高校资源加深与国内外各顶尖知名高校的学术交流研讨，大力支持高端人才对外交流，以学带产，进一步丰富相关产业之间的交流合作。同时，依托秦创原创新驱动平台，充分发挥其作为陕西创新驱动发展的总窗口的作用，使其充分虹吸人才、资源、资金等要素，连接高校、国有科创平台和民营团队，以创新赋能成果转化和开放产业链、供应链。还需完善秦创原平台配套功能，以促进国内外企业和专家来陕调研、就业、交流。

七 陕西推动开放型经济创新发展的新体制

开放型经济需要持续深化制度体制改革。2023 年 7 月 11 日，习近平总书记在二十届中央全面深化改革委员会第二次会议上强调，以制度型开放为重点，聚焦投资、贸易、金融、创新等对外交流合作的重点领域深化体制改革，完善配套政策措施，积极主动把我国对外开放提高到新水平。陕西地处"一带一路"关键节点，要以打造内陆改革开放高地为目标，进一步破除体制机制障碍，构建全方位开放新格局。

（一）建立省际开放与国际开放"双轮驱动"的开放型经济新体制

在开放型经济条件下，陕西产业发展必然要依托区域内外要素、市场、资源等各种条件来实现自身的发展，要能充分地利用国内国际两个市场两种资源，促进内需和外需、进口和出口、引进外资和对外投资协调发展。首先，陕西要完善市场体系，积极推动开放型经济由政府主导模式向市场主导模式转型。其次，要注重政策和开放主体的协同性，在空间有序协调开放原则下，明确区域功能定位和发展目标。最后，形成对国内各省区市"产业联动+利益共享"的经济协作机制和对国际高水平的投资贸易机制，建立省际开放与国际开放"双轮驱动"的开放型经济新体制（见图 3）。

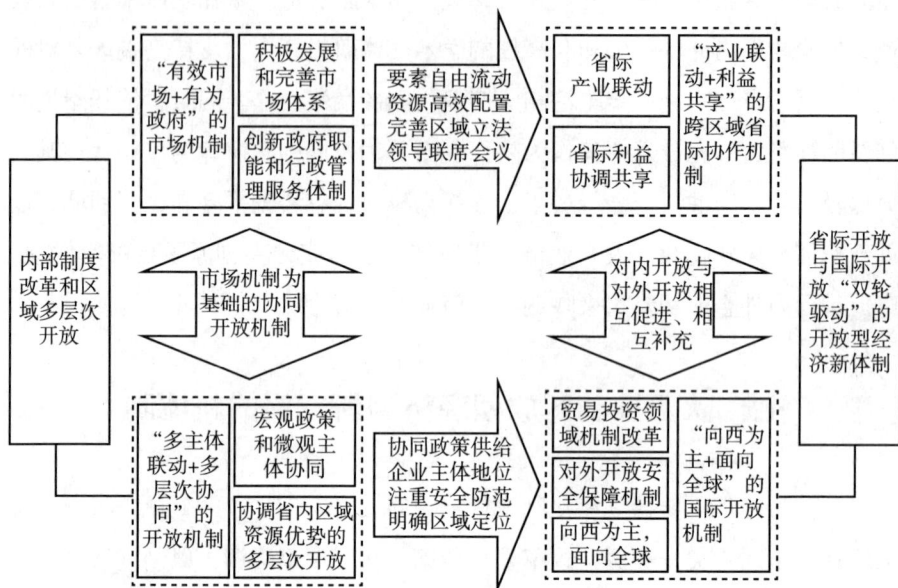

图3 省际开放与国际开放"双轮驱动"的开放型经济新体制

（二）政府与市场合力推动"产业联动+利益共享"的省际经济协作

1. 深化"有效市场+有为政府"的市场体制改革

（1）积极发展和完善市场体系

市场体制是推动区域经济发展的重要动力。陕西要为各种所有制企业制定统一的竞争秩序，消除地方政府有损经济一体化行为的行政和市场壁垒。不断完善生产要素市场化运作，主要包括资金、土地、劳动力等生产要素，使其形成市场化发展，使企业筹措大规模资金转向资本市场。不断完善商品市场，建立一套完整的商品定价、流通体系，并以符合大市场、大商业、大流通为目标。建立维护市场运行体系的相关制度，提升监督管理能力，建成一套更为统一、具有竞争力、开放的市场经济体系制度，使区域内的市场主体可以进行充分有效的公平竞争，实现省内共同市场资源的高效配置。

（2）创新的政府职能和行政管理服务体制

推进政府体制全面转型。陕西各级政府需要提高服务水平，转变自身职能，将审批型政府和全能型政府向服务型政府和效率型政府转型。政府既要确保维护市场的正常秩序，又要防止直接介入进而影响市场经济发展。提高法规和政策透明度，营造公平竞争、进出自由的市场环境，为陕西开放型经济发展提供更多更好的公共服务。

处理好政府引导与市场推动的关系。要形成政府和市场合力，紧握政府"有形之手"和市场"无形之手"，既发挥政府超前谋划、重点突破的引导作用，又发挥市场配置资源、优胜劣汰的基础作用。陕西政府要循序渐进地引导，综合考虑内陆地区劳动力等要素的特殊情况，把握好产业进退节奏，掌握好开放的重点、深度以及广度，引导陕西开放型经济健康发展。

2. 构建"产业联动+利益共享"的跨区域对内经济协作体制

（1）建立省际要素流动和产业联动的协作体制

与周边省份实现区域经济协同联动发展，积极推动基础设施共建、产业发展联动、生态环境共治、公共服务共享。一是充分发挥市场体制的作用，促进生产要素的自由流动和优化配置，增强核心城市的辐射带动作用，形成优势突出、功能明确、互惠共荣的发展格局。二是通过完善区域立法，为招商引资创造良好的法治环境。规范政府行为，制止无序竞争现象，促进地方政府职能的转变。三是通过建立常态化领导联席会议制度来促进经济交流、加强区域政府合作、推动制度整合。

打破行政区划限制，积极向东开放。发展面向东部发达地区的投资贸易市场，进一步发展与国内其他省区市的经济往来关系，支持重点区域开放开发。要积极对接京津冀、粤港澳大湾区、长三角等重点区域，深化横向经济技术协作，在服务构建全国统一大市场中实现合作共赢、深化对内开放。

（2）构建区域间的利益协调体制

建立区域开放型经济发展的利益协调体制，构建地方间的信任关系。毗邻区域在资源、区位、要素等方面的同质性使利益关系的协调成为开放型经济发展中不可回避的问题。陕西要积极发挥政府的统筹协调作用,本着平等协作、互惠互利的原则,建立省际的利益补偿制度。在自然资源的统一开发利用、环境的统一整治和保护等重要方面也应尽快形成区域统一的协调制度,还要注重不同区域之间各种行业协会、产业联盟等非政府组织的培育,探索不同区域之间利益协调的多元化治理模式,提高区域合作效率。

(三)多方位推动"向西为主+面向全球"的高质量国际开放

1.构建"多主体联动+多层次协同"的开放机制

(1)宏观政策和微观主体协同,激发各主体活力

建立宏观政策系统性的协同体制。陕西应建立进口与出口、吸引外资和对外投资之间统一、灵活、能适应内外形势快速变化的协调机制,建立健全相关管理机构、部门之间的协同机制,加强和提高政府公共服务系统的联结性、协同性,从产业政策、投资便利化、金融服务等方面提供有利于协同局面形成的政策支持。

完善微观主体发展的动力体制。开放型经济的微观参与主体包括涉外的企业、银行、投资机构和各级政府管理部门等。首先,陕西要持续完善市场机制,诸如确立企业在市场经济中的主体地位、公平自由的竞争体制和知识产权保护等;其次,要及时做出从理念、行为方式到治理体制的转型,支持和加快开放型主体及整个体系的创新型适应转型。保持和增进主体的活力、学习性、创新性和适应性,促使主体能够发展壮大和不断自我更新。

(2)协调省内各区域资源优势,形成多层次的协同开放体制

陕西内部各区域在交通、技术、自然资源等方面优势不同,充分利用自身特点形成多层次的开放格局是高质量开放的必由之路。陕西要进一步明确区域功能定位和发展目标,注意培育和确立中心城市,构建完善的城市空间网络与合理的规模体系和功能体系。统一重大基础设施布局,夯实对外开放的空间载体,形成全方位、多领域开放的空间格局。在充分利用自身优势的

基础上，通过积极融入超大规模国内市场、畅通国内国际双循环来促进区域开放型经济的发展，有效激励陕西开放型经济的高质量发展。

2. 构建"向西为主+面向全球"的对外投资贸易机制

（1）加强顶层设计，深化贸易投资领域体制改革

全面提高对外开放水平，持续推进贸易和投资自由化便利化。陕西应进一步推动自贸试验区与综合保税区融合发展，进一步优化通关、退税、外汇等管理方式。以秦创原创新驱动平台为载体，深化科技创新、制度创新、模式和业态创新，加快发展跨境电商、海外仓、离岸贸易、数字贸易等新业态新模式。持续放宽市场准入，更大力度吸引和利用外资。健全对外投资政策和服务体系，构建面向全球的贸易、投融资、生产、服务网络。

稳步扩大规则、规制、管理、标准等制度型开放。陕西应以制度型开放为引领，统筹建设更高水平开放型经济新体制，积极融入共建"一带一路"、自由贸易试验区提升战略、高标准自由贸易区网络等国家战略，在对外开放中不断加强自身开放制度建设，主动强化与国际规则接轨，提升制度供给能力。

（2）以向西开放为主线，融入全球产业链价值链

以向西开放为主线，打造承东启西、联通欧亚的枢纽，加速构建推动陆海内外联动、东西双向互济的开放新格局。陕西没有海港优势，要建设内陆开放型经济新高地离不开国家政策支持，要积极参与共建"一带一路"，主动承担建设内陆改革开放高地和丝绸之路经济带重要通道、开发开放枢纽等重大任务，落实中国—中亚峰会的重大成果，努力让陕西成为中国与中亚双向开放的桥头堡。全力打造国际运输走廊和国际航空枢纽，加速构建"丝路贯通、欧美直达、五洲相连"的航线网络格局。

（3）注重国际风险防范，健全开放安全保障机制

坚持底线思维、极限思维，坚决维护国家主权、安全和发展利益。陕西应加快构筑与更高水平开放相匹配的监管和风险防控体系，健全外资安全审查、反垄断审查等制度，完善产业损害预警体系，增强风险防控和监管能力，提高防范化解重大风险能力，加强对系统性风险的研判和应对。

参考文献

权衡：《对外开放四十年实践创新与新时代开放型经济新发展》，《世界经济研究》2018 年第 9 期。

张雨：《开放型经济转型发展的国际经验及其借鉴》，《国际贸易》2016 年第 4 期。

程健、张义均：《加快转变经济发展方式视野下内陆开放模式的困局与创新》，《工业技术经济》2013 年第 8 期。

殷阿娜、王厚双：《中国开放型经济转型升级的路径研究——基于绩效评估》，《经济问题探索》2014 年第 4 期。

姜巍：《"互利共赢"新开放观与广东开放型经济体制创新研究》，《经济体制改革》2018 年第 2 期。

全毅：《中国高水平开放型经济新体制框架与构建路径》，《世界经济研究》2022 年第 10 期。

全毅：《中国对外开放：理论创新与制度变迁》，《经济体制改革》2023 年第 2 期。

B.8

深化多领域人工智能应用，
开辟陕西数字经济新赛道[*]

顾 菁 裴成荣[**]

摘 要： 人工智能是引领新一轮科技革命和产业变革的战略性技术，是全球科技竞争的战略制高点之一。人工智能的创新发展，对构建富有陕西特色的现代化产业体系、推动产业数字化转型升级、促进经济高质量发展具有举足轻重的作用。陕西人工智能的发展正从以原始创新为特征的研发带动阶段进入以应用创新为特征的赋能实体经济阶段。未来，陕西应从三个层面立足科研创新优势，深化多领域人工智能应用，开辟数字经济新赛道。一是优化人工智能基础理论和前沿技术研发布局，打造西部人工智能高地和技术平台。二是推动多模态通用大模型枢纽的落地，拓展人工智能应用场景。三是培育壮大人工智能产业生态，提升新型数字治理力和生产力。

关键词： 人工智能 数字经济 新赛道

党的二十大报告提出了"中国式现代化"的时代命题，强调要建设现代化产业体系，坚持把发展经济的着力点放在实体经济上，推动战略性新兴产业融合集群发展，构建新一代信息技术、人工智能、生物技术、新能源、

---

    [*] 本文为2023年国家社会科学基金项目（项目批准号：23BGL309）阶段性成果。

  [**] 顾菁，陕西省社会科学院经济研究所副研究员，主要研究方向为城市经济、区域经济；裴成荣，二级研究员，陕西省社会科学院学术委员会副主任、经济研究所所长，主要研究方向为城市与区域经济、产业经济。

新材料、高端装备、绿色环保等一批新的增长引擎①。其中，人工智能是引领新一轮科技革命和产业变革的战略性技术，是全球科技竞争的战略制高点之一。人工智能的创新发展，具有溢出带动性很强的"头雁效应"，不仅是多种数字技术的融合或集成创新，与实体经济各个行业领域也在不断纵深融合，对构建富有陕西特色的现代化产业体系、推动产业数字化转型升级、促进经济高质量发展具有举足轻重的作用。

2020年3月，西安获批建设国家新一代人工智能创新发展试验区②，这是依托地方开展人工智能技术示范、政策试验和社会实验，在推动人工智能创新发展方面先行先试、发挥引领带动作用的区域。截至2022年12月，陕西已有31所高校开展人工智能专业人才培养，同时拥有一大批与人工智能相关的科研院所，先后成立了10余个人工智能相关的国家级研发平台和30余个省部级平台③，有众多人工智能领域领军人才，取得了多个具备世界领先水平的国家级科研成果，涵盖了机器学习、图像识别、无人系统、智能机器人等多个核心技术领域，创新潜力雄厚，现已成为全国人工智能人才的重要培养基地。截至2023年4月，西安已聚集人工智能企业150余家，年产值约120亿元。西安未来人工智能计算中心的算力规模位居全国前列，一期算力的使用率超过98%。陕西3家企业入围2022年度智能制造示范工厂，8家企业的典型应用场景入围2022年度智能优秀场景，应用示范效果初步显现。此外，秦创原创新驱动平台人工智能产业创新基地、华为人工智能产业创新基地、科大讯飞人工智能创新研究中心、京东人工智能加速器入驻西安，都将促进陕西省人工智能领域的科技成果转化、人才培养和政产研融合，为需求单位提供普惠人工智能算力，在人工智能领域形成新业态、新模式，服务区域经济社会高质量发展，为陕西人工智能的创新发展注入强大动力。

---

① 《习近平：高举中国特色社会主义伟大旗帜　为全面建设社会主义现代化国家而团结奋斗——在中国共产党第二十次全国代表大会上的报告》，中华人民共和国中央人民政府网站，2022。
② 目前已有北京、上海、天津、深圳、杭州、合肥、德清县、重庆、成都、西安、济南、广州、武汉、苏州、长沙、郑州、沈阳共17个试验区。
③ 若无特别说明，数据均来自陕西省统计局。

　　陕西在人工智能方面已进行一定部署，在制造、农业、物流、医疗健康、城市管理等重点领域挖掘人工智能技术应用场景，数字化建设进入以数据智能应用和数据智能分析为核心的新阶段。人工智能的发展正从以原始创新为特征的研发带动阶段进入以应用创新为特征的赋能实体经济阶段。未来，陕西要立足科研创新优势，深化多领域人工智能应用，打造人工智能特色发展路径，开辟数字经济新赛道。一是优化人工智能基础理论和前沿技术研发布局，打造西部人工智能高地和技术平台。加强人工智能算力设施布局，积极建设全国重点示范实验室，加速推动"秦创原"科技创新策源地建设，以期推进战略导向的体系化基础研究、前沿导向的探索性基础研究及市场导向的应用性基础研究。二是推动多模态通用大模型枢纽的落地，拓展人工智能应用场景。统筹多模态通用大模型枢纽的部署，拓展通用大模型应用生态，强化智能算力集群供给，以大模型的智算服务为牵引，实现更多在垂直领域的应用模型与算法的突破。三是培育壮大人工智能产业生态，提升新型数字治理力和生产力。加强智能制造装备产业链优势，推动能源数字化转型，创建元宇宙产业先行区，培育壮大人工智能产业生态，引导形成更大规模产业集聚和协同发展。

一　加大基础理论和前沿技术研发布局，打造西部人工智能高地和技术平台

　　发展人工智能，首先要加快基础性技术、通用性技术突破，提升关键软硬件技术创新能力，集中力量打好关键核心技术攻坚战，在底层技术上构筑起雄厚的基础，形成支撑人工智能及关联产业发展的硬实力。陕西虽然是科教大省，但人工智能领域的科研和硬件基础依旧存在以下问题。一是数字领域科技创新投入偏低，共性关键技术原创性较少。2021年，陕西获得国家专利15515项，人工智能领域专利的申请量只有145项，人工智能产业发展面临智能化基础设施支撑不足、数字核心技术基础研究方面短板突出、高质量数据缺乏、模型效率有待提升等挑战。二是陕西人工智能新基建与实体经

济融合进度较慢，截至 2022 年 6 月，陕西每万人拥有 5G 基站数量全国排名第 11 位，固定宽带下载速率全国排名第 12 位，IP 地址数量全国排名第 17 位，数字基础设施的技术和服务水平不能全面满足高精尖技术的需要，基础设施建设亟须提质增效，骨干通信能力有待进一步提升。围绕上述问题，陕西要持续推动基础设施建设，聚力推进关键核心技术攻关和产业创新，完善相应的人才储备和创新环境支持政策。

（一）加强人工智能基础设施布局，夯实人工智能产业发展基石

以西安为中心，开展区域间合作，整体提升应用基础设施水平，加强传统基础设施数字化、智能化改造，打通数字基础设施大动脉，开创普惠人工智能新模式。将计算中心逐步升级为算力网络，提升新型数据中心网络支撑能力，构建算力服务生态体系，打造千行百业转型升级的智能根基。开启多行业领域的智能"脑核"建设计划，构建软硬件高效协同的人工智能算能中心，强化技术创新支撑能力。重点布局人工智能协同创新平台、工程（技术）研发中心、重点实验室、新型研发机构等创新平台或机构，带动陕西的算力向算能转型升级，充分发挥陕西在"东数西算"工程中的"西引力"。引进国内外领军企业、科研院所、科创团队、研发机构等创新主体，鼓励在陕设立区域总部、孵化基地或研发中心，聚集一批具备引领性、支撑性的重大项目。重点打造和培育本土人工智能龙头企业和专精特新企业，以大企业带动中小企业，上下游企业协同发展，建立产业创新联盟，完善人工智能产业创新生态。同时，以京东、华为、科大讯飞、浪潮、商汤等龙头企业为引领，联合搭建"产学研用"一体综合性技术创新平台，促进数字技术和实体经济深度融合；在交通、教育、医疗等各领域前瞻布局聚集海量专业知识图谱的大规模知识库和知识开放共享平台，推动大数据向大知识提升，为学术理论探索和产业技术创新聚能蓄力。

（二）打造全国重点示范实验室，加速人工智能科研成果创新转化

西安已获批建设综合性科学中心和科技创新中心，科技创新迈向高质量

发展的新阶段。在未来的发展中，要紧抓科技资源优势，以数字技术自主创新为核心引领数字经济发展，打造标杆全国重点实验室，为"陕西智造"点亮新铭牌。充分学习浙江之江实验室、上海浦江实验室的建设经验，以解决共性及关键技术支撑问题为己任，以"政企学研"联合组建为依据，以陕西丰富的科教资源优势为支撑，打造国家级数字经济共性及关键技术重点实验室——"秦岭实验室"。用"实用主义"思维、"拿来主义"方式，把科研院所、国际国内合作机构等的实用先进技术整合集成，为陕西所用。一方面，通过实验室平台，强化关键技术攻关，梳理数字经济领域关键技术目录，精准实施关键技术攻坚行动。聚焦计算机视觉、自然语言处理、大模型应用等方向的算法研究，实现规划中的产业技术支撑底座，形成陕西自主核心知识产权以及数字经济相关标准。另一方面，运用投行思维和技术经理人运作方式，将现有底层核心技术整合集成和二次研发，加速助推企业技术转型，形成可产业化的成套技术，加速原始创新和关键科技成果的本地转化，全面支撑陕西数字经济发展。

（三）建设"秦创原"科技创新策源地，激发人工智能产业创新原动力

以秦创原创新驱动平台为引领，支持和鼓励创新型企业建设，持续推进人工智能产业生态培育，加快推动人工智能人才队伍建设等，以补齐基础软硬件和开源生态短板，提高创新策源和原始创新能力。充分发挥秦创原的"窗口"示范功能，推动人工智能在智能制造、智慧能源、智慧物流、智慧农业等重点领域的示范应用，释放应用场景清单，促进技术—产业迭代发展，实现智能经济高端高效发展。深度挖掘秦创原的数据服务能力，在数据挖掘、模式识别、分析预测等方面发挥技术服务优势，打造科研活动新范式。推动科技和产业紧密结合、创新成果和产业发展紧密对接，以区域、行业、园区为整体，打通产业链上下游数据通道，促进全渠道、全链条供需调配和精准对接，打造数据供应链引领资源流、人才流、技术流、资金流，全面促进要素资源快速流动优化配置、产业链高效协同。为陕西数智化产业园

区的建设和升级提供方向性、指导性服务。打造陕西人工智能产业创新驱动发展的总源头、总平台、总引擎。

二 推动多模态通用大模型枢纽的落地，拓展人工智能应用场景

多模态通用大模型（以下简称为"大模型"）是连接人工智能技术生态和产业生态的桥梁，向下带动基础软硬件条件发展，向上支撑智能应用百花齐放，是未来人工智能生态的核心，正逐步改变现有人工智能研究的范式，成为不同领域的共性平台和技术支持。立足大模型开拓人工智能创新应用产业，一方面能解决传统研发机构技术体系成熟但是生产场景不熟悉的问题；另一方面能够降低下游企业支撑模型微调算力和二次开发的计算成本，催生基于智能模型的新产业，推动多模态产业发展，整合具有算法、算力和数据综合优势的企业。将复杂的模型生产过程封装起来，通过低门槛、高效率的生产平台，吸引企业应用和推广，为千行百业提供新型人工智能生产服务。当前，陕西拥有全国排名第二的大规模人工智能算力集群，构建了基于昇腾全栈国产化框架的人工智能生态圈，但是大模型的发展依旧存在以下问题。一是构建大模型的合作方多为一线高校和科研院所，与我国一流的人工智能龙头企业合作不足。二是具体的应用场景主要围绕遥感、航天、数字文娱等领域，与落地于产业、服务于人民还有一定距离。三是大模型对算力的要求在不断提高。伴随着大模型参数和数据量的增加，数字化转型、人工智能和5G在垂直行业的广泛应用带来了海量数据处理、高能效边缘计算等问题，大模型的算力需求基本6个月就翻一番，算力底座技术门槛不断提高，这对陕西的算力规模提出了更高的要求。针对以上问题，陕西要积极部署大模型枢纽，加强算力资源统筹和互联互通，快速提升算力综合供给水平，推广算力典型应用，不断激发算力应用赋能价值。

（一）统筹多模态通用大模型枢纽的部署，助力算力高质量发展

聚力支持华为、阿里、百度、浪潮等头部企业在陕西部署通用大模型，依据"统筹规划、共建共享"的原则，以"1+4+N"的框架结构，在细分行业实现大模型全面应用。"1"是通用认知智能大模型算法研发及高效训练底座平台，围绕数据协同、技术协同、业务协同等多源异构数据，制定统一的数据标准、接口规范、调用规则，加速人工智能基础数据供给；"4"是高端高效智能经济、安全便捷智能社会、高水平科研活动、国家重大活动和重大工程4类人工智能应用重大场景；"N"是应用于教育、医疗、人机交互、办公、翻译、工业制造等具体行业领域的专用大模型版本。围绕国内自主创新的人工智能根技术发展大模型，推动关联企业在数字化、行业内容生产等方面开展深入合作，跨越认知智能技术壁垒，推动多层次关联产业的协同创新，以企业需求为导向推动模型研发，共同开发基于大模型枢纽的智能应用，以模型研发和应用促进产业集聚，加速陕西人工智能发展。

（二）拓展通用大模型应用生态，开辟人工智能产业新赛道

大模型被认为是"通用智能"的雏形，是业内探索实现普惠人工智能的重要途径之一。《2022–2023中国人工智能计算力发展评估报告》的调研显示，未来超过80%的组织在科研和生产活动中优先购买被大模型训练好的人工智能模型。大模型枢纽的建设使人工智能的能力成为标准化、规模化、流程化、低成本的产物，可以作为人工智能能力的共用底座，便于打造更加广泛的应用场景，以场景创新推动人工智能高质量发展，加快"人工智能产业化"和"产业智能化"步伐，助力陕西建设现代化产业体系。在大模型应用生态中，全力推动开源开放，建立政府、高校、科研机构、行业组织、企业等合作联动机制，加大算法开源、数据开放、算力开放力度。培育大模型智能内容生成、科学智能等新赛道，推动智能芯片核心技术攻关和应用适配，降低开发人员技术门槛，提升行业应用迁移效率，打造自主智能

计算生态，加强人工智能产业国际合作。要全力营造最优的环境，加快人工智能关键领域技术、产品与服务、行业应用、安全能力等标准制定，构建面向技术开发的人工智能顶尖科学家、算法研发工程师、训练师等人才培育链，支持更好地发挥陕西人工智能产业基金的作用，形成面向人工智能行业的多层次资本集群。

（三）强化智能算力集群供给，把握人工智能关键驱动力

人工智能集群的发展强烈依赖高性能的算力集成平台。陕西要加速扩容，打造西部智能算力枢纽。集聚各类算力资源，实现"算力一网化、统筹一体化、调度一站式"，强化智能算力集群供给。集聚政府、企业、科研机构、高校等的智能算力资源，筑基算力互联网，强化算力互联互通核心技术创新，推动 CPU、GPU 等异构算力提升，逐步提高自主研发算力的部署比例。支持各企业灵活部署边缘数据中心，与周边城市合作，建设企业级智能算力平台，完善全省重点城市内的边缘算力供给体系。联合龙头企业、科研机构、高校，打造西部地区人工智能算力赋能集群，建设城市级智能算力平台。充分认识数据要素的重要性，强调数据价值的实现。有意识地打造数据类标杆企业，重点发展一批云服务企业、网络连接企业、新型智能终端企业。聚焦金融、生命健康、人工智能算法、"双碳"等领域，发掘一批数据资源密集型链主。建设数据要素产业的创新孵化和先导试验平台。以智能算力助推创建人工智能产业发展。

三　培育壮大人工智能产业生态，开发新型数字治理力和生产力

数实融合是实现治理高效能和现代化发展的重要抓手。陕西拥有人口超千万的特大国家中心城市，拥有高度发达的城市系统，有较为丰富、完整的产业链闭环，发达的制造业也提供了丰富的数实融合应用场景。但是，陕西人工智能产业生态的发展依旧存在许多问题。一是数字经济重大项目少，尤

其是人工智能类要素投入不足，2022 年全省重点项目中数字经济相关项目约 66 个，仅占项目总数的 10%，投资额占总投资额的比重仅为 1.3%。二是企业质量不高。人工智能企业大多为依托高校、科研院所成立的初创期中小企业，47%的企业成立时间不满五年，80%以上的企业团队规模不足 50人，暂没有企业进入中国人工智能公司 100 强。[①] "智实融合"整体存在不全、不深等方面的问题，亟待从"小"突破。三是智能化产业支撑不足。《中国数字政府发展指数报告（2022 年）》显示，2022 年陕西数字产业化发展指数在全国各省（区、市）排名第 13，区域经济发展的智能化转型后劲普遍不足。为了解决以上问题，陕西要解放思想，从虚拟维度赋予实体经济新的活力，以人工智能赋能经济社会发展为主线，以挖掘开放应用场景为切入，以数据要素流通、基础设施建设为支撑，以需求牵引供给，以供给创造需求，聚焦智能制造、数字孪生、数字降碳、智慧文娱等新赛道，推动促进智能经济高效发展。

（一）增强智能制造装备产业链优势，引领重点产业链智能化变革

拓展智能网联汽车场景化应用，加速抢占汽车产业发展数字高地。汽车产业是陕西重点打造的支柱产业，2022 年，陕西汽车产量达 133.8 万辆，拥有比亚迪、吉利、汉德车桥等龙头企业。智能网联汽车作为信息通信、交通、能源等深度融合的产品，是推进交通强国、数字中国、智慧社会建设的重要载体，已成为新时代汽车产业转型升级的重要突破口。目前，陕西拥有国家级"自动驾驶封闭场地测试基地"，自动驾驶车辆测试环境已进入"开放道路测试"环节。要进一步加快车联网与智能交通、智慧城市发展的统筹协调，强化重点区域车联网功能改造和核心系统能力提升，基于"地理信息+车联网"跨界融合发展打造信息开放、互联互通的云端服务平台。深化技术创新与产品研发，培育新应用与新服务，完善安全管理体系，为智能网联汽车及高级别自动驾驶车辆出行提供协同式感知

---

① 数据来源于西安高新区管委会。

及信息交互，构建智能网联车路协同示范环境，帮助车辆提高出行效率及安全性。全面拓展智能网联汽车的应用场景，以智能网联汽车技术赋能智慧口岸"降本增效"，统筹车路协同、自动驾驶、北斗、5G 等技术在干线物流、跨境口岸等场景中的落地及运营。加快智慧出行及智能绿色物流体系建设，以中试基地、科创中心等为载体，以创新链带动产业链集聚的新能源智能汽车发展生态经济。

（二）加快能源数字化智能化转型，以能源互联助力"双碳"目标实现

深度融合工业场景与数字技术，重点围绕能源开发智能化"少人无人"的目标，探索人工智能技术在煤炭、石油天然气等传统能源行业的应用。把数字技术融入生产一线，将智能算法与能源挖掘工作、机械维护、风险防控等工作流程结合，集约化建设 AI 算力中心。在能源采集、运输、储存和监管中，通过人工智能技术实现监测和预警，减少能源事故和环境污染的发生，以期实现"更少一线职工、更高生产效能、更安全生产环境"的新型智能化能源生产。同时，在低碳化、电气化、数字化、智能化的趋势下，将数字资源和能源资源深度融合，推动能源产业以自动调节、智慧运行、动态平衡的方式，进入智能新时代。加快构建清洁高效智慧能源系统，打造面向能源变革的新型电力系统能源基础设施、面向智能变革的新型数字产业能源基础设施以及面向出行变革的新型电动出行能源基础设施。以应用场景扩展绿色低碳技术创新链，以能源智能化转型为契机，联合华为、隆基绿能、乐叶光伏、特变西科等企业围绕光伏产业，聚焦电站并网，通过"光储网云"融合，统筹布局智能光储发电系统。聚焦数字化、智能化与主动安全技术创新，打造稳定并网、智能调节的清洁能源基地和高质量的分布式电站。推动消费侧清洁能源替代，提高用户参与度，促使绿色低碳技术在生产端的供需匹配，加快氢能、储能、电氢替代等项目开发建设，推动智慧能源与建筑、交通、美丽乡村建设等领域的融合发展，让绿电走进千行百业。

（三）推进元宇宙落地深耕，构筑人工智能产业发展新引擎

创建元宇宙产业先行区，以人工智能探索数字孪生城市新场景。自2022年起，西安、咸阳、宝鸡等地逐步制订了一系列元宇宙产业发展规划，为陕西元宇宙产业先行区的建设打下了坚实基础。陕西要紧抓机遇，以建设西部元宇宙技术应用场景示范项目为目标，将不同维度的信息在数字孪生世界中进行汇集，将元宇宙与实体经济深度结合，构建全域数字空间。一方面，立足元宇宙在文旅娱乐、教育医疗、智慧城市等多领域的应用空间，打造"元创新、元城市、元政务、元制造、元文旅"五大元宇宙应用场景，包括建设智能综合体、智轨、沉浸式街区，推出数字人、无人机巡查、城市全域3D视频化管理等，将数字技术全方位立体化融入实体经济、科技创新、城市治理中，推动相应的实体经济实现创作升级、环境升级、治理升级、制造升级、商业升级。另一方面，从推进产业聚集、打造专业承载空间、培育数字人才三个层面为元宇宙的实业发展奠定基础。打造元宇宙领军企业台账，构建梯度培育机制，紧扣赛道发展方向，围绕产业链推进链主型企业培育，制定链主型企业培育的专属政策，加速培育元宇宙产业生态体系。组织高校、科研院所、重点企业等联合攻关数字孪生、智能交互、数字人、数字内容等元宇宙关键核心自主技术，力争解决一批"卡脖子"问题，释放元宇宙集成创新动能，深度探索智慧工业互联网跨行业跨领域的赋能应用，积极推动陕西智能产业的发展。

参考文献

洪银兴：《围绕产业链部署创新链——论科技创新与产业创新的深度融合》，《经济理论与经济管理》2019年第8期。

李雪松、龚晓倩：《地区产业链、创新链的协同发展与全要素生产率》，《经济问题探索》2021年第11期。

王玉冬、张博、武川、徐玉莲：《高新技术产业创新链与资金链协同度测度研究——基于复合系统协同度模型》，《科技进步与对策》2019年第23期。

吴中超：《"双链融合"应用型大学的产学研协同创新运行机制分析》，《宏观经济管理》2020 年第 4 期。

付文宇、李彦、赵景峰：《数字经济如何赋能中国制造业优化升级？》，《经济问题探索》2022 年第 11 期。

梁涛、肖亚豪：《数字经济政策对我国制造企业创新影响的实证分析》，《现代营销》（下旬刊）2023 年第 2 期。

B.9
陕西县域经济高质量发展的
政策导向和机制保障研究[*]

岳利萍　魏家豪[**]

摘　要： 近年来，陕西县域经济地位不断凸显、规模不断扩大、结构不断优化、效益不断提升，已经进入总量整体跨越和质量系统跃升并重的关键时期。本文总结了陕西县域经济发展的历史成就，梳理了县域经济发展的政策演进脉络，分析了陕西与江苏、四川两省县域经济发展政策的异同。研究发现：当前陕西县域经济发展的政策导向由"发展壮大县域经济"转向"推动高质量发展"，因此，政策体系应导向充分发挥整体体制优势、县域资源优势、区位优势和生态优势等四个方面。在新时代新发展格局下，陕西要在县域范围内推动共同富裕，推动县域经济高质量发展，其机制保障应围绕人本要素、土地要素和资本要素展开，以特色产业为依托，以绿色低碳发展为底色，以重大项目为压舱石，不断发挥聚集效应。

关键词： 县域经济　政策导向　高质量发展　陕西

一　引言

县城是连接城市与乡村的纽带，县域是统筹乡村振兴与新型城镇化建设

---

* 本文是陕西省哲学社会科学基金项目"关中平原城市群大气污染协同治理的机制与路径研究"（立项号：2023D001）、西北大学研究生创新项目"减污降碳协同推动产业转型升级的政策效应研究"（批准号：CX2023165）的阶段性成果。

** 岳利萍，西北大学经济管理学院教授、博士生导师，研究方向为资源环境约束下的区域高质量发展；魏家豪，西北大学经济管理学院硕士研究生，研究方向为资源环境约束下的区域高质量发展。

的战略支点，县域经济是区域发展的基石。党的十八大以来，以习近平同志为核心的党中央高度重视县域经济的发展，实施了一系列重大举措，增强了县域发展活力，推进县域经济发展取得显著成就，为打赢脱贫攻坚战、提高城乡居民收入作出重要贡献。

2017年，国务院办公厅颁布《关于县域创新驱动发展的若干意见》，提出要强化科技与县域经济社会发展有效对接，打通从科技强、产业强到经济社会发展强的通道，推动实现县域创新驱动发展。2022年，中共中央、国务院颁发《关于推进以县城为重要载体的城镇化建设的意见》，再次强调了县城是我国城镇体系的重要组成部分，是城乡融合发展的关键支撑。在中央高度重视县域经济社会发展思想的指导下，2023年全国百强县中进入"GDP千亿俱乐部"的县域达到54个，完成GDP8.6万亿元，占全国经济总量的7.1%[①]。

根据陕西省统计局统计，陕西79.8%的土地面积、55.2%的常住人口、40.8%的经济总量都在县域，县域经济在全省发展大局中至关重要。近年来，陕西认真贯彻落实党中央决策部署，县域发展水平不断提升。但整体来看，县域综合实力不强，根据赛迪顾问机构数据，2023年陕西省仅2个县上榜全国百强县，全省经济强县较少；8个县（市）上榜西部百强县，其中6个来自陕北地区，2个在关中地区，县域经济"北强南弱"。为了改变县域经济发展不平衡不充分状况，陕西省出台了多项政策，全力助推县域经济高质量发展再上新台阶。

从现有文献看，关于县域经济高质量发展的影响因素和路径的研究大体可以分为两大视角。一是破除外在约束。部分文献探讨了基础设施对县域经济发展的影响，研究发现交通基础设施和数字化基础设施能够显著促进县域经济的发展。针对县域经济基础薄弱、资金不足等问题，数字普惠金融能够显著缩小城乡收入差距，带动县域经济的发展；张珩等以农信社为例，指出农信社发展对县域经济增长的影响具有显著的门槛效应。少量文献结合县域

---

① 资料来源于《2023中国县域经济百强研究》。

发展典型案例探讨了产业集聚、品牌效应对县域经济发展的影响，并提出了可行性建议。

二是增强内生动力。县域经济高质量发展的关键在于增强内生动力，发展县域经济需要县级政府拥有更大的自主权。刘灵辉等以"省直管县"改革为切入点，证实县域发展自主权的提升有效促进了县域经济的高质量发展。但在缺少监管的情况下，扩权强县容易造成县域市场分割、要素空间错配等问题。

作为全国内陆型经济开发开放战略高地、西部地区重要的经济中心、西部大开发的新引擎，陕西省肩负着在西部地区发挥示范作用的战略定位，承担着缩小东西部地区发展差距、扎实推进共同富裕的重要使命。尽管近年来陕西省县域经济实现了重大跨越，但省内发展不平衡不充分的问题依然突出，省际东强西弱的格局没有发生根本改变。

解决县域经济"三大差距"（即地区差距、城乡差距、收入差距）是推动全体人民共同富裕的重要保障。理论和经验上的证据表明，县域城乡收入差距和经济差距受到农信社商业化改革、农村集体产权制度改革、农村电子商务等因素的影响。不同地区的县域经济增长存在很大差距，传统县域经济增长模式如发展第二产业、增加固定资产投资不利于县域经济的均衡发展，原因在于沿海经济带内的县域经济本质上属于城市经济的内在组成部分，而中西部地区绝大多数县域经济仍然是农业农村发展的延伸，二者发展逻辑存在本质的不同。

二　陕西县域经济发展的历史成就

郡县治则天下安，县域兴则国家强。我国历来高度重视县域经济发展，特别是党的十八大以来，陕西县域经济呈现竞相发展、科学发展的大好局面，取得了令人瞩目的发展成就，为全省发展大局作出了重要贡献。

1. 县域经济持续增长，强县数量稳步增加

根据陕西省统计局历年发布的全省县域经济发展报告，陕西县域生

149

产总值由 2016 年的 8927.96 亿元增长至 2022 年的 1.4 万亿元，占全省生产总值的比重始终维持在 40%~50%，陕西全省县域经济运行呈现总体平稳、质量稳步提升态势（见图 1）。全省县域经济强县数量稳步增长，引领带动作用日益凸显。2021 年陕西省县域经济总量突破百亿元的县（市）为 45 个，县域经济总量达到 200 亿元的县（市）为 15 个（见图 2）。2022 年陕西省县域生产总值达到 200 亿元的县（市）20 个，较上年增加 5 个。

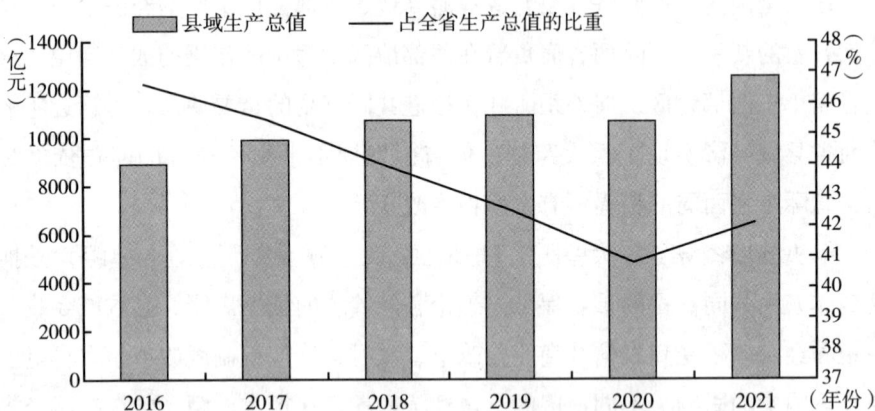

图1　2016~2021 年陕西县域生产总值及占全省生产总值的比重

资料来源：根据陕西省统计局数据整理。

2. 产业结构不断优化，工业主导地位突出

根据陕西省统计局数据，从纵向比较可以发现，2021 年陕西省县域生产总值为 12557.44 亿元，较上年增加了 1870.86 亿元，同比增长 7.4%，其中县域工业增加值 6381.03 亿元，占全省县域经济总量的 50.8%，工业对县域经济的支撑带动作用愈加凸显；全省县域非公有制经济增加值 5861.4 亿元，占全省县域经济总量的比重为 46.7%，非公有制经济越来越成为发展县域经济的重要力量。

从横向比较可以发现，2021 年陕西省县域地区三次产业结构为 13.8：54：32.2，同年全省三次产业结构为 8.1：46.3：45.6。相较而言，陕西县

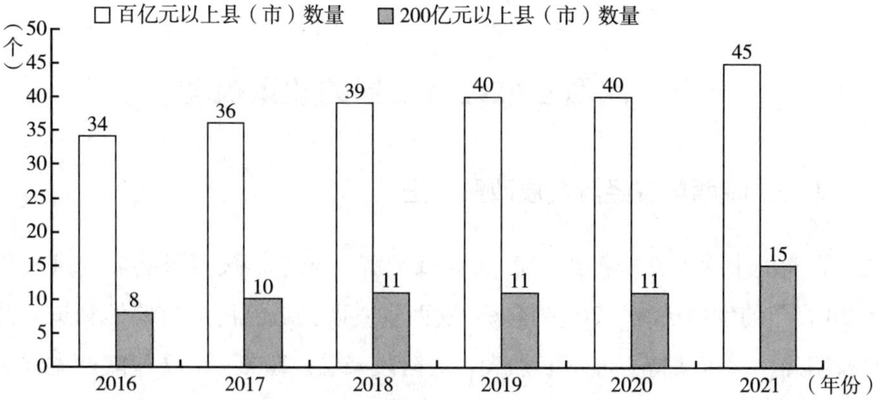

图2 2016~2021年陕西全省县域经济强县数量

资料来源：根据陕西省统计局数据整理。

域一、二产业比重略高于全省水平，第三产业比重与全省水平存在较大差距，较全省比重低13.4个百分点。这是由于在陕西省高度重视县域经济发展的政策导向下，陕西农业产业化成效明显，优势特色农业不断发展壮大。县域产业园区集聚，县域特色产业的影响力与带动力不断增强。县域第三产业发展仍有较大空间，服务业发展步伐加快。

3. 共同富裕扎实推进，居民生活持续改善

根据国家统计局陕西调查总队发布的数据，2021年全省农村居民人均可支配收入达到14745元，同比增长10.7%，超过四成的县（市）增速超过全省平均水平；全省城镇居民人均可支配收入40713元，同比增长7.5%。城乡收入比由2019年的2.93缩减到2021年的2.76。县城建设步伐不断提速，据陕西省住建厅数据，2022年全省共改造1107个老旧小区，惠及7.07万户居民。普惠性学前教育资源扩优提质，覆盖率达91.79%。紧密型医共体建设有序实施，县域内就诊率达89.4%[①]。县域经济高质量发展的成效初显。

---

① 数据来源于陕西省人民政府网站。

三 陕西县域经济发展的政策梳理

（一）陕西县域经济发展政策演进

自党的十六大首次提出"壮大县域经济"至今，陕西省县域经济经历了 20 多年的发展历程。20 多年来，陕西省发展县域经济的重要性和迫切性日益明确，政策扶持力度不断加大。分阶段来看，2003~2012 年陕西省县域经济处于起步与成长阶段，政策覆盖范围大而全，追求县域经济发展壮大。2013~2020 年陕西省继续深入已有政策实施，同时聚焦县域经济发展的关键领域与薄弱环节，政策举措更加精准高效。当前，陕西县域经济发展已经进入总量跨越和转型升级并重的关键时期，县域经济高质量发展成为新的政策导向。

1. 2003~2012年：县域经济发展壮大阶段

2003 年陕西省召开了全省县域经济工作会议，并出台了《关于加快发展壮大县域经济的决定》，指出要充分发挥县域经济在建设西部经济强省、全面建成小康社会中的重要作用。

为贯彻落实这一决定，陕西省先后在多个领域出台相关政策，取得了巨大的成就（见表1）。农业方面，为了培育县域特色农业经济，陕西在全省范围内开展"一县一业，一乡一品"振兴产业活动，大力调整农业产业结构，积极发展优势特色产业，陕北、关中等地各具地域特色的农业产业得到快速发展。工业方面，陕西大力实施工业强县战略，省政府频频出力，先后出台了《关于加快推进县域工业园区发展的指导意见》和《关于加快县域工业化发展纲要（2009—2012 年）》，县域工业获得快速发展，已成为推动县域经济发展的主导力量。

作为推进城乡融合的基本单元，发展壮大县域经济需要统筹新型城镇化建设与乡村振兴的关系，发挥好县域的统筹和引领作用。10 年来，陕西省相继出台了《关于加快县域城镇化发展纲要》、《关于加快重点镇建设推进全省县域城镇化的意见》和《关于加快重点示范镇建设的通知》等相关政策,陕西城镇化建设取得实质性进展。民生领域,陕西从2007年起先后实施农民增收"七大工程"、民生"八大工程"和民生"十大工程",实现改革发展成果全省人民共享,为全面建设小康社会打下坚实的基础。

表1 2003~2012年陕西县域经济发展政策梳理

政策支持范围	政策	时间	内容	效果
指导性文件	《关于加快发展壮大县域经济的决定》	2003年9月	加快发展壮大县域经济,明确县域经济发展的基本思路和原则	较2004年,2012年全省县域GDP增长了4.6倍,县均GDP增长了5.6倍
县域农业	《陕西省实施一村一品千村示范万村推进工程规划》	2007年1月	加快实施"一村一品"千村示范、万村推进工程,培育特色产业,推动农业产业化	特色农业快速发展,农业规模化、标准化、市场化水平进一步提高
县域工业	《关于加快推进县域工业园区发展的指导意见》	2008年11月	要进一步加快县域工业园区发展,提升县域经济发展水平,推进工业化、城镇化进程	县域工业获得快速发展,逐渐成为推动县域经济发展的主导力量
	《陕西省加快县域工业化发展纲要(2009—2012年)》	2009年4月	加快推动县域工业化发展,提出了鼓励创业等27条政策措施	
县域城镇化	《关于加快县域城镇化发展纲要》	2009年4月	确定县域城镇化发展的指导思想和基本原则,提出加快县域城镇化发展的政策措施	陕西城镇化建设取得实质性进展。截至2011年,全省有12个县(市)城镇化率超过50%,有14个县(市)高于全省47.3%的平均水平,城镇化建设迈出新步伐
	《关于加快重点镇建设推进全省县域城镇化的意见》	2009年11月	选择107个建制镇为重点镇,形成对县域经济发展的有力支撑	
	《关于加快重点示范镇建设的通知》	2011年7月	选取30个重点示范镇,带动全省小城镇建设	
民生保障	农民增收"七大工程"	2009年	实施"七大增收工程"增加陕西农民收入	惠民政策成效显著,居民收入快速增加
	民生"八大工程"	2007年开始推进	扎实推进"民生八大工程",切实改善民生	

资料来源:根据陕西省人民政府官网整理所得。

2. 2013～2020年：县域经济加速发展阶段

这一时期陕西省政府在深入实施已有政策的基础上，聚焦县域经济发展的关键领域和薄弱环节，出台的政策更加深入与细致，政策举措精准高效。这一阶段陕西省县域经济发展政策存在以下三个方面的特征。

一是推动县域经济增长的方式由传统投资逐渐转向创新和优化公共服务供给等新方式，有利于缩小县域经济发展差距，实现均衡增长。这一时期，陕西省政府相继出台了《关于县域创新驱动发展的实施意见》《关于统筹推进县域内城乡义务教育一体化改革发展的实施意见》等政策提升县域创新驱动发展能力，培育县域发展新动能。同时陕西还出台了《关于加快推进县域医疗共同体建设的通知》等政策，不断优化县域公共服务供给，增强县域对人才的吸引力。

二是县域经济社会发展考核评价标准不断调整，具有与时俱进的特点。2004年陕西省颁布了《县域经济社会发展考核暂行办法》，并于2005年组织实施了首次县域经济社会发展考核工作。此后考核办法经历2009年、2013年、2016年、2018年4次修订，2022年2月省政府围绕高质量发展主题，重新修订了考核办法，更加突出特色化、差异化监测评价。不同阶段考核办法的差异主要体现在两方面：一方面，考核指标持续改进，细分指标不断调整；另一方面，表彰奖励体系日益完善（见表2），2018年后增加对全省"农业强县"、"工业强县"和"生态强县"的表彰奖励。

三是更加重视激发县域治理的内生动力。县域经济发展需要调动县域自身积极性，增强县域发展的自主性。例如，县域城镇化过程中逐步赋予重点镇县级管理权限，扩权强县改革力度不断加大。县域经济考核检测机制的建立与完善，一方面有利于客观全面地反映县域经济社会发展动态；另一方面有利于充分调动各地加快发展县域经济的积极性和主动性，坚定不移做大做强县域经济。

表 2　不同版本陕西县域经济社会发展考核暂行办法的差异

	2004 版考核方法	2009 版考核方法	2013 版考核方法	2016 版考核方法
考评范围	全部县、县级市及农业比重较大的市辖区	全省 107 个县(市、区),重点监测考评 83 个县(市)	全省 107 个县(市、区),其中 83 个县(市)和 24 个区分开考评	全省 107 个县(市、区),其中县(市)、城区分开考评
指标设置	考核指标选取经济发展指标、经济结构指标、社会发展指标、生态环境指标等四大类,共 23 项具体指标	考核指标大类保持不变,县(市)监测考评指标为 31 项;城区监测考评指标为 30 项	社会发展指标变为民生发展指标,其他保持不变,县(市)与城区的监测考评指标均为 35 项	在 2013 版的基础上增加社会和谐指标,县(市)监测考评指标为 33 项;城区监测考评指标为 28 项
数据处理	考核指标数据统一由各级统计部门采集、审核、汇总,统计部门没有统计的指标由相关职能部门负责收集、整理	监测考评指标数据来自统计、教育、公安等多个部门	监测考评指标数据来自统计、教育、公安等多个部门	监测考评各项指标数据来自统计、教育、公安等多个部门
表彰奖励	奖励"陕西省经济社会发展十佳县"。单项奖励与综合考核奖励重合时,以精神奖励为主,不再给予物质奖励	对县(市)综合监测考评前 10 名和名次进位的前 10 名分别授予年度"陕西省县域经济社会发展十强县"和"陕西省县域经济社会发展争先进位奖"称号;对区综合监测考评前 5 名和名次进位的前 5 名分别授予年度"陕西省城区经济社会发展五强区"和"陕西省城区经济社会发展争先进位奖"称号	除对综合检测考核表彰奖励外,还对所有县(市、区)工业增加值增长速度的前 10 名分别授予年度"陕西省工业增长速度前十名"称号	除表彰奖励外,强调省、市(区)有关部门要切实强化监测考评结果的运用,激励引导全省县域经济竞相发展;加强对相对落后县(市、区)的指导

注：鉴于资料可获得性,此处仅选取了 2004 版、2009 版、2013 版、2016 版考核办法进行比较。
资料来源：根据陕西省人民政府官网整理所得。

3. 2021年至今：县域经济高质量发展阶段

进入新发展阶段,中国经济已进入高质量发展阶段。为推动县域经济高质量发展，陕西省召开全省县域经济高质量发展会议，先后出台了《推动县域经济高质量发展的若干政策措施》《关于支持县域经济高质量发展的接续政策措施》。2023年，陕西全省上下聚焦经济社会发展短板弱项，大力发展县域经济、民营经济、开放型经济、数字经济，全力在新起点上推动县域经济高质量发展再上新台阶。

习近平总书记强调，推动高质量发展，要善于抓最具特色的产业、最具活力的企业，以特色产业培育优质企业，以企业发展带动产业提升。陕西深入贯彻习近平总书记重要讲话重要指示精神，强化县域分类和功能定位，走特色发展之路，2021年出台政策措施，强调实施"一县一策"，培育壮大主导产业；2023年接续政策科学划分了产业功能县（市、区）、农产品主产县（市、区）和生态功能县（市、区）3种发展类型，并对不同类型的县域实施差异化指标评价体系，有力地支持了县域经济高质量发展。

四 陕西县域经济高质量发展的政策导向

（一）县域经济高质量发展的政策对比

根据赛迪顾问《2023中国县域经济百强研究》，2023年百强县中江苏省、浙江省、山东省三省表现突出，分别占23席、16席和13席。四川省共7个县（市）上榜，成为近三年全国新增百强县最多省份，陕西仅神木市、府谷县上榜，分别位列第32、第99。《2023西部县域经济百强研究》显示，四川省上榜县（市）数量最多，约占总量的1/3，33个上榜县（市）主要集中在第5~50名次段内。陕西省共8个县（市）上榜，上榜数量与广西、内蒙古并列第五。总体而言，陕西省县域经济发展与东部沿海经济带存在较大差距，在西部省区市中与四川省相比也有一定差距。本部分选取江苏、四川两省作为县域经济发展的先进省份，对比分析陕西与先进省份在促进县域经济高质量发展政策上的异同。

1.陕西与江苏县域经济发展政策对比

江苏县域经济的发展始终走在全国前列。改革开放以来,江苏县域经济发展成果卓著,不仅在全国百强县榜单位居前列,更是形成了独具特色的常熟模式、昆山模式和如皋模式,显示出强劲的内生增长动力。当前江苏省逐渐形成了"苏南引领、苏中崛起、苏北赶超"的县域经济发展格局,发展不平衡现象较为明显。

江苏县域经济发展政策具有以下特点。一是完善扩权强县,坚持体制机制变革,主要通过创新行政管理体制、探索强镇改革等路径。二是注重开放合作,打造高水平开放型经济,不断完善县域投资环境和营商环境,提升引入外资的质量,创新贸易模式,推动对外经济高质量发展。三是坚持长三角一体化发展战略,推进县(市)利用地缘优势、产业链接,深度融入上海、苏州、无锡等中心城市,纳入城市群整体布局,实现组团式发展。

围绕2022年中共中央办公厅、国务院办公厅颁发的《关于推进以县城为重要载体的城镇化建设的意见》,江苏省和陕西省均出台了相关政策措施(见表3),科学把握功能定位,坚持以人为核心推进新型城镇化。同时根据实情科学决策,找准本地城镇化建设的突破口。区别于江苏省城镇化向质量提升转变,陕西城镇化首先需要加速推进县城城镇化建设补短板强弱项,建设任务更加艰巨。

表3 江苏省与陕西省城镇化建设政策对比

	江苏省	陕西省
政策名称	《关于推进以县城为重要载体的城镇化建设的实施意见》	《推进以县城为重要载体的城镇化建设实施方案》
建设目标	到2025年县城人口聚集服务能力进一步提升,到2035年县域间发展差异显著缩小,县城带动实现县域高质量发展	到2025年,以县城为重要载体的城镇化建设取得重要进展,一批县城取得明显成效

续表

		江苏省	陕西省
政策内容	分类引导	加快近郊卫星县城融入都市圈中心城市布局,推动毗邻都市圈县城强化专业配套功能,提升重要节点县城经济和人口聚集能力,引导涉农市辖区服务周边农村发展	科学划分大城市周边县城、专业功能县城、农产品主产区县城、重点生态功能区县城、人口流失县城,分类引导
	城镇化建设主要任务	实施五大工程,创新三项机制	从大力发展县域经济、加强县城市政基础设施建设等5个方面,提出了29条具体任务措施
	保障措施	加强党的领导,完善政策制度,注重项目建设,突出示范引领	健全农业转移人口市民化机制,健全投融资机制,推进县级融资平台整合升级,推进土地制度改革

资料来源:根据陕西省、江苏省人民政府官网整理所得。

2. 陕西省与四川省县域经济发展政策对比

尽管现阶段我国县域经济发展迅速,但县域经济发展不平衡、不充分问题明显。东部地区的县域依托优越的区位优势和雄厚的产业发展基础,形成了现代产业集群,中西部地区的许多县域依然表现出"农业大县、工业小县、财政穷县"等特征。相较而言,同为西部省份的四川省,对陕西县域经济的高质量发展更有参考借鉴意义。

四川省是县域数量最多的省份,复杂的地势环境、广阔的行政区域、自然资源差异等因素使四川省各地区经济发展存在很大差异,因而其县域发展政策更加重视提高县(市)的自主性和积极性,分别在 2007 年、2009 年、2014 年出台相关政策文件,深入和扩大扩权强县试点改革。

为推动县域经济高质量发展,四川省政府在 2019 年 7 月出台了《关于推动县域经济高质量发展的指导意见》。与陕西县域经济发展政策相比,四川省坚持"生态立县"原则,提出要加强生态建设,强化环境保护,推行绿色生产生活方式。同时加快融入成渝城市群,强调不断深化改革(见表4)。

表 4 四川省、陕西省推动县域经济高质量发展的政策比较

		四川省	陕西省
政策名称		《关于推动县域经济高质量发展的指导意见》,2019 年 7 月	《关于推动县域经济高质量发展的若干政策措施》,2021 年 8 月 《关于支持县域经济高质量发展的接续政策措施》,2023 年 10 月
战略目标		到 2022 年,县域经济综合实力和整体竞争力明显增强,"二百亿县""五百亿县""千亿县"数量持续增加	县域经济实力、竞争力和城镇建设水平大幅提升,全面开创县域经济高质量发展新局面
战略内容	县域定位	划分城市主城区(城市功能建设优先)、重点开发区县(产业发展优先)、农产品主产区县(农业发展优先)、重点生态功能区县(生态保护优先)	划分产业功能县(特色产业发展优先)、农产品主产县(农业发展优先)、生态功能县(生态保护优先)
	产业发展	优化提升产业发展平台,具体包括促进开发区(园区)提档升级;加快现代农业园区建设;着力打造天府旅游名县;大力推进创新创业	大力发展联农带农经济、集体经济;加大特色产业培育;推动县域民营经济和民营企业健康发展;为"四个平台"建设提供保障
	城镇化建设	扎实推进新型城镇化,加强基础设施建设,提升公共服务水平	提升县城承载功能,激发县域发展活力
	其他	坚持"生态立县"原则,推进绿色发展;深化改革开放等	强化县域考核等
实施效果		基本实现战略目标,县域经济成就卓著	施行时间短,政策效果尚未显现

资料来源:根据陕西省、四川省人民政府官网整理所得。

(二)陕西县域经济高质量发展的政策导向

县域经济是区域发展的基石,是高质量发展的支撑。江苏、四川和陕西均高度重视县域经济的发展,始终坚持以习近平新时代中国特色社会主义思想为指导,制定了符合各省实际的县域发展方案,实现了理论指导和实践探索辩证统一。

当前,陕西正由追求"发展壮大县域经济"转向"推动县域经济高质量发展",这也是当下陕西县域经济发展的政策导向。借鉴先进省份县域经

济发展经验，实现陕西县域经济高质量发展，需要充分发挥"四大优势"。

一是发挥体制优势，坚持党对经济工作的统一领导。推动陕西县域经济高质量发展，需要认真贯彻落实党中央的决策部署，加强对习近平总书记关于县域经济高质量发展的重要论述学习，准确把握县域治理的特点和规律，因地制宜地挖掘地区优势、制定发展战略，在发展战略这一蓝图的总体指导下，以钉钉子的精神接续奋斗，不断提升发展质量。

二是激活资源优势，构建富有竞争力的现代化产业体系。陕西县域经济发展的质量普遍不高，陕北的能源经济支撑起全省县域经济的发展高地。这样的发展模式注定是不可持续的，一方面，产业结构单一，经济发展压力和风险较大；另一方面，会造成严重的环境污染与生态破坏。陕西在推动县域经济高质量发展的过程中，要充分开发利用县域优势资源，推进主导产业延链集群、产业园区提档升级、优质企业梯度培育，将资源优势转化为产业优势，推进传统产业转型升级，构建现代化产业体系。华阴、黄陵、宜川分别依托华山、黄帝陵、壶口瀑布发展文化旅游就是这一原则很好的诠释。

三是立足区位优势，深度融入国家重大发展战略。党的十八大以来，以习近平同志为核心的党中央高瞻远瞩、审时度势提出一系列区域重大战略，包括京津冀协同发展、粤港澳大湾区建设、长江经济带发展、长三角一体化发展、黄河流域生态保护和高质量发展等。推动县域经济高质量发展需要主动融入国家重大区域发展战略，把握区域发展方向和战略定位，形成县域经济发展的新动力源。

四是巩固生态优势，坚定绿水青山就是金山银山的发展理念。把自然优势转化为发展优势是推动高质量发展的有效路径。一直以来，陕西是西北地区重要生态安全屏障，不少县（市）同时承担着生态保护、发展经济和保障民生等多重任务，导致发展相对缓慢。但从辩证法的角度看，生态环境保护既是约束所在、弱项所在，也是潜力所在、希望所在。对于具有生态环境优势的县（市），要积极发展休闲采摘、观光旅游等新产业新业态，提供观光农业、游憩休闲、生态教育等服务，打造特色突出、主题鲜明的休闲农业和乡村旅游精品。

五　陕西推动县域经济高质量发展的机制保障

县域经济是国民经济的基本单元，县域现代化是中国式现代化的基础。改革开放以来，许多先行地区都将县域作为发展的着力点和重要平台，如浙江通过发展块状特色产业，形成了"一县一业""一村一品"的区域特色工业格局，通过 20 年来大力实施"千万工程"，不断释放乡村发展潜力，以工促农、以城带乡，走城乡一体化发展道路，县域经济蓬勃发展。如今，浙江已成为全国经济发展最均衡的省份之一。在新时代新发展格局下，陕西要在县域范围内推动实现共同富裕，推动县域经济高质量发展，其机制保障应围绕人本要素、土地要素和资本要素展开，以特色产业为依托，以绿色低碳发展为底色，以重大项目为压舱石，不断发挥聚集效应。

（一）以人为本，激活县域人本要素

党的二十大报告着眼全面建设社会主义现代化国家的历史任务，明确到2035 年基本实现城镇化的战略目标，作出"推进以人为核心的新型城镇化"的战略部署。对于陕西，以人为本的新型城镇化，一是要瞄准城镇化指标两口径之间的"巨量缺口"，切实推进户籍制度和相关配套制度改革。据《陕西统计年鉴 2023》，2022 年陕西省常住人口城镇化率为 64.02%，高于户籍人口城镇化水平。这意味着仍有大部分农民工群体虽然进了城镇（包括县城和建制镇），但是并未共享城镇（包括县城和建制镇）的福利，如医疗、子女教育等。因此，应通过加快推进户籍制度改革以及相关配套制度改革来解决。二是适应中国县域经济正在出现的"农业生产（一产）智能化、农产品加工（二产）智力化、农业服务（三产）智慧化"趋势，在县域农业生产者、农产品加工者和农业服务者中，建立相关"技能技术评价制度"，以打造陕西的"大国农匠"和"农民技师"。三是对县域范围内科技人员的职务发明成果，建议按照《中共中央国务院关于构建更加完善的要素市场化配置体制机制的意见》中关于"职务发明成果产权分割"的要求，给相关发明者合理界定应得的部分所有权及相关权益。四是选择少数条件成熟的县域，开展"人才身价赋能"试点。尤其是对于小微企业，如果没有相应物质资产做抵押，可以在"身价评估和银行授信"的基础上，用企业家和技术人员的"身价"作为抵押物。这不仅是解小微企业燃眉之急的"速效药"，更是创建"人才有价制度"的突破口。

（二）用活土地要素，拓展县域产业发展空间

土地是基础性生产要素，在县域层面，陕西应创新性地用活"三块地"土地要素，为产业发展腾出空间赋能增效。一是探索农村集体经营性建设用地直接进入土地市场。国家已发布文件允许"农地入市"，无须再经政府征收转为国有，而直接由农民自己"招拍挂"。建议陕西探索支持农民直接进入土地市场，以把土地增值收益这块"蛋糕"切实分到农民集体手中。二是探索农户土地承包权流转试点。按照要素市场化改革的思路，农地主要是推进"三权分置"改革：所有权是集体的，承包权是农户的，承包权的经营权是可以流转的，这个思路应继续运作。建议陕西超前研究并试点土地承包权流转。三是探索在资格权使用流转上推进搞活宅基地。宅基地问题的历史经纬颇为复杂，闲置宅基地院子日渐衰败。要解决此问题，建议回避历史沿革，在推进宅基地"三权分置"上下功夫，将搞活的基点放在资格权的使用权流转上。

（三）推进资本市场下沉，激活县域实体经济发展动能

随着县域一、二、三产业不断创新融合，新业态新产业不断涌现，巨大的消费市场有待挖掘，资本下乡已成为拉动县域经济高质量发展的新生力量。陕西推动资本下乡，就要抓住投融资机制创新这个"牛鼻子"。一是建立健全县域经济财政投入保障制度。根据不同县域的区域特色和发展优势，公共财政更大力度向"三农"领域倾斜，优化县域财政供给结构；加快县域乡村信用体系建设，探索建立下乡企业和农民诚信管理平台，实现信息依法公开。二是探索创建多渠道投融资机制。创新财政支农资金投入机制，建

立并完善财政资金整合平台，引入市场化机制，提高财政支农资金的利用效率和活力。三是探索县域内"非标资本市场"。通过建立健全农村土地等产权市场和县域碳排放权市场等，拓展社会资本下乡的发展空间，探索多样化的资本互利模式。

（四）突出特色承载能力，培育壮大县域主导产业

县域经济的本质是"特色经济"，而非"全能经济"。《推动县域经济高质量发展的若干政策措施》指出要培育壮大主导产业，鼓励各县因地制宜选择主导产业，制定"一县一策"实施方案，接续政策措施进一步将县域经济科学划分为产业功能县、农产品主产县和生态功能县三种发展类型，强调"一县一策""一区一策"事项清单按年度动态调整完善。一是突出特色，因地适宜。分地区来看，陕北依然以能源化工为主，不同县域聚焦细分领域，如府谷聚焦金属镁深加工，神木打造清洁煤炭高效利用，靖边则以高端聚烯烃制造为主，吴起侧重光伏风电等新能源工业。关中地区泾阳、岐山、三原、兴平、蒲城等工业强县，制造业基础稳固，在此基础上需不断做强做大产业规模，延伸产业链与创新链，积极融入西安都市圈，形成产业协同集群。陕南地区汉阴、石泉、勉县等工业强县立足生态优势，发力茶叶、中药材、预制菜、富硒食品、农副产品等食品医药工业，发挥出生态、绿色、低碳工业的资源禀赋。二是加快产业结构升级。做好"土特产"文章，培育发展现代农业全产业链，发挥农业资源优势，打造产业发展载体，培育壮大经营主体，创新融合发展模式，加快推进农村一、二、三产业融合发展，促进农民增收致富。强化首位产业招商，推动产业园区提档升级，紧紧围绕县域主导产业培育发展，打造一批重点特色专业园区。提高县域开放发展水平，拓展沪陕、浙陕合作，加大产业链关键企业招引力度，积极承接东部地区产业转移，促进区域产业链完善和产业转型升级。

（五）坚持逐绿前行，擦亮县域高质量生态底色

县域是生态环境治理的主阵地，对打赢蓝天、碧水、净土三大保卫战具

有独特功能与贡献。根据中央环保督察反馈，陕北地区土地荒漠化和沙漠化现象严重，关中地区大气污染治理不到位，黄河流域生态环境保护短板明显，秦岭区域历史遗留矿山生态恢复治理推进缓慢，生态环境问题仍然突出。为保障陕西县域高质量发展，推动人与自然和谐共生的现代化，一是加强生态保护修复，坚持系统科学治理。陕西各县（市）要认真贯彻落实《陕西省国土空间生态修复规划（2021—2035 年）》，持续优化全省国土空间生态修复布局，坚持山水林田湖草沙一体化保护和系统治理，加强全要素协调和管理。

二是加大污染减排力度，强化区域联防联治。深入开展实施大气、水、土壤污染防治工作，加快建立完善县域环境保护协作机制，开展大气污染、水污染防治协同增效行动。

三是加快推进宜居宜业和美乡村建设。一方面，更加重视乡村自然环境的保护和治理。做好山林绿化种植，整治乡村河道水体，恢复山体河沟池塘生态功能。另一方面，着力塑造人心和善、和睦安宁的乡村精神风貌。既要结合陕西地域特色深度挖掘乡村乡土历史文化遗产，又要创新抓手加强乡村精神文明建设，培育文明乡风，助推乡村高质量发展。

（六）科学谋划高质量项目，筑牢县域经济发展"压舱石"

高质量项目是稳增长的"压舱石"，是高质量发展的"强支撑"。2023年陕西全省积极开展"高质量项目推进年、营商环境突破年、干部作风能力提升年"活动，特别强调高质量项目对推动陕西高质量发展的强支撑地位。科学谋划县域高质量项目，一是高质量做好谋划储备。各县（市）认真贯彻落实《陕西省高质量项目推进年行动方案》，根据县域定位围绕产业强化项目招引，推进重点产业链延链补链强链，探索建立高质量项目发现培育工作机制，加快落地做深项目前期。二是高质量推进项目建设。陕西各地应压实链长和产业链责任部门职责，用好秦创原平台驱动科技创新项目落地实施。三是高质量提供要素保障。针对县域资金、人才等要素资源不足等问题，各县（市）科学利用省级财政资金拨款，同时强化市场化融资支持保障，有效盘活地方存量资产、资源、资本。要围绕县域城镇化建设和经济发展定位，高效精准引进高层次人才，同时充分发挥人才引进的聚才效能，加强县域人才队伍建设。

参考文献

梁少飞、陈志涛、李宛嵘：《跑出县域经济高质量发展"加速度"》，《陕西日报》2023 年 1 月 12 日。

张俊：《高铁建设与县域经济发展——基于卫星灯光数据的研究》，《经济学》（季刊）2017 年第 4 期。

董晓芳、刘逸凡：《交通基础设施建设能带动县域经济发展么？——基于 2004—2013 年国家级高速公路建设和县级经济面板数据的分析》，《南开经济研究》2018 年第 4 期。

徐明、冯媛：《大规模交通基础设施建设与县域企业生产率异质性——来自"五纵七横"国道主干线的经验证据》，《经济学》（季刊）2021 年第 6 期。

完世伟、汤凯：《新基建促进县域经济高质量发展的机制与路径研究》，《区域经济评论》2020 年第 5 期。

姚利好、易法敏、孙煜程：《农村电商、数字普惠金融协同促进县域经济增长》，《财经问题研究》2022 年第 11 期。

宋科、刘家琳、李宙甲：《数字普惠金融能缩小县域城乡收入差距吗？——兼论数字普惠金融与传统金融的协同效应》，《中国软科学》2022 年第 6 期。

潘启娣：《数字普惠金融促进县域经济发展的作用机制研究》，《新金融》2023 年第 2 期。

张珩、罗博文、程名望等：《"赐福"抑或"诅咒"：农信社发展对县域经济增长的影响》，《中国农村经济》2021 年第 3 期。

许佳彬、李翠霞：《畜牧业产业集聚对县域经济增长的影响——黑龙江省例证》，《中国农业大学学报》2021 年第 10 期。

李盼盼、谢畅：《沈阳市县域产业集聚对县域经济发展的影响分析》，《农业经济》2022 年第 10 期。

何强、邓鑫、李川等：《农产品品牌提高农业竞争力的机理与实证分析——以四川省 91 个县域的农产品地理标志为例》，《中国农业资源与区划》2023 年第 1 期。

刘灵辉、张迎新、傅鑫艺：《从分权看发展："省直管县"改革如何促进县域经济增长?》，《当代经济科学》2023 年第 2 期。

贺雪峰、卢青青、桂华：《扩权赋能与县域发展的定位》，《社会发展研究》2023 年第 2 期。

陆铭、向宽虎、李鹏飞等：《分工与协调：区域发展的新格局、新理论与新路径》，《中国工业经济》2023 年第 8 期。

《深切体悟期望之重责任之重使命之重　奋力谱写中国式现代化建设的陕西篇章》，《陕西日报》2023 年 5 月 20 日。

吴本健、罗玲、王蕾：《农信社商业化改革对县域内城乡收入差距的动态影响——基于农信社改制为农商行的准自然实验分析》，《中国农村经济》2022 年第 4 期。

罗明忠、魏滨辉：《农村集体产权制度改革与县域城乡收入差距》，《华南农业大学学报》（社会科学版）2022 年第 6 期。

杨仁发、陈存：《电子商务发展有助于缓解县域经济不平等吗？——来自电子商务进农村综合示范县政策的准自然实验》，《世界农业》2023 年第 7 期。

方迎风：《中国县域经济发展差距的异质性与动力机制分析》，《河南社会科学》2022 年第 9 期。

贺雪峰：《大城市的"脚"还是乡村的"脑"？——中西部县域经济与县域城镇化的逻辑》，《社会科学辑刊》2022 年第 5 期。

方伶俐、田梦涵、彭紫怡等：《江苏省全国百强县经济发展模式与启示》，《当代县域经济》2023 年第 8 期。

B.10
优化营商环境促进陕西
民营经济高质量发展研究

陕西省社会科学院经济研究所课题组*

摘　要：　民营经济是我国社会主义市场经济的重要组成部分，全面推进民营经济高质量发展，对于加快推进经济高质量发展具有关键作用。当前，陕西民营经济规模不断发展壮大，逐渐成为陕西经济的生力军，但在国内外环境复杂严峻的形势下，民营经济尤其是中小企业发展面临较大压力和挑战。课题组通过对传统企业、生物制药企业、医药零售企业及文化类研发生产企业的转型升级情况进行调研，了解民营企业发展的难点痛点，探索激发民营企业健康持续发展的内生动力，从充分提振市场主体信心、全面优化营商环境、增强民营企业创新发展能力、完善金融服务体系四个方面提出对策建议，推动陕西民营经济高质量发展。

关键词：　民营经济　营商环境　陕西

　　民营经济是我国社会主义市场经济的重要组成部分，全面推进民营经济高质量发展，对于加快推进经济高质量发展具有关键作用。党的二十大报告明确提出优化民营企业发展环境，依法保护民营企业产权和企业家权益，促进民营经济发展壮大。中共中央、国务院 2023 年 7 月 19 日发布了《关于促

---

　　*　课题组组长：裴成荣，陕西省社会科学院经济研究所所长，二级研究员，研究方向为城市与区域经济、产业经济；课题组成员：张馨，陕西省社会科学院经济研究所副研究员，研究方向为区域经济；顾菁，陕西省社会科学院经济研究所副研究员，研究方向为城市经济、区域经济；宫汝娜，陕西省社会科学院经济研究所助理研究员，研究方向为产业经济。

进民营经济发展壮大的意见》，对促进民营经济发展壮大作出了新的重大部署，赋予了民营经济"中国式现代化生力军"的新使命新定位，极大提振了民营企业发展的信心。陕西适时提出大力发展县域经济、民营经济、开放型经济和数字经济，全力推进"三个年"活动，通过综合施策、针对性帮扶，不断改善提升营商环境，提振民营企业发展信心，激发市场主体发展活力。课题组对传统企业、生物制药企业、医药零售企业及文化类研发生产企业的转型升级情况进行调研，了解民营企业发展的难点痛点，探索激发民营企业健康持续发展的内生动力，推动民营经济高质量发展。

一 陕西民营经济发展现状

（一）政策环境持续优化

陕西近年来先后制定出台了《关于推动民营经济高质量发展的若干意见》《陕西省民营经济转型升级示范企业认定管理办法》《关于印发进一步加大对中小企业纾困帮扶力度若干措施的通知》《大力服务民营经济高质量发展十条措施》《民营经济高质量发展三年行动计划》等一系列政策措施，深入落实中共中央、国务院《关于促进民营经济发展壮大的意见》，成立"省促进民营经济发展工作领导小组"，牵头组织民营经济发展政策制定、难题破解、服务保障、考核评价等工作，为全省民营经济发展提供了坚强的制度保障。

（二）规模总量不断壮大

2022年，陕西非公有制经济增加值为16898.36亿元，占生产总值的比重从2020年的51.1%上升到51.6%，民营经济市场主体占全省市场主体的98.19%，贡献了55.13%的税收，已成为陕西高质量发展不可或缺的重要力量①。全省民营经济经营主体注册资本达9.59万亿元，占全省经营主体注

① 数据来源于中国人民政治协商会议陕西省委员会网站。

册资本总额的 66.27%①。民营企业提供了全省 80% 以上的城镇就业岗位，已成为吸纳社会就业的重要渠道。三年疫情以来，虽然民营经济发展面临一些现实的困难、问题和挑战，但随着稳预期、强信心、保增长等一系列政策的出台，陕西民营经济总体趋势向好。

（三）经营主体快速增长

2023 年前三季度，陕西全省实有经营主体 571.01 万户，同比增长 10.23%，其中实有民营经济经营主体 544.75 万户，同比增长 10.15%。陕西全省新登记经营主体 74.59 万户，同比增长 21%。其中，新登记民营经济经营主体 73.28 万户，同比增长 20.78%。

2023 年前三季度，陕西先进制造产业、现代能源产业、文化旅游产业和战略性新兴产业四大产业领域新登记经营主体增长迅速，同比增长 32.9%。其中，战略性新兴产业领域新登记经营主体同比增长 38.92%，现代能源产业、文化旅游产业领域新登记经营主体同比分别增长 48.9%、27.03%②。

（四）进出口比重显著提升

2022 年，全省民营企业实现进出口总额 1881.25 亿元，比上年增长 27%，高于全省进出口增速 25 个百分点，分别高于国有企业和外商投资企业进出口增速 43.2 个和 34.5 个百分点。民营企业进出口总额占全省进出口总额的 38.9%。2023 年前三季度，民营企业进出口额 1274.4 亿元，占同期全省进出口总额的 43.0%，同比提高 5.9 个百分点③。

（五）地区发展不平衡

在全省 11 个市（区）中，非公有制经济增加值比重南高北低的态势没有变，近几年，全省各地根据自身实际制定了加快非公有制经济发展的相关

---

① 数据来源于陕西省人民政府网站。
② 数据来源于《前三季度陕西多项经济数据实现增长》，《陕西日报》2023 年 10 月 29 日。
③ 数据来源于陕西省统计局。

政策,采取了积极有效措施,取得了一定成效,但由于各区域资源禀赋、发展条件和经济基础各不相同,特别是经济结构的差异,非公有制经济发展存在不平衡性。南高北低、西快东缓的发展格局仍未被打破,且短期无法改变。2022年,全省各市(区)非公有制经济增加值占GDP比重排名前三位的分别是安康(60.1%)、商洛(56.5%)和汉中(54.2%),后三位的分别是延安(30%)、榆林(40.1%)和渭南(48.7%)[①]。

二 陕西民营企业案例分析

(一)传统企业转型升级及高质量发展情况

课题组选择陕西恒盛集团(以下简称"恒盛集团")作为传统企业转型升级的案例进行分析,该企业集投资管理、商品混凝土、运输商贸、建材水泥、矿山开采、工程建设等于一体,秉承"创新驱动、绿色发展"的理念,稳步开拓绿色建材领域市场。2018年,恒盛集团联合西安建筑科技大学成立陕西恒盛集团新材料研究院,构建产学研合作与协同创新体系,促进科研成果转化,聚焦新材料和实现"双碳"目标科技研发中核心技术的突破,通过"标准引领,技术领先"为绿色建材行业提供技术支撑。2019年打造了绿色建材产业数字化一站式服务平台——商砼之家平台,为商砼行业量身定制14个产业数字化场景,搭建全渠道、全链路、全场景、全要素产业数字化一站式服务平台,打造以用户为核心的全生命周期管理运行方式,构筑融合共生的建材产业新生态。2023年成立陕西恒盛产业数字化研究院,打造产业数字化服务高端智库,围绕产业数字化提供创新方案和技术支持,以及数字化转型能力评价体系,持续推进数实融合。截至目前,平台累计交易规模超过40亿元,优质合作企业达300家,服务建筑项目超600个,帮助行业上下游实现采购成本降低3.51%、物流成本降低7.30%、运营效率

---

① 数据来源于陕西省人民政府网站。

提升 18.73%，数字赋能效果突出，降本增效成果显著。

1. 企业实践经验与启示

（1）以科技赋能助力产业高端化转型

恒盛集团从建材产业实体出发，以科技力和创新力深度整合商砼产业链，积极倡导"政府引导—平台赋能—龙头引领—机构支撑—多元服务"的多方合作机制，将原材料研发及供应、商砼产品生产及运输、技术迭代更新、多维度高层次人才梯队建设、金融链支撑等模块通过商砼之家平台进一步激活、统筹、整合，推动建材行业以科技创新实现高端化发展变革。

（2）以多维信息技术助力产业智能化发展

商砼之家平台使用大数据、视讯一体化、5G、云计算等信息技术手段，打造以商砼为基础贯穿上下游全产业链的数字化服务平台。围绕"数字商砼、建材集采、智慧物流、设备租赁、备品配件、检验检测、技术服务、金融服务"8 个业务板块，量身打造了包括采购、调配、生产、运输、泵送、结算、回款、市场等 8 个业务场景，服务、风控、环保、安全、质量、团队等 6 个支撑场景在内的 14 个产业数字化场景，全面覆盖 PC 端、App 端、小程序端三端用户客群，多维度全面实现产业链条的智能化改造。

（3）以全环节数智化助力产业绿色化发展

恒盛集团从建材产业绿色发展需求出发，从数智化角度入手，通过商砼之家平台实现产业生产经营全环节智能化和生产要素数据化，大幅提升生产经营各环节的生产效能，进一步降低能耗。通过对产品的迭代升级和新型材料的研发应用，以技术输出、原材料定制等形式为平台各用户端提供绿色建材产品相关技术服务，从源头的生产要素把控低碳环保，为产业绿色化提供重要的基础保障。平台进一步激发了数字化与绿色化之间的双向共进效应，在推动建材产业生产技术与方式革新的同时，促进产业的协同发展，推动全产业的绿色化高质量发展。

（4）以创新协同方式助力产业融合化发展

恒盛集团通过数字技术构建"生产服务+技术服务+金融服务+商业模式"的数字商砼新体系，形成"数据驱动+平台赋能+智能终端+场景服务+

便捷供应"的发展态势,打造以用户为核心的全生命周期管理运行方式。通过商砼之家平台技术赋能,以商砼全产业链条为出发点,创新与上下游建材产业供应链的合作模式,以供应链推动产业链重构和价值链提升,通过信息技术打通建材产业链上下游,链接物流、金融、备品耗材等相关领域入驻平台,全面整合商流、物流、资金流和信息流,推动物流业、金融业等现代服务业与建材产业深度融合发展,以数字化为核心驱动,以产业的跨界融合发展为助力,实现建材产业的高质量融合发展。

2.传统企业面临的问题与挑战

(1) 企业数字化转型进程较慢

传统企业高层观念转变困难,许多企业囿于传统观念和路径依赖,缺乏转型动力,导致企业间数字化转型差距较大。大部分企业仍处于营销数字化的数字化转型初级阶段,少部分企业正在探索通过数字化手段优化供应链管理获取业务发展新契机。企业在认知、资金、人才、数据资源的利用等方面还存在短板和瓶颈,受这些因素的制约,企业往往仅在局部尝试数字化,转型成效大多不够理想,进而影响企业持续推进数字化转型的内生动力与资源投入力度。

(2) 行业数字化服务平台不足

民营企业中数字化"烟囱林立"现象普遍,尤其是在传统企业中,上下游缺乏高效协同,信息孤岛问题难以解决,数据还未真正实现共享、开放,数字化服务平台数据本地化沉淀、共享交换存在难度。行业数字化服务能力普遍不高,导致企业在数字化应用过程中经常出现信息渠道少、数据共享不足、数据分析能力弱、产品服务甄别能力弱等问题。这些问题进一步制约了数字化服务的推广和下沉,也限制了民营经济数字红利的充分释放。

(3) 协同创新压力较大

经济下行压力导致创新力减弱。许多处在传统行业的民营企业在成本、技术、品牌等方面均无优势,利润微薄带来创新能力不足。近年来受疫情及宏观环境影响,许多企业反映利润同比下降,导致研发强度同比下降、创新意愿处于低谷。同时,民营企业整合创新能力一般,与其他环节企业分工协作性不强，缺少从基础研究、技术研发、工程应用及产业化的系统整合创新能力，从事高层次科技创新活动的后劲不足。

（4）复合型高级人才严重缺乏

民营企业尤其是传统企业对人才的吸引力不强。大多数中小企业规模小、产品技术含量较低、企业福利待遇偏低，导致分布在民营企业的人才总量明显偏少。高级管理人才、高层次人才、复合型人才和生产一线的高技能人才短缺，数字化和金融贸易等专业人才更为短缺，人才类型与企业发展内生需求匹配度不高，人才结构不佳。

3. 对策建议

（1）加快推进数实融合，为传统产业释放新动能

积极完善传统企业的数字化布局，聚焦核心业务场景加速实现智能运营，构建覆盖全产业链条的数字化生产模式，全面激活技术、人才、资金等产业生产要素。以平台经济为战略思路，以数字技术赋能实体产业全要素为核心，以传统产业数字化转型面临的困境为出发点，结合产业实际情况和发展需求，打造覆盖产业全链条的数字化平台，贯通产业链上下游，构建数字化协同创新的产业生态圈层。以数字平台引领全产业链的数字化升级，纵向贯穿传统产业链上下游，横向聚合全链条生产要素，实现行业全渠道、全链路、全场景的动态联动、高效协同，打造产业全业务数字化生态，实现传统产业的高质量智能化发展。

（2）以数字服务为支撑，塑造传统企业发展新优势

以数字化平台的建设助推企业实现生产经营管理的全链条数字化，帮助企业降本增效和提质增效，助力业务流程和生产服务模式的重塑再造，全维度提升数字经济时代企业的核心竞争力。通过数字平台的功能模式，实现包括市场开拓、原材料采购、智能化生产、数字化管理等在内的全业务流程数字化和生产数字化场景打造，进一步驱动企业组织结构的变革、业务流程的优化、工作内容的创新、生产经营的高效便捷，助力企业降低生产成本、提高生产经营管理质量、全面提升生产效率。在生产运营优化升级、产品服务变革创新和业务流程重塑的基础上，全面提升传统产业企业的核心竞争力。

（3）搭建产业公共服务平台，深化企业协同创新合作

搭建产业公共服务平台，加强高层次产业信息交流，突破行业壁垒，汇聚创新资源，引导协同创新，促进多元投资。以前沿产业信息交互为基础，以项目合作驱动为内核，实现跨企业协同创新合作，将关联企业相关各方的技术、资源凝聚起来，进行上下游企业间的协同研发、协同设计、非标件采购、外协生产、专业服务等，促进环环相扣的产业链项目协同合作。积极推动产业链上下游企业创新组织模式、重构创新模式、变革生产模式、优化商业模式，推动产业链上下游企业的融通发展，促进产业内部数字化资源协同与对接，持续带动新技术、新产业、新业态、新模式发展。

（4）拓宽引才渠道，筑牢企业智慧基石

打造引才联盟，拓宽企业用工渠道，进一步整合政府、用人单位及市场化资源，"抱团引才、携手育才"，吸引集聚更多国际化人才资源与创新创业要素，为广大用人单位引才聚才搭建可持续发展的自生性、动态性创新平台，从源头缓解技能型人才引进难题。加强科技经纪人队伍建设，根据龙头企业发展优势，构建引进科技经纪人并制定有针对性的政策矩阵，提高科技经纪人培养规模和质量，完善科技经纪人多元培育体系，成立区域科技经纪人联盟，举办区域科技经纪人经典服务案例大赛等，构建区域协同机制。

（二）生物制药企业发展情况

课题组选择陕西慧康生物科技有限责任公司（以下简称"慧康生物"）作为生物制药的代表进行案例分析。慧康生物依托完善的"活性蛋白与多肽"自主研发平台，以生物原料、美容护肤、医疗器械、创新药物等领域产业集群为核心业务集群，构建全产业链式的国际化企业运营体系。慧康生物秉承科学护肤、功效护肤的理念，注重新产品开发及技术创新，开发了多种活性多肽和重组蛋白原料。

1.企业实践经验与启示

（1）强化产学研合作，提升企业自主创新能力

慧康生物先后投入科研经费近亿元，启动开展了多项生物领域研究。拥

有专业的研发团队，科技人员占比达到 37% 以上，包括生物医药行业精英、知名大学教授等专家骨干。慧康生物作为"西安市活性蛋白与多肽工程技术研究中心""西安市国际合作基地"，积极与澳大利亚莫纳什大学、韩国大邱大学、西安交通大学等建立了产学研合作基地，通过不断加大研发投入，成功研发出多项具有自主知识产权的核心技术，并获得大量专利的认证。

（2）构建"计算+生物"平台，助力科技成果落地转化

慧康生物持续投资的"中国肽库"项目，旨在建设一个包含 17.5 万条精准序列的平行肽库，不仅可以供生物医药研究领域筛选活性肽，还可满足药品、食品、保健品、化妆品等行业对活性多肽的需求，具有高活性物质含量、序列精准、筛选方法简单、筛选效率高等优势，从而大幅降低了研发过程中的工作量、时间和花费。已建成基于"计算生物学"的研发平台——中国肽库 & 慧康国际肽库，蕴含着大量的未知活性表位肽信息，将计算生物学与人工智能这一新兴学科在活性肽前沿技术的应用推向新高度。

2. 生物制药企业面临的问题与挑战

（1）研发投入不足，投入渠道单一

生物技术产业是资金密集型产业，是高投入、高风险和高回报的产业，因此，资金短缺是首先要解决的问题。生物技术产业在充分利用政府生产技术投资的同时，还要充分利用银行贷款以及尚待健全的风险资金市场，寻找各种资金渠道。生物技术产业及生物医药产业的资金一般为企业投入、政府资助以及资本募集。西安中小型生物技术类企业居多，前期研发需要数亿元资金投入，中小企业尤其是创新创业型企业难以自行解决。

（2）高端产业人才缺乏，研发与产业化脱节

医药产业属于知识密集型及技术密集型产业，需要将多学科的知识技术加以整合与应用，对人才的素质要求较高。由于研究开发人员培养周期长，大量优秀的科研人员滞留在国外，国内缺少优秀人才。西安高校众多，人才资源丰富，但在平台资源和城市吸引力方面都不及东部城市，人才流失严重。此外，我国现有生物技术人才偏重于理论研究，产业化人才相对缺乏，

生物技术产业在发展过程中，常出现实验室里的科研成果难以产业化，或产业化成本很高而无经济价值。

（3）产业化能力低，科研成果转化率不足

陕西高校资源丰富，为生物技术产业发展提供了良好的智力环境，但科研成果转化率低，许多企业与高校、科研机构仍处于相对隔离状态，产学研合作不到位，更不充分。如何加快将开发研究出来的生物技术成果转化为现实生产力、提高产业化能力，是陕西省生物技术产业发展面临的重要问题。

3. 对策建议

（1）借鉴先进地区成功经验，构建"技术+资本+人才"发展模式

生物技术产业具有技术水平高、投入大、周期长的特点，必须搭建专业的产业支撑平台，建立起"技术+资本+人才"良性互动的长效机制。具体来看，鼓励企业吸引研发、产业化高端人才，对生物技术产业高端人才和紧缺人才个税予以减免；鼓励省、市、区国资系的直投机构、基金等发挥对当地企业地域管理优势，设立生物技术产业或生物医药产业母基金，加大投资本地优势项目的力度，搭建产业基础平台和产业支撑平台；建立健全生物技术产业研发全流程的公共技术服务体系。

（2）围绕高质量发展要求，支持企业增强创新能力

支持产业协同创新，促进可控创新、合作创新，支持生物技术领域行业龙头企业联合高校、科研院所以及产业链上下游企业实施产业集群协同创新项目，开展重大关键技术联合攻关，鼓励龙头企业设立海外研究中心、海外子公司，与国外研究机构、企业开展重大技术合作，在自主可控的基础上进行分阶段合作创新、应用创新。针对陕西省企业牵头承担的生物技术及生物医药领域国家科技重大专项、国家重点研发计划项目，按国家实际到位经费的一定比例给予配套资助。

（3）大力培育本土龙头企业，引领生物技术产业提质增效

陕西省生物技术产业及生物医药产业以中小企业居多，规模以上生物技术产业企业不多。产业创新的基础是组织创新，形成龙头企业有利于组织优化，积极引导和鼓励企业兼并、重组，促进产业链的形成，龙头企业规模

大、竞争力强、技术装备先进，更能发挥带动作用。建议积极扶持引导本土企业不断做强做大，从而发挥规模经济效应，带动生物经济发展，对年主营业务收入及单种产品销售收入突破一定额度的企业，分别给予一定金额的奖励。

（三）医药连锁企业发展情况

课题组选择陕西众信医药超市连锁股份有限公司（以下简称众信）作为医药连锁企业的代表进行案例分析。众信成立于 2005 年，是陕西拥有 300 余家零售门店的大型医药连锁企业（集团），现公司控参股陕西京兆药房（连锁）有限公司、宝鸡市众信医药有限责任公司、铜川市众信大药房有限公司合作开展连锁药店业务，同时公司以大健康为起点积极探索多元化发展方向。根据南方经济研究所数据，众信综合实力位列全国医药零售企业第 48 位。

1. 企业实践经验与启示

（1）深化数智融合，赋能企业转型升级

众信全资子公司西安赛好智能信息科技有限公司，在数智化方面持续了15 年的探索研发。突破传统数据可实现的描述性分析、诊断性分析，可实现更智能化的预测性分析与处理决策分析，当前产品主要服务于众信集团各成员单位，主要用于药品零售行业经营数据分析及数据建模，进一步以信息化、数据化、智能化指导药品零售业务的运营决策，同时不断完善智能化管理，降低管理成本，加强对亏损门店的财务分析预测，持续不断优化亏损门店，同时提升核心门店竞争力，进一步扩大公司盈利能力，继续保持公司经营规模的稳步增长。

（2）坚持多元化发展，提高企业综合实力

众信作为医药零售行业多元化改革的实践者和推行者，经过多年的稳健发展，已成为陕西地区本土医药零售行业的领头羊，正在以大健康为起点积极探索多元化发展方向，推动企业走上高质量可持续发展之路。在生物健康方面，众信投资西安诺久活水健康科技有限公司，通过水质调整、饮用水深加工等技术手段，围绕打造健康用水进行深入研究，掌握具有核心专利、优质用户体验的产品；在医养康养领域，众信投资西安爱了么健康科技有限公司，逐步探索打造以医疗、康养为核心的大健康产业平台；在旅游行业，众信通过加盟携程旅游以及成立陕西美达达旅游有限公司，深度服务集团公司会员顾客，深度培养健康旅游。

2. 医药零售企业发展面临的问题

（1）竞争白热化，挤压企业利润空间

随着人口老龄化的到来，医药零售行业得到充分发展，医药零售行业市场竞争趋于白热化。随着药店分级和飞检等严监管政策的出台，资源正向头部连锁集中，中小型药店的生存空间被挤压，不少小药店被并购或被迫关闭，头部公司销售增速已拉开差距，行业整体连锁化程度快速上升。

（2）线下零售渠道单一，亟须转型升级

医药零售属于高管控行业，这也导致线下零售门店销售渠道单一、无法很好地借助互联网工具、实现线上线下营销结合、促进销售。在线上医药平台快速抢占市场的当下，消费者更倾向于线上购药，实体药店客流下滑严重，全渠道销售、跨行业销售分走了实体门店的客流。

3. 对策建议

（1）推动医药零售企业批零兼营，简化各项审批手续

当前处于医保政策改革期，医药零售行业效益低下，零售药房具有明显的市场特征，企业效益随时可能出现大幅下行，建议推动大型医药零售企业批零兼营，促进医药零售企业快速整合、提质增效。将药店建设为社区的健康筛查站，建立大健康复合终端，服务国家健康事业，降低医保费用支出。政府积极针对医药零售行业的发展进行专门的调研、统计、规划，积极地引导、扶持企业进入良性循环，避免行业恶性竞争。进一步简化药品零售业审批手续，在药品零售企业兼并、重组及新开门店办证时，简化勘验手续。

（2）支持医药零售企业数智化转型，拓展"互联网+药品流通"业务

扶持医药零售企业构建全面互联、数据互通的供应链体系，为供应链上下游延伸开展增值服务，进一步全面重构产业链条间的生产关系，畅通订单交付、库存周转、产能提升等环节，不断提升药店生产、经营、管理全过程的数智化水平，形成多通道输入输出的良好合作生态。鼓励药品零售连锁企业采用"互联网+"销售方式销售药品，采取"网订店送""网订店取"方式销售药品，实现"就近取药""就近送药"，满足顾客用药需求，为医药零售行业可持续发展注入新动能。

（四）文化类高科技研发生产企业发展情况

课题组选择西安五洲网络科技有限责任公司（以下简称五洲科技）作为文化类高科技研发生产企业的代表进行案例分析。五洲科技在教育文化娱乐领域深耕细作，专注于益智玩具、教育、图书等核心业务。基于中国儿保体系不健全、需形成科学解决方案的现状，五洲科技与天佑集团、天佑儿童医院的幼儿非药物治疗合作方案，就是共同发挥资源优势、医疗和教育科学有机结合的典型，即通过系统地干预在游戏过程中达到早期矫治目的，将玩教具和儿保治疗方案充分结合，为儿童保健方案提供全新创新选项，促进儿童身体健康、心理健康、社会适应性共同发展。

1. 企业实践经验与启示

（1）创新引领，推动产品多元化智能化发展

在快速变化的时代和快速迭代的业务领域，五洲科技抓住了消费升级和模式转换的重大机遇，采取"跨界合作、科技转化、市场应用"的组合拳模式，将教育文化类产品通过技术创新进行功能叠加，研发满足市场需求的产品，使益智玩具和教具在儿童保健和干预治疗领域发挥更大作用。

（2）瞄准国际市场，推动国际国内联动发展

五洲科技的产品主要销往欧洲市场，积极参与国际经济大循环，加快融入海外市场找订单、增信心、抢先机、谋增量。在拓展国际市场的同时，逐步发展国内市场，尤其是与医疗康复机构合作，提高产品的市场占有率。

（3）全产业链布局，将研发设计与生产制造一体化推进

五洲科技具备集设计、研发、制造、销售与服务于一体化的综合能力，在提升产业链供应链现代化水平方面展现了企业作为，通过全产业链布局，加强外部协作和资源整合，提高产业的附加值和创新力。

2. 企业发展面临的问题

（1）生产规模小，品牌知名度低

五洲科技作为一家极具特色的陕西文化类高科技研发生产企业，其生产制造没有在省内，生产规模还比较小，其品牌知名度与影响力还不够高，尤其是本地知名度远远不够。

（2）相关制约因素影响企业产业链布局

一方面，企业的生产制造环节受到本地土地指标的严重制约，不得不到外省寻求发展空间。另一方面，企业迫切需要技术支撑进行商品的功能开发和转型升级，但陕西在一些领域的前沿技术发展方面较为落后，导致企业到东部沿海城市寻求技术孵化。

（3）本地外贸通道优势没有充分利用

企业的产品主要外销欧洲市场，通过中欧班列长安号进行货物运输能够极大地提高效率和便利性，然而企业却因对中欧班列了解不足，没有充分利用好中欧班列的优势，转而从沿海城市通过海运开展对外贸易。

3. 对策建议

（1）拓展外贸运输通道

利用陕西自贸试验区便利条件，特别是以"中欧班列"为载体，充分利用中欧班列西安集结中心在构建面向"一带一路"现代物流体系时所发挥的带动作用，强化与共建"一带一路"国家的双边贸易往来，扩大国际贸易规模。

（2）科技创新赋能企业转型

科技创新可以推动企业向科技型企业转型，通过加大技术研发力度，提高产品科技含量和附加值，企业可以获得更高的市场占有率和更强的盈利能力。同时，推动产品、技术和管理创新，还可以帮助企业降低生产成本、提高生产效率、不断适应市场的变化和需求的变化、保持竞争优势和持续发展。

（3）加大文化教育类企业的扶持力度

陕西作为文化大省，更需要集聚文化教育类民营企业的力量，加大公共文化产品和服务供给，提升陕西文化影响力。政府应高度重视本土企业，从创业扶持、创新推动、市场开拓等方面为企业全生命周期发展提供有效保障，从制度和法律上把平等对待国企民企的要求落到实处。

三　陕西民营经济高质量发展的对策建议

（一）充分提振市场主体信心

1. 加强政策指导

进一步提振民营企业家信心，帮助企业及时了解国内外经济政治形势，引导其正确认识和把握经济形势预期。完善全省涉企政策发布及服务平台，经常性地举办政策培训班，走进企业解读政策，有针对性地开展大企业大集团和产业链链主企业、专精特新企业、个体工商户等不同群体、不同需求的政策精准解读，分类分层多维指导民营企业理解把握相关政策。突出政策导向由"大"向"小"转变，加强政策宣传、政策解读、政策指导等服务，让企业第一时间知道有什么政策、能用什么政策、如何执行政策，更好地帮助市场主体用足用好政策。

2. 确保政策落实

强化政策执行落实机制。结合陕西实际，深入落实好中共中央、国务院《关于促进民营经济发展壮大的意见》，加强各类涉企政策的全面、及时、精准实施，确保政策的连续性和稳定性，切实解决好政策落地"最后一公里"。突出工作机制由"管"向"统"的转变，强化效率、质量、动力变革，明确办事指南、办理方式和办理时限，真正让惠企政策措施深入人心、落地见效。

3. 搭建信息平台

发挥好商会协会等社会组织的平台作用，积极开展各类赋能企业发展的活动，如举办"民营经济论坛""民营企业沙龙"等形式多样的企业互动活动，为政府和各类企业之间沟通交流、获取更多的政策信息搭建平台、提供机会，营造更加浓厚的支持关心民营企业发展的良好氛围，在产业对接、行业智库、用工信息等方面加强联系指导，引导和促进民营企业增信心、抓发展。

（二）全面优化营商环境

1. 提升政务服务效能

提升政务服务"一网通办"能力，加快数字政府建设，推动数据共享，促进政务服务同标准办、一次办成，实现全程网办"智能化""零材料"。变"强化管理"为"真诚服务"，主动靠前服务，及时化解企业经营中面临的审批、资质认定和市场扩展等一系列问题，让办事有速度、服务有温度。推动服务模式创新，探索精准服务，结合不同企业的需求和痛点难点堵点，提出精准"靶向服务"，完善对企业全生命周期服务模式。

2. 建立政企常态化多元化沟通机制

健全领导干部联系企业家制度，切实落实好领导基层调研、包抓企业等措施，创新座谈会、恳谈会、对接会等调研形式，推进政企沟通协商常态化、制度化、规范化，及时为企业排忧解难。畅通企业诉求的通道，发挥好现有的"陕企通""秦信融"等平台的作用，完善跨部门"一站式"涉企服务总平台，为民营企业获取政策、反映问题提供直达式服务，并对企业反映的问题及诉求建议，形成良好有效地处置和反馈机制。

3. 营造公平的竞争环境

加强民营企业的权益保护，建立健全公平宽松的市场准入与市场竞争制度，在市场准入、审批许可、经营运行、招投标等方面，赋予民营经济主体与公有制经济主体平等的市场待遇，保障民营企业平等获取生产要素和政策支持。全面排查、系统清理招投标歧视等隐性壁垒，让民营企业有机会参与重点项目、重点产业链建设。

（三）增强民营企业创新发展能力

1. 加强政府科技创新支持

引导民营企业不断提升创新能力和核心竞争力，助力培育一批独角兽、

"隐形冠军"、专精特新企业，支持有条件的企业走上市融资之路。鼓励民营企业大力发展新兴产业，加大科技创新投入，不断增强自主创新能力，鼓励不同类型、不同规模和不同所有制形式的企业在分工协作中实现联合创新。运用财政政策，为民营企业提供创新资金。通过科技计划加大对民营企业科技创新的支持力度，调整完善科技计划立项和管理方式。打造以大型技术型领军企业为龙头的"头部企业+中小微企业"协同技术创新生态圈，建设产业链一体化平台，增强不同规模企业之间、不同产业之间协作和配套能力。

2. 注重创新人才引进、培养和使用

政府部门要发挥优势，协助民营企业实施精准人才对接，对民营企业引进优秀人才给予财政和政策支持，完善与引进人才相关的购房、教育、奖励等配套政策。推动省内高等院校、科研机构、职业学校（含技工院校）和各类职业技能培训机构通过产学研合作、共建实习实训基地等方式，培养符合民营企业需求的经营管理、专业技术、技能应用等方面的人才。加大对创新技术人才的激励力度，营造重视人才、尊重人才的良好氛围。

3. 打造高质量品牌型民营企业

结合陕西产业发展方向，规划央地合作项目，鼓励、支持、引导民营企业立足地方产业与文化特色，创建地方性著名品牌和驰名商标。引导建立新型实体民营企业，促进民营企业降本增效并紧密结合数字化趋势，打造线上贸易平台。鼓励支持跨境电子商务发展，为跨境贸易提供平台和营销网络支持。

（四）完善金融服务体系

1. 不断拓宽融资渠道

构建多渠道融资平台，创新融资方式，为民营企业提供金融活水。综合运用银行贷款、市场发债、股权融资三种方式解决民营企业融资难题。银行业金融机构要挖掘有市场、有效益、信用好、有融资需求的优质民营企业，制定有针对性的综合培育方案。推动规模较大的民营企业通过债券市场发债融资，引导企业抓住科创板、注册制试点等政策机遇上市挂牌，鼓励企业优

化财务制度管理，实现资本市场股权融资。积极培育天使投资、创业投资等早期投资力量，增加对初创期民营中小微企业的投入。

2.加大信贷支持力度

加强知识产权融资质押机制，提高知识产权对企业增加贷款的重要性，鼓励民营企业进行技术方面的创新。推广"信易贷"模式，发挥国家产融合作平台作用，持续扩大信用贷款规模。银行业金融机构要积极探索供应链脱核模式，支持供应链上民营中小微企业开展订单贷款、仓单质押贷款等业务。

3.加大金融扶持力度

发挥政府平台作用，加快产业基金运用，探索设立中小微企业贷款信用保证金，降低政府性融资担保费率。适度减免企业税费，加快落实国家对民营企业的减免税政策，减轻企业负担。建议财政部门可设置一定比例的资金，对于业绩出色的民营企业进行奖励，对资金短缺的民营企业进行补贴。设立民营企业纾困基金，对遇到短期内流动性问题、具有市场前景且信誉良好的民营企业进行财务救助。

区域篇

B.11

中国（陕西）自由贸易试验区
提升战略的思路与对策研究*

王铁山 彭欣雨**

摘 要： 中国（陕西）自由贸易试验区成立六年来取得了丰硕成果，但也存在一定问题，正面临实施自贸试验区提升战略的挑战。本文从营商环境、发展动能、制度开放、协同创新、联动发展、服务能力等方面探讨提升战略总体思路。在此基础上，提出了对策建议，包括营造一流营商环境，加大创新投入力度，创新驱动产业发展，创新开放监管机制，加强区域联动发展，聚焦"一带一路"建设等，为在中国式现代化背景下的陕西自贸试验

* 本文是陕西省社会科学基金项目"数字经济驱动陕西乡村产业振兴的内在机理与实现路径研究"（项目编号：2023D057）、陕西省哲学社会科学研究专项"数字经济推动陕西制造业高质量发展路径的统计测度研究"（项目编号：2023HZ0930）、西安市社会科学基金项目"西安综合性国家科学中心和科技创新中心建设研究"（项目编号：23GL21）、西安市科协决策咨询课题"秦创原创新驱动平台赋能西安先进制造业自主创新能力提升的路径与对策研究"（项目编号：23JCZX001R1）的阶段性成果。
** 王铁山，经济学博士，西安工程大学管理学院院长助理，副教授、硕士生导师，研究方向为产业经济与区域经济；彭欣雨，西安工程大学管理学院硕士研究生，研究方向为产业经济与会计投资。

区实现高质量发展提供参考。

关键词： 自由贸易试验区 中国式现代化 国际贸易 陕西

一 引言

2023年9月，中国自由贸易试验区建设十周年座谈会在北京召开。习近平总书记就深入推进自由贸易试验区建设作出重要指示，新征程上，要在全面总结十年建设经验的基础上，深入实施自贸试验区提升战略，勇做开拓进取、攻坚克难的先锋，在更广领域、更深层次开展探索，努力建设更高水平自贸试验区。2022年10月，习近平总书记在党的二十大报告中提出，要实现"加快构建新发展格局，着力推动高质量发展"重大任务，就要推进高水平对外开放，尤其是要实施自由贸易试验区提升战略。2022年11月，习近平主席在第五届中国国际进口博览会开幕式致辞中提出"以中国新发展为世界提供新机遇，推动建设开放型世界经济"，强调这需要中国推动各国各方共享制度型开放机遇，尤其是要实施自由贸易试验区提升战略。可见，实施自由贸易试验区提升战略已成为中国（陕西）自由贸易试验区发展的当务之急，也是推进陕西高水平对外开放的重要手段，对陕西加快构建新发展格局、着力推动高质量发展，以及实现陕西的中国式现代化具有重要意义。

二 陕西自贸试验区发展现状

陕西自贸试验区自2017年4月挂牌成立至2023年4月，以制度创新为核心，以可复制可推广为基本要求，共创造了725项创新实践案例，涉及人文合作、产业深化、投资改革、自贸试验区监管、金融改革等领域，超过30项创新成果在全国范围内推广，超过80项创新成果在全省范围内应用和推广，为陕西经济社会发展提供源源不断的动力[①]。2023 年，陕西自贸试验区将"实施自贸试验区提升战略"作为年度重要任务，不断深化改革创新，大力推广创新成果，在产业融合、贸易投资、人文合作、多元主体共同发展等领域取得丰硕成果，仅上半年在西安区域内就形成 54 项创新案例、4 项国家级制度创新成果，有 8 项被陕西省商务厅评为优秀创新案例，超额实现"双过半"的创新发展目标。[②] 2023 年 9 月，西安市自贸办印发《中国（陕西）自由贸易试验区西安区域提升战略实施方案》，标志着陕西自贸试验区开始出台具体措施正式实施自贸试验区提升战略。

（一）制度创新涌现，改革红利丰硕

陕西自贸试验区围绕建设中欧班列西安集结中心、临空经济示范区等重点任务，加快差别化、特色化改革探索，推出多项举措推动和深化跨区域、跨部门集成创新，有关跨国农业全链条及粮食安全的改革成果在全国复制推广，还以创新驱动新产业、新业态、新模式发展，探索总结的服务型制造、"两头在外"的新型保税维修服务等模式在全国范围得以推广和应用。2023年 4 月 23 日起的 2 个多月内，西安市自贸办主办了"春风十里　相约自贸——市民走进自贸试验区"系列主题活动，超过 500 人的体验者亲身感受了陕西自贸试验区西安区域的各个功能区，全方位了解自贸试验区创新成果，体验改革给社会公众带来的红利，共有 150 万人次在直播间观看，自贸试验区得到群众的广泛支持[③]。

（二）营商环境改善，市场活力迸发

陕西自贸试验区主动围绕经营主体的全生命周期开展各项改革，不断提升服务效能；加快建设"一带一路"国际商事法律服务示范区、知识产权保护中心，推动法治自贸建设；持续优化人才发展环境，简化外国人来华工

---

① 崔春华：《陕西自贸试验区 6 年形成 725 项创新案例》，《陕西日报》2023 年 4 月 1 日。
② 轩辕杨子：《十大亮点看西安自贸的"半年答卷"》，《西安日报》2023 年 7 月 14 日。
③ 轩辕杨子：《十大亮点看西安自贸的"半年答卷"》，《西安日报》2023 年 7 月 14 日。

作审批程序；督促金融机构提升服务实体经济的效果。截至2022年底，陕西自贸试验区新设经营主体15.2万家，其中新设企业9.67万家、外资企业934家，年均新设企业数占全省同期新设企业的7.6%①。2023年5月31日，陕西自贸试验区RCEP企业服务中心在西咸新区空港新城揭牌成立，签约了第一批外贸企业和服务机构，标志着西北地区首个省级RCEP企业服务中心正式启用，有利于发挥自贸试验区与RCEP的叠加优势，助力陕西打造内陆改革开放高地。2023年6月28日，西安市自贸办举办"加工贸易云报核系统"上线启动仪式暨业务培训会，该系统是西安市加工贸易领域改革的标志性举措，也是在全国具有首创性的制度性创新实践，可有效解决加工贸易企业在账册核销时普遍反映存在的申报数据计算量大、核算过程烦琐、配合监管成本高等问题，实现加工贸易账册核销"一次录入、自动核算、网上审核"功能。

（三）自由化便利化提升，外贸外资稳定发展

截至2022年底，陕西自贸试验区贸易总额已经突破1.65万亿元，平均每年占陕西进出口贸易总量的71.6%；使用外资总额达5.64亿美元，与2021年同期相比上涨31.8%。2022年底共有17条中欧班列（长安号）投入使用，成为中国内陆地区国际干线的重要中转站，其中重箱率、开行量以及货运量均排在全国指标首位②。2023年3月30日，第二届新亚欧陆海联运通道自由贸易试验区联盟大会在西安举办，10个经济片区和4个城市参加，进一步深化自贸试验区的产业聚焦效应，共同签署了"西安宣言"，为贸易合作、产业融合的深化奠定了有力基础。2023年4月，西安市自贸办举办西安浐灞国际会展公用型保税仓库启动暨首批合作项目签约仪式，这是目前陕西首个符合智能化仓储与安防监控系统和海关实现联网的保税仓库，为全面拓展自贸试验区的创新改革以及推进制度创新提供了重要保

---

① 崔春华：《陕西自贸试验区6年形成725项创新案例》，《陕西日报》2023年4月1日。
② 崔春华：《陕西自贸试验区6年形成725项创新案例》，《陕西日报》2023年4月1日。

障，从不同维度促进跨境电商、国际会展等产业的聚集。2023 年 6 月 9 日，陕西第一条按照《国际公路运输公约》（TIR）运行的跨境公路货运线路通车，这健全了陕西与中亚各国的贸易合作网络，弥补了我国西北地区国家物流领域陆空联动模式的不足，为陕西对外贸易发展开拓了更加广阔的空间。

（四）建设路径廓清，发展特色凸显

陕西自贸试验区在总结发展经验的基础上，廓清下一步建设路径，秉承"丝路自贸"的理念，践行"科创自贸"，强化"农业自贸"，不断加强与各国产能合作，为"一带一路"产业发展培养高质量的联盟成员；在黄河流域自贸试验区联盟中发挥了越来越重要的作用；在全世界范围内开设 8 个离岸创新中心，在 10 个国家打造海外研发基地，为全球贸易贡献 3000 多项创新技术，技术出口总额将近 60 亿美元[①]。为了进一步给实施自贸试验区提升战略提供智力支持，2023 年 3 月，西安市自贸办召开第二届智库专家聘任仪式，遴选省内外 45 名专家、企业家组成第二届自贸试验区西安智库，以保障自贸试验区高质量发展[②]。

然而，当前陕西自贸试验区发展过程中还存在一些问题，主要表现在营商环境有待改善，政务服务质量需要提升，创新投入力度还不够，发展动能需要转换，产业结构需要优化，监管机制需要创新，制度性开放力度需要提升，自贸协同创新区的效应还不明显，区域联动需要加强，服务国家"一带一路"建设能力有待加强。

三 陕西自贸试验区提升战略的思路

2023 年，陕西自贸试验区全面贯彻落实党的二十大精神，坚持新发展

---

① 崔春华：《陕西自贸试验区 6 年形成 725 项创新案例》，《陕西日报》2023 年 4 月 1 日。
② 轩辕杨子：《十大亮点看西安自贸的"半年答卷"》，《西安日报》2023 年 7 月 14 日。

理念，紧紧围绕陕西"三个年"活动，高标准落实优化营商环境政策，主动参与国际经济贸易交流，进一步推进制度创新成果应用；重视多元主体的市场需求，全方位增强政务服务效能；构建并完善开放平台，全面加强服务保障；合理配置整合资源，深化示范引领作用。

陕西自贸试验区将深入贯彻落实习近平总书记关于自贸试验区建设的重要指示精神和党的二十大报告提出的"实施自由贸易试验区提升战略"决策部署，全面实施自贸试验区提升战略，总体思路是：持续优化营商环境，深化相关领域集成改革创新，推进改革创新经验复制推广，提升市场主体活力；创新发展驱动能力，提升特色产业质量，推动优势产业加速聚集；稳步扩大规则、规制、管理、标准等制度型开放，提升对外开放层级，加快开放型经济发展；发挥全面改革开放试验田作用，支持协同创新区建设，加强联动创新发展，扩大发展空间，提升引领示范效应；积极融入共建"一带一路"，提升服务国家战略能力。

（一）改善营商环境，激活市场主体

陕西自贸试验区紧紧围绕企业需求和群众需要，深入推进"放管服"改革，努力优化、营造市场化、法治化、便利化、国际化的营商环境。大力发挥商会、行业协会和各种专业服务组织等社团的作用，进一步完善针对企业的服务机制。

（二）创新发展动能，提升产业质量

以制度创新促进产业经济的高质量发展，坚持以绿色经济、数字经济、文旅经济为抓手，构建具备高影响力和示范效应的综合性产业服务体系。尤其是，以"秦创原"平台为引领，发挥全球资源要素优势，通过引入和培育满足高质量发展需求的产业项目，带动各个区域的创新发展，拓展产业链深度与广度，形成以科技创新为基础、制度创新为保障、金融创新为杠杆的区域协同创新驱动平台。然后，进一步发展特色产业，加快产业融合，突出支柱产业集群化的发展，打造高水平的产业聚集示范区，建立以创新驱动为核心的现代产业体系，促进区域协同创新，进而推动陕西经济高质量发展。

（三）扩大制度开放，提升开放层级

深入研究《区域全面经济伙伴关系协定》（RCEP），利用好 RCEP 机遇，尤其是充分发挥西安拥有韩国、泰国、柬埔寨、马来西亚等 4 个 RCEP 成员国驻华总领事馆的优势，加强经济体之间的互联互通，加强与相关国家全方位交流合作，包括文化旅游、美食、经贸、科学、教育等领域，为陕西开拓区域内部统一市场、实现贸易繁荣注入新动能。进而，深入研究《全面与进步跨太平洋伙伴关系协定》（CPTPP）、《数字经济伙伴关系协定》（DEPA）、《中欧全面投资协定》（CAI）等国际高标准贸易规则，推动陕西与国外的管理制度、贸易规则的进一步融合，减少制度冲突和协调费用。充分发挥国内国际两个市场的资源带动效应，合理利用两种资源，在确保高水平自由化的前提下，提升自贸试验区的便利化程度。推动数字技术、人工智能、大数据等技术对通关程序、国际物流系统等的提升改进，使之更加简捷高效。

（四）支持协同创新，扩大发展空间

大力推进陕西自贸试验区协同创新区建设，深入挖掘政策资源与地理空间的优势，为自贸试验区的协同创新奠定坚实基础，为产业降费增效提供驱动力。促进自贸片区和协同创新区的深度融合，持续深化改革创新的空间维度，发挥各地区的资源禀赋作用，针对自贸试验区资源不集中、片区碎片化、协同治理不完善等问题提出高效合理的解决方案，不断强化各区域间的协同合作效应，为扩大发展空间提供稳定保障。

（五）加强联动发展，提升合作效应

发挥陕西自贸试验区辐射带动作用和溢出效应，让更多企业享受自贸试验区红利，延伸拓展自贸试验区发展腹地，优化空间和产业布局，推进全域

协同创新发展。应当坚持中心城市跨区域产业协作，探索产业开放协同发展理念，积极参与其他经济区的产业融合，加强与长三角、港澳台、沿海地区的产业合作，将优质企业"引进来"，促进高端产业聚集。要加强与中心城市建立深度合作伙伴关系，以集团+制造基地的模式进一步挖掘产业链价值，推进区域分工与协作，缓解中心城市的不良竞争，深入分析区域协作架构。发挥各区域产业优势，进一步合理布局，推进产业分工，根据实际情况推行错位发展，为非中心城市的"飞地经济"布局提供驱动力，同时推动中心城市打造"飞地总部"，共享自贸试验区的红利。

（六）抓住时代机遇，提升服务能力

陕西自贸试验区应抓住"一带一路"倡议提出十周年和"中国—中亚峰会"在西安举办的重要契机，积极推动"中国—中亚峰会"涉陕成果落地，主动加强与共建"一带一路"国家尤其是中亚五国的广泛交流与合作，包括货物贸易、服务贸易、教育科技等方面，塑造对外贸易的新优势，把陕西推向全国对外开放前沿。加速建立和完善对外开放通道，发挥已有的开放平台的职能，发挥国际化交通枢纽的辐射和带动作用，优化区域对外开放的结构，建设对外开放新格局。加强与东部沿海地区的互动，有序承接东部沿海地区的产业转移和企业迁移，推动产业升级，推动产业链向更高层次发展，把建设全国统一大市场与构建"双循环"新发展格局相结合。

四　陕西自贸试验区提升战略的对策

自贸试验区是我国探索开放型经济、提升贸易投资自由化便利化程度以及推动高水平开放的重要抓手。陕西自贸试验区提升战略的实施，是实现陕西自贸试验区高质量发展，进而推动陕西和西部地区深化改革、扩大开放的必然选择。为此，陕西自贸试验区提升战略应从以下方面考虑。

（一）营造一流营商环境，提升政务服务质量

1. 营造一流营商环境

深入研究世界银行新版营商环境评价指标体系（BEE），有针对性地持续优化政务服务，推出企业有获得感的举措，在政策法规、投资贸易、人才科技等方面为企业提供更好的服务，创造透明、法治、便捷的管理体制和营商环境。加强公平竞争审查制度，消除内外资企业在资质获取、招投标等方面的差别化待遇，探索建立竞争政策有效性及市场竞争状况评估机制。加强反垄断执法，维护公平竞争市场秩序，健全市场化经营机制。除涉及关系国民经济命脉的行业和关键领域、重点产业、重大基础设施、重大建设项目以及其他重大经济利益安全外，一般行业禁止对外商投资作出业绩性要求。

2. 建立良好法治环境

加强自贸试验区的法规建设，完善治理体系，提高投资者和企业家的法律意识和风险防控能力，为企业发展提供更加有力的法治保障。依托"一带一路"国际商事法律服务示范区集群优势，加快构建全产业链、生态链的国际商事法律服务保障体系。发挥现有的涉外商事"一站式"多元纠纷解决中心的作用，打造具有国际影响力的商事海事争端解决优选地。加快国际法务运营平台建设，探索建设服务企业高质量"走出去"区域总部基地。创新知识产权综合交易服务平台，开展知识产权快速协同保护工作，为创新主体、市场主体等知识产权权利方提供知识产权保护"一站式"服务，支持开展商业秘密保护创新试点。

3. 提升政务服务质量

逐步推动市、县经济社会管理权限赋予自贸试验区实施，编制公布自贸试验区行政许可事项清单，进一步提升政务公开透明度。与经营主体成长规划相结合，拓展"一事一办"集成改革中的事项办理范围，进一步压缩审批时间、提高审批效率、提高满意度。加强数字化政务建设，依托"互联网+监管"平台，进一步健全政策实施的事前事中事后监督制度，提升政务服务的标准化、精准化和便捷性，创新服务模式，推进"掌上办"和"指

尖办"，打破部门和区域之间的"信息孤岛"，增强公共服务能力，提高服务效率。

（二）加大创新投入力度，提升创新发展动能

1. 加大创新投入力度

充分发挥"秦创原"创新驱动平台的作用，加大对科技创新的支持力度，鼓励科技企业落户自贸试验区，支持自贸试验区内企业与国内外高校、科研机构的合作，推动形成政产学研共同融合与创新发展的新型协作体系，持续拓展产业链深度与广度。创新人才服务平台，实现人才政策、人才服务和用人主体的对接，建立健全自贸试验区灵活引进人才制度，支持自贸试验区开展人工智能、大数据、智能制造和区块链等新兴领域的职称评审工作；探索建立"人才+服务+资本+产业"发展模式，建立"产才融合"的人才服务一体化平台，为人才提供全方位、一站式服务。

2. 提升创新发展动能

加快建设西安"双中心"，以"硬科技"为特色构建全链条创新体系，打造具有全球影响力的科技创新策源地、具有前沿引领性的新兴产业衍生地和"一带一路"顶尖人才首选地。充分利用自贸试验区的开放创新平台，基于全球视野，加强高水平对外开放，创新科技合作机制，从平台建设、未来产业布局、人才引培、科技金融结合、创新生态营造等方面加大推进力度，打造重大原始创新核心区，实现重大原创性和颠覆性技术成果突破。推动境外人才离岸创新创业基地建设，支持自贸试验区完善外籍人员在陕工作的便利措施，对特殊外籍人才实行"绿色通道"制度；探索与国际标准相适应的人才评估制度，引入国际知名的通用执业资格，如CPA、精算师等作为评价高层次人才参考；借鉴国内外高级人才税务补贴，制定税收优惠政策及配套措施，以吸引高层次人才来陕落户。

3. 强化特色创新优势

发挥杨凌自贸片区的农业特色，以种业为依托，发挥自贸试验区与综合保税区的政策融合优势，深度挖掘、利用中转基地优势，拓展农业产业链广

度与深度，加快推进种业领域制度创新，探索"引种快速审批"和"特殊监管"经验，促进农业技术交流与合作，构建境外重要种质资源战略储备库。加强在金融保险、贸易标准、检验认证等生产性服务领域主动创新，促进要素的聚集与辐射，促进开放平台激发新动能，打造"一带一路"国际农业合作中心。强化上合组织农业科技交流与培训基地的作用，积极参与和共建"一带一路"国家及上合组织在跨境农业标准方面的合作与交流，加快推进农业标准、规则等制度型开放，为全国各区域的制度创新提供可复制的实践成果。

（三）创新驱动产业发展，提升产业结构能级

1. 推动全产业链创新发展

充分利用产业集群的优势，提高整个产业链的竞争力，建立产业链协同创新机制，建立产业公共服务平台，促进资源共享，充分利用产业联动优势，推动产业链的纵向整合，推进供应链智能化、数字化发展，全面提高产业链供给能力和市场竞争能力。加速制造业的高端化和绿色化转型，加速构建制造业的绿色制造系统，在此基础上推动龙头企业、中小型企业进行节能、环保、绿色化的循环化改造，提高整个产业链的绿色发展水平，推动相关的智能制造、节能环保、新能源等产业的发展。利用云计算、工业互联网、大数据、区块链等新一代信息技术对传统制造业进行改造和升级，大力发展智能制造，促进制造业的数字化和智能化转型，促进新一代信息技术、高端装备、生物医药、人工智能等战略性新兴产业发展。

2. 提升产业结构能级

以产业"建圈强链"为引领，积极对接重点产业链，重点发展新能源、新医药、新计算、新材料产业，探索建设新型研发机构，进一步提升相关领域企业的创新研发能力，构建"产学研金服用"一体创新体系，促进产业链协同水平提升。加快打造未来产业体系，丰富完善产业版图，抢占未来科技和经济发展制高点。推进关键技术攻关和高端产品研制，加强IC设计、软件开发、系统集成、内容和服务的协同创新，形成芯片、软

件、整机、系统、信息服务等全产业链。支持自贸试验区新一代人工智能创新发展，构建基于语言计算的新一代人工智能开放式创新平台，培育对产业链核心环节有控制力的专精特新企业、"小巨人"企业。加快培育氢能产业，构建氢能源交易中心，推进区域一体化氢能源交易市场建设；以硬科技为基础，做大做强电子信息产业，构建"芯—软—端—网"的电子信息产业集群，深入推进西安"国家新一代人工智能创新发展试验区"建设；推动全球医药龙头企业在自贸试验区布局药物临床研究、药品研发等项目，加快高端生物医药产业集群发展；以"打造中西部第一会展品牌"为抓手，全面提升通关便利化水平，聚焦展品变商品，实现溢出带动效应升级。

（四）创新开放监管机制，提升投资贸易层级

1. 提升投资开放水平

严格落实《自由贸易试验区外商投资准入特别管理措施（负面清单）（2021 年版）》，继续完善监管体制，建立外商投资全流程服务体系，完善境外投资政策和服务体系，为各类市场主体提供公平竞争的机会。进一步扩大电信、科技服务、教育、卫生等重点行业开放，放宽注册资本和投资方式的限制。探索建立"区域评估+标准地+承诺制+综合服务"投资制度，在"管得住"的前提下探索对具有强制性标准的领域简化审批，建立健全备案制度。

2. 创新金融监管机制

首先，促进金融监管服务法治化。发挥自贸试验区先行先试优势，针对自贸试验区制定创新高效的金融监管机制。在今后的自贸试验区综合立法中专门设置金融监管章节，制定明确合理的金融机构准入机制和退出机制，强化金融监管，构建健全高效的自贸试验区金融监管体系，尝试制定自贸试验区金融监管条例。其次，推进"审管执信"闭环管理体系建设。加强金融领域风险监管，强化市场主体注册登记、银行开户、税务登记等全流程监管。加强反洗钱、反恐怖融资和反逃税资金监管。加强涉企信息归集共享，

健全企业信用修复机制。推广以远程监管、移动监管、预警防控为特征的新型监管模式。

3. 提升金融服务便利化水平

首先，为境外贸易企业提供便利的跨境资金结算服务。最大限度地发挥丝路国际保理平台作用，和优质国际保理、银行等机构建立深度合作伙伴关系，构建全流程、一体化跨境金融服务网络。持续开展资本项目数字化服务试点工作，优化资本项目收益在国内使用的审批程序，推动非接触式的电子单据审核方式，为企业提供便利。其次，加强自贸试验区外汇服务品牌建设。鼓励自贸试验区内各外汇银行创新，不断打造专业化、特色化的优质外汇服务品牌，优化自贸试验区的用汇环境及营商环境。创新实施"五免"政策，即合作银行免收保证金，免抵质押，免于占用企业银行授信额度，担保公司免收担保费，免反担保。利用跨境金融区块链服务平台缓解自贸片区企业融资难融资贵问题，提升贸易融资真实性审核效率。推出"优企名单+信用互认"机制，支持自贸试验区优企名单中的企业享受电子化审单、"一张凭条秒收付"等服务。最后，健全绿色金融体系，加大绿色金融产品的创新和供给力度。支持自贸试验区发挥绿色金融货币政策工具的作用，鼓励金融机构通过增加优惠利率贷款、信用贷款和中长期贷款支持绿色低碳发展。

4. 创建投资贸易新业态新模式

推进加工贸易从传统来料加工转变为自有品牌打造的模式，从传统的劳动密集型产业向技术密集型产业发展。加强跨境电商综合试验区的建设工作，支持自贸试验区企业在重点市场布局建设海外仓。支持金融机构为自贸试验区提供便捷高效的金融服务，为创新型跨境贸易发展提供金融支持，丰富创新型跨境贸易服务平台功能。

5. 推动贸易数字化转型升级

进一步推进新型数字化基础设施建设，深化跨境贸易数字化转型进程，打造数字自贸试验区。强化数字内容、数字平台治理，不断提高数字化区域治理水平。用好国际互联网数据专用通道，搭建贸易数字化公共服务平台，实施"重点数字场景合作伙伴计划",为企业数字化转型提供精准服务,推动落地更多数字化场景和项目。支持设立数字产权运营平台,探索数据产权保护和应用机制。

(五)加强区域联动发展,提升协同创新效应

1. 提升协同创新效应

加强陕西自贸试验区协同创新区的建设,以制度创新为核心,强化自贸试验区的创新成果率先在协同创新区复制推广、自贸试验区的创新试验率先在协同创新区同步试验,引入绩效考核机制,以考促建。加强自贸试验区和协同创新区的横向联动性、协同性,加强相互之间的互学互鉴,强化在制度创新、技术创新、理念创新等方面的交流与合作,加强对各自贸试验区与协同创新区的协同创新成效的考核。围绕西安都市圈强化区域间的经贸活动、产业园区合作、产业链合作,促进区域间在平台、产业、项目和人才等领域的深入合作,完善"西安研发制造+周边转化配套"模式,推动西安与周边地区的协同创新。探索自贸试验区、协同创新区及其他地区建立联合招商制度,共享招商资源;针对核心项目构建共同决策机制,全面提升产业招商比例;积极参与优质产业转移项目,推行利益与风险共享、协商分配税收等制度,减少非中心城市受到自贸试验区中心城市的"虹吸效应",出台合理可行的补偿制度。

2. 加强区域协同发展

积极对接周边区域,加强与新亚欧陆海联运通道自贸试验区联盟、全国自贸片区创新联盟、特殊经济区域自由贸易创新联盟等平台的合作,促进产业链、供应链、价值链的深度对接,共同营造更统一、稳定、可预期的市场环境。一是与京津冀区域经济一体化对接,促进陕西省的企业与北京、天津等地国有大型企业在技术、资金、服务等领域深度合作,促进科研机构、企业建立产学研交流合作关系,加快推进高科技成果市场化转化,加强与北京、天津等地高校建立教育领域的信息共享机制,为自贸试验区发展提供高素质的人才队伍。二是与长三角一体化发展相适应,借鉴上海自贸试验区的

经验，制定有关鼓励类产业指导目录、投融资和税收等方面的政策，增强其在政策和制度上的创新性。积极承接长三角地区的高端应用产业向外梯度转移，向苏州、杭州、温州等地的企业家学习，吸引更多企业来陕投资创业。三是与粤港澳大湾区接轨，深化经贸、产业、文化、旅游等方面的合作，支持陕西各种高品质的农产品及特色优势产品通过粤港澳大湾区向海外出口。四是与长江经济带结合，进一步加强陕西与成渝地区双城经济圈、长江中游城市群等长江流域重要城市群的经济联系，充分利用长江黄金水道、沿江高速铁路和西部陆海新通道，借鉴长江经济带"生态优先、绿色发展"的经验，推动自贸试验区绿色转型。五是与黄河流域的结合，加强与关中平原城市群等的联系，深化人才、科技、产业和重大基础设施等方面的交流，加强与黄河流域有关区域的清洁能源发展和利用方面的合作，共建一批新的绿色能源发展和运输项目。

（六）聚焦"一带一路"建设，提升服务国家战略能力

1.完善服务对外开放的基础设施

首先，高质量建设中欧班列西安集结中心。进一步推动西安国际港务区基础配套设施建设，加强陆港基础设施建设、现代化集输运体系建设，提供便利高效的运输服务，全面提升中欧班列（长安号）对境内外资源的协调与整合作用，进一步挖掘中欧班列（长安号）在对外经贸领域的金融服务平台作用，提升全流程服务的综合效能，持续拓展服务平台开放的深度与广度，增强对外开放的动力和活力。构建西安与沿海港口的协同机制，拓展铁路与海运联合的深度与广度，打造中部地区与共建"一带一路"国家深度交流的国际综合交通枢纽。加强中哈西安商贸物流基地建设与基础交通设施建设，并与哈铁企业建立深度合作关系。其次，高质量建设西安国际航空枢纽。支持高标准优化中欧班列产业集群，加强物流、产业、贸易的进一步融合，强化产业集群效应。建设西安空港枢纽卡车航班中心，形成"空—公—铁"多式联运的无缝衔接，提高市内、城际及国际的物流集散和中转能力，建成连接东西南北、辐射全球的综合性物流枢纽，进而推动西安国际

航空枢纽和国家临空经济示范区的建设。加快发挥政策叠加的优势，积极推动第五航权的应用及服务创新，大力发展保税维修服务，加大"直装直提"等措施的力度，探索实施国际中转旅客和行李免检，推行中性电子运单制度。最后，提升智慧海关建设水平。持续推进体制改革，推广新技术、新模式，进一步加强关检业务融合，不断提升海关智慧化管理水平，强化源头管控，实现全方位核查，构建全产业监管网络，真正做到全方位监管。不断完善口岸设施和环境，提升风险和信用管理的可量化、可视化水平，以数字技术提升管理水平、提高口岸监管效能，进一步提升跨境贸易便利化程度，支持跨境电商等新兴业态发展。

2. 创新发展开放型经济

坚持以"一带一路"建设为核心，加强经济技术交流，推进国际产能合作，构建产业链协同机制，加强与共建"一带一路"国家和地区在核心零部件、高端技术、核心基础材料领域的合作。持续深化高端技术的交流与合作，尤其是在人工智能、大数据、生物医学等领域拓展合作深度与广度，推进"数字丝绸之路"与"创新丝绸之路"高质量发展。不断加强与第三方市场的深度融合，尤其是在与邻国的第三方的重点工程、合作文件上的合作，实现互惠双赢。加强数字经济对传统贸易和商业模式的改进，促进线上与线下的联动，推动跨境电商、会展产业高质量发展。

3. 提升国际品牌形象和影响力

发挥自贸试验区的对外开放高地优势，加强陕西与共建"一带一路"国家在文化、体育、教育等领域的交流，以及在学术交流、人才培养、科学研究、医疗卫生、绿色低碳等方面的合作，开辟新兴领域的合作空间，构建协同合作机制及联合工作体系。深度挖掘陕西历史文化资源及其独特优势、当代价值，促进陕西优秀传统文化的创造性转化与创新性发展，推动品牌建设，把戏曲、影视、演艺等特色文化品牌做大做强，积极扩大其与其他国家和地区的文化交流，提高陕西地域文化的国际影响力。同时，加强传统文化与现代产业的融合，加强区域文化创意产业、旅游业等相关产业发展。

参考文献

轩辕杨子：《今年已形成 6 项国家级制度创新成果》，《西安日报》2023 年 11 月 9 日。

轩辕杨子：《合力建设新亚欧陆海联运通道》，《西安日报》2023 年 3 月 31 日。

轩辕杨子：《中国（陕西）自由贸易试验区发布六年成绩单》，《西安日报》2023 年 4 月 1 日。

潘辉：《上海自贸区国际转口贸易功能提升研究》，《国际商务研究》2022 年第 2 期。

王铁山：《推进高水平对外开放》，《西部大开发》2023 年第 1 期。

蔚冬、王超、孙璐：《外汇管理服务自贸区探索》，《中国金融》2022 年第 15 期。

胡艺、张义坤、刘凯：《内陆型自贸区的经济外部性："辐射效应"还是"虹吸效应"？》，《世界经济研究》2022 年第 2 期。

B.12
加快建设西汉蓉航空产业带研究

段　婕*

摘　要：　航空产业是国家综合实力的重要标志之一，建设航空产业带可以提升国家在国际航空市场的竞争力，增加国家的软实力和国际影响力。本文在界定航空产业带内涵的基础上，从地理空间、经济基础、产业基础、人力资源、区域协同、发展机遇方面分析了建设西汉蓉航空产业带的基础优势，针对产业配套设施不完善、高技术人才流失严重、市场竞争优势不足、产业资源要素趋紧、生态协同基础薄弱、产业同质化现象凸显等短板问题，找出政府政策、资源要素、市场竞争、产业体系、合作协同、环境保护等关键影响因素，提出加快建设西汉蓉航空产业带的对策建议：规划引领，政策支持，引导航空产业带科学发展；设施先行，完善配套，构建产业创新生态环境；自主创新、技术攻关，带动产业结构优化升级；资源整合，区域协同，实施差异化发展战略；环境保护，共筑生态，推动航空产业高质量发展；拓展市场，树立品牌，提升航空产业国际竞争力。

关键词：　航空产业　西汉蓉航空产业带　产业配套

一　问题的提出

航空产业的发展水平是国家工业基础、科技水平、国防实力、综合国力的重要标志和综合体现。航空产业在保持国家经济活力、提升国家在国际航

---

* 段婕，博士，西北工业大学西部产业经济研究所所长，硕士生导师，研究方向为产业经济。

空市场的竞争力、增加国家工业软实力和国际影响力等方面具有重要地位。党的十八大以来，我国提出加快建设"航空强国"的明确要求，强调"为把我国建设成为航空强国而不懈奋斗""为实现民航强国目标、为实现中华民族伟大复兴再立新功"，提出了新时代航空事业的发展方向，规划了蓝图。陕西省是我国中大型飞机设计、研发、试飞、生产的重要基地，拥有全国1/4的航空专业人才和高精尖设备，也具有一批独占性的航空产业资源。航空配套能力、研制水平和综合实力也位居全国前列。西汉高速、宝成铁路复线以及西成高铁相继建成通车，西安、汉中、成都三座飞机城之间形成了"一轴三城"的发展格局。为做大做强陕西航空产业，实现区域航空产业链协同发展，陕西省在"十四五"规划中明确提出要建设西汉蓉航空产业带，即依托西安、汉中、成都的航空产业基础和西飞、陕飞、成飞等航空企业，大力发展航空产业，打造航空产业链，形成贯通西安、汉中、成都的区域性航空产业带。这一战略不仅有助于面向重大需求、技术瓶颈和科技前沿，完善航空产业创新体系，推进航空产业创新链、产业链和服务链的协同发展和深度融合，激发产业发展新动能；而且对推动区域经济发展、提升科技创新和可持续发展能力、增强在全球航空产业中的竞争力具有重要意义。

二　航空产业带的内涵

（一）内涵

航空产业主要包括航空器制造、航空器运营两大主要子行业，其中主要涉及飞机制造、直升机制造、发动机制造等航空制造业细分领域，涵盖商业航空、通用航空、军用航空三大航空器运营领域以及相关行业所组成的业态总称，包括为上述产业提供配套支撑的科研教育、交通运输、公共管理、配套服务等经济活动，以及航空产业直接或间接带动的相关农业、制造业和服务业内容（见图1），具有技术水平高、资金大、附加值高、产业链长、辐射面广、乘数效应大、带动性强、垄断现象明显等特点。

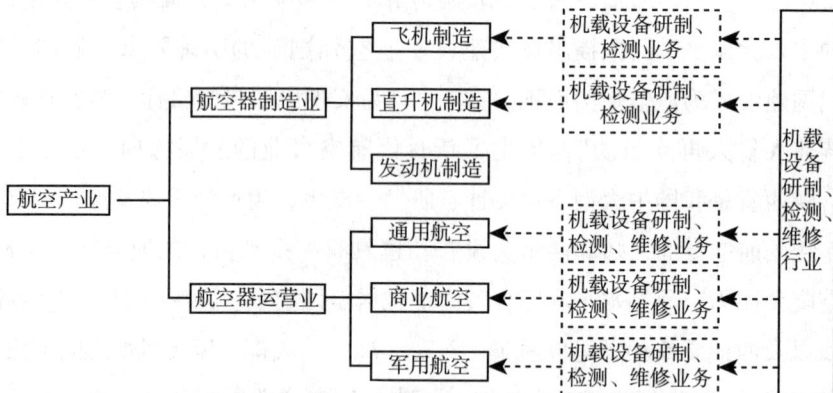

图1 航空产业示意

航空产业带是指以航空产业为核心，以航空制造、研发、运营等产业为重点，集聚了航空制造、航空维修与维护、航空物流、航空旅游等一系列相互关联、相互促进产业的区域经济发展带。航空产业带一般会选择在交通便利、资源丰富、市场发达、科技创新能力强的地区建设，以便于航空产业的发展和协同效应的形成，具有空间构成条带性、多种产业构成复杂性、经济规模、经济增长高速动态性、产业带整体开放性的特征。具有极化效应和扩散效应，可以有效地以非均衡增长的方式带动整体经济的发展。

航空产业带的建设对于促进经济发展、推动科技创新、提升国际竞争力和推动城市发展都具有重要的意义。航空产业带的建设一方面可以推动当地经济的发展，带动当地城市的发展，吸引大量的人才和资本流入，提升城市的发展水平和品质，改善城市的环境和生活条件，提高人民收入水平，促进区域经济的共同繁荣。另一方面可以聚集相关高科技企业和人才，促进科技创新的交流与合作，推动科技进步和产业升级，增强国际竞争力。

（二）定位

西汉蓉航空产业带是依托交通干线，以地理区划为发展基础，以西安、成都中心城市为增长极，以汉中为重要节点集聚而成，围绕相互关联的航空产业部门，集中航空产业优势资源形成的具有特定结构、功能、层次的航空产业集聚区域发展航空产业的线状空间地域综合体。西汉蓉航空产业带建设将以承接国家战略需求、发展区域经济等为出发点，综合区域经济结构、产业布局、资源状况、经济发展水平等要素资源，以航空产业发展为核心，以物资通道为保障，以城市功能为基础，实现三者之间有机融合、联动发展，加快航空产业转型升级，提升航空产业综合竞争力。通过建设西汉蓉航空产业带，聚焦航空产业发展，主动融入国内大循环和"一带一路"大格局，积极连接都市经济圈。

（三）发展模式

航空经济带是航空货运枢纽、临空经济、区域经济以及产业经济等经济模式的重要体现，也是实现产业化、市场化、全球化战略目标的重要路径。根据在市场经济中的不同表现，目前，国际上航空经济带大致可以分为"交通枢纽型"（如美国亚特兰大航空经济区）、"制造经济型"（如荷兰史基浦航空经济区）、"物流经济型"（如美国孟菲斯航空经济区）、"金融贸易型"（如美国纽约航空经济区）等四大基础类型。

（四）国内外发展

目前，全球范围内的航空产业带发展较为活跃，各地区都在积极推动航空产业带的建设和发展。一是美国航空产业带。美国是全球领先的航空产业大国，拥有庞大的航空制造、航空研发和航空服务企业。美国航空产业带主要集中在西海岸的加州、西雅图等地，以及东海岸的佛罗里达州等地。这些地区拥有世界一流的航空制造和研发能力，同时也是全球航空公司的重要基地。二是欧洲航空产业带。欧洲也是一个重要的航空产业发展地区，德国、法国、英国等国家在航空制造、航空研发和航空服务方面具有较强的实力。例如，德国的汉堡和法兰克福等地都是航空产业的重要集聚区。三是新兴市场的航空产业带。除了传统航空产业带外，一些新兴市场也开始崛起，积极发展航空产业。例如，巴西的圣保罗、墨西哥的墨西哥城等地都在发展航空制造和航空服务产业。四是亚洲航空产业带。中国、日本、韩国等国家都在积极推动航空产业带的建设。中国的上海、北京、广州等城市拥有庞大的航空制造和航空服务企业，成为亚洲航空产业的重要中心。随着全球航空市场的不断扩大和技术的不断进步，航空产业带将会继续发展壮大。

三 建设西汉蓉航空产业带基础优势

丰富的航空资源和优势条件是航空工业优化发展的重要前提，西汉蓉航空产业带涉及的区域均处于中国西部地区，均为三线建设时期重要的国防工业基地，也是西部大开发战略实施的重要支点，拥有大量土地、矿产等自然资源，也拥有产业发展、区域经济以及人力资源等优势。

（一）地理空间优势

西安是西北地区的经济中心、文化中心、科教中心和对外交往中心，地处中国陆地版图中心、中国中西部两大经济区域的结合部，具有明显的航空枢纽优势。汉中市凭借其沟通东西、承接南北、辐射陕甘川渝的地理位置优势，成为关天、成渝、江汉三大经济圈重要节点城市，特别是西成高铁正式通车，大大缩短了其与西安、成都等西部中心城市的距离，沟通西北、连接西南、进入华中的枢纽作用更加凸显。成都市位于"一带一路"和长江经济带重要交汇点，是西部地区重要的中心城市、电子信息产业基地，是西南地区的科技中心、商贸中心、金融中心和交通通信枢纽，是成渝地区双城经济圈核心城市、区域经济中心、科技中心，航空枢纽地位凸显。

（二）经济基础优势

西安市2022年地区生产总值11486.51亿元，比上年增长4.4%，居全国省会城市第11名、地级市第22名。其中，第二产业增加值4071.56亿元，增长10.7%；规模以上工业增加值比上年增长13.9%；规模以上战略性新兴产业总产值增长37.1%；高技术制造业总产值增长22.2%；装备制造业总产值增长 29.2%。汉中市 2022 年生产总值 1905.45 亿元，比上年增长 4.3%。第二产业增加值 828.38 亿元，增长 5.8%；规模以上工业完成总产值 1927.22 亿元，同比增长 4.1%；规模以上工业增加值增长 5.4%；装备制造业完成产值 546.05 亿元，增长 6.6%；高技术制造业完成产值 493.24 亿元，增长 6.6%。装备制造、现代材料、绿色食药三大主导产业产值占比为 87.8%；"汉西欧"中亚国际班列首发开行，实际利用外资、进出口总额分别增长 31%、15%。成都市 2022 年地区生产总值 20817.5 亿元，按可比价格计算，比上年增长 2.8%，居全国省会城市第 2 名、地级市第 7 名。其中，第二产业增加值 6404.1 亿元，增长 5.5%；规模以上工业增加值比上年增长 5.6%；航空航天器及设备制造业较上年增长近 12.7%。①

（三）产业基础优势

西安目前已经形成了飞机设计、整机制造、试飞鉴定、强度检测、专用装备制造、航空材料制备、零部件加工、航空服务、人才培养等较为完善的航空工业体系，综合实力居全国前列。拥有一批知名高校、科研院所以及龙头企业，围绕航空产业链进行配套生产的企业有 1000 余家，从业人员 12 万余人。西安市航空产业中产品种类较为齐全，主要有大中型运输机、轰炸机、特种飞机等，同时承担新支线客机 ARJ21、大型客机 C919、大型水陆两栖飞机 AG600 等国内外大中型民用飞机机体部件设计、制造、配套与服务任务，产业链较为完整。

汉中是主要的飞机研发制造基地之一，已形成涵盖飞机研发、设计、制造、试验、试飞、鉴定、交付、运营、培训、售后服务等的较为完整的产业体系。汇聚了万利航空、朝阳机械等一大批专精特新行业龙头企业。依托陕飞公司等核心企业，大力发展航空配套产业，形成了以飞机研发制造、通航运营、航空精密零部件加工为核心，以航空电子、航空新材料、航空维修为辅助的六大军民融合产业，产业集聚度和竞争力不断提升，发展航空装备制

---

① 《2022 年西安市国民经济和社会发展统计公报》，http://www.shaanxi.gov.cn。

造业基础坚实。

成都是我国四大飞机制造基地之一，拥有众多科研院所、生产制造企业和实验研究基地，具有较完整的飞机和航空发动机总体设计、总装制造、系统集成和验证试验体系。民用航空工业领域发展水平较高，产业基础水平、技术能力、人才资源数量位居全国前列，从事航空及相关领域的企事业单位230余家，从业人数近10万人。拥有我国唯一的高空模拟试车台和唯一的飞行器空气动力性能验证评估平台，在飞行器总体设计制造、航空发动机研制、航电系统研制和航空先进材料制造等方面处于国内领先水平，形成了较强的航空产业基础。

（四）人力资源优势

西安拥有丰富的航空产业人才储备，有西北工业大学、西安交通大学等"双一流"高校7所。2022年末，西安市共有普通高等学校（本专科）63所，在校学生83.56万人，毕业生21.73万人；研究生培养单位43所，在校学生17.76万人，毕业生3.95万人。西安拥有中国飞行试验研究院等科研机构。[①]

汉中市依托陕西理工大学、陕西省航空职业技术学院、汉中职业技术学院、陕西机械高级技工学校等高等院校，累计输送职业教育优秀毕业生6万余人，培养了大批航空产业所需的高技能人才，未来还将通过"天汉英才"计划吸纳8000名以上高校毕业生来汉发展，带动汉中航空装备制造产业的技术进步。[②]

成都则拥有中国民航飞行学院等丰富的人才培养资源，为航空产业提供了有力的人才支持。2022年成都市共有高校65所，在校学生116.4万人，其中本专科学生103.5万人，研究生10.9万人，博士研究生2.0万人，专任教师5.6万人。拥有国家级科技创新平台139家，全年实施关键核心技术

---

① 《2022年西安市国民经济和社会发展统计公报》，http：//www.shaanxi.gov.cn。
② 《2022年汉中市国民经济和社会发展统计公报》，http：//www.shaanxi.gov.cn。

攻关重点研发项目 128 个。2022 年全市高新技术产业营业收入 12684.7 亿元，年末共有高新技术企业 11463 家，比上年末增长 44.9%。[①]

（五）区域协同优势

根据《汉中主动融入西安都市圈　推动西安汉中协同发展框架协议》，一是在主导产业协同发展方面，推动两市航空产业在飞机研制、零部件制造等方面深度合作，将"西汉蓉"航空产业带发展上升为国家战略。二是在基础设施互联互通方面，强化汉中城固机场与西安咸阳国际机场协作联系，推动汉中城固机场建成陕西副枢纽机场。三是在科创资源统筹共享方面，共建沿西成高铁科创大走廊；推动汉中经开区、航空经开区与西部创新港、西咸新区、西安高新区结对建设创新合作示范区；建立两市跨区域、多模式产业技术创新联合攻关机制。

西汉蓉航空产业带连接了西安、汉中、成都三座飞机城，拥有丰富的航空资源和潜力。通过航空产业带建设可以吸引上下游企业集聚发展，围绕西飞、陕飞、成飞三大龙头飞机制造企业，西汉蓉航空产业带已经初步形成了集飞机研发、零部件配套、整机制造、试飞于一体的航空产业链，形成了产业集群集聚效应，配套推进了航空周边产业发展，极大地推动了区域经济发展。西汉蓉航空产业带有利于航空产业的技术创新和成果转化，推动区域科技创新与合作，实现共同发展，提升航空产业整体竞争力。

从三市航空产业布局来看，西安市航空产业覆盖面较广，在综合制造、机体制造、动力系统、机载设备、地面设施、零部件制造及维修服务方面均有涉及。汉中市航空产业聚焦于民机部件与民航产品零件生产制造，生产航空仪表机载设备。成都市航空产业覆盖面同样较为广泛，在 28 家民航工业企业中，有 8 家企业提供维修服务，涉及整机维修、发动机维修以及针对性部件维修。成都市在航空产品维修服务方面具有鲜明的优势。

[①] 《关于成都市 2022 年国民经济与社会发展计划执行情况及 2023 年国民经济和社会发展计划草案的报告》，http://cddrc.chengdu.gov.cn。

（六）发展机遇优势

首先，国家政策支持力度大。近年来国家出台了一系列政策措施，支持航空产业转型升级，为西汉蓉航空产业带发展提供了良好的政策环境。在产业转型升级方面，航空产业已经成为促进经济高质量发展的重要增长点。其次，我国航空产业快速发展，对航空器及零部件的需求不断增加，旅游、商务、货运等需求也持续增长，市场需求空间巨大。加之中国航空业仍处于成长阶段，乘机渗透率远低于发达国家，且伴随经济增长，人均乘机次数有较大的提升空间。随着人们出行需求的增长以及航空货运需求的提升，国内外市场对航空产业的需求将持续增长。西安、汉中、成都航空产业具备较强的生产能力和研发实力，要抓住市场机遇，实现快速发展。最后，国际合作前景广阔。三市航空产业与国际航空产业合作密切，举办了一系列国际航空产业合作活动，推动了产业技术创新和国际化发展。随着我国航空产业的不断发展，国际合作空间不断扩大。西安、汉中、成都航空产业可以借助国际航空产业合作平台，提升我国航空产业竞争力。通过抓住这些机遇，加强产业协同发展，推动技术创新，提高产业整体竞争力。

四　建设西汉蓉航空产业带面临的瓶颈

西安、汉中、成都三市航空产业发展既有优势，也面临困境。加快建设西汉蓉航空产业带不仅可以加强三市间航空产业发展的联系，而且能够促进三市间的资源流通与产业链互补配套，更好发挥各自优势，携手应对外部冲击与内部挑战，紧抓发展机遇，促进航空产业高质量发展。

（一）西汉蓉航空产业带建设存在的短板

一是产业配套设施不完善。航空产业是一个高度集成化的产业，需要完善的产业链和供应链支持。航空产业链较长，涉及多个环节。西安、汉中、成都三市不仅在航空产业链部分环节存在短板，需要进一步完善产业链、提高整体竞争力；基础设施不够发达，投资不足，政策支持不够，相关产业发展滞后，三个城市的航空器维修、航空物流等产业配套设施尚不完善等原因，影响了产业可持续发展。

二是高技术人才流失严重。航空产业是一个高度技术密集型产业，对人才的需求大、要求较高，尤其需要研发、管理等方面的航空高技术人才。随着国内外众多城市都在积极发展航空产业，航空产业竞争激烈，西安部分航空领域高技术人才流向沿海地区或其他城市，人才流失问题严重。

三是市场竞争优势不足。航空产业是全球竞争最激烈的产业之一，受到宏观经济、政策、市场需求等多方面因素影响，在技术、品牌、市场等方面将面临较大的市场竞争压力。例如，汉中航空产业虽然有一定的基础，但与成都、西安等城市相比，产业规模相对较小，产业规模仍有待提升。另外，地理位置相对偏远，周边的交通基础设施尚需进一步完善，对航空产业的发展和合作有一定影响。汉中位于陕西省南部，地理位置相对偏远，影响了汉中航空产业与外部资源的交流和合作，限制了产业发展的便利性。此外，西安、汉中、成都航空产业科技创新差距明显，尤其是在技术研发和创新方面还存在不足，需要不断提高研发投入和技术创新能力。

四是产业资源要素趋紧。一方面，航空产业投资需求大、回报周期长，航空企业面临较大的融资压力。需要降低融资成本，构建多元化的融资渠道，为企业发展提供资金支持。另一方面，空域资源是航空产业发展的关键要素。随着航空产业的快速发展，空域资源紧张问题日益凸显。例如，成都航空枢纽地位造成的航空流量大、空域管理复杂等因素促使空域资源日益紧张，对航空产业的发展也产生一定的制约。西安、汉中、成都航空产业需要关注空域资源管理，提高空域利用效率。

五是生态协同基础薄弱。由于航空产业的发展模式、技术水平、管理措施等问题，航空产业在发展过程中造成的环境污染、噪声等问题日益突出，面临着环境保护和可持续发展的压力。而各地区生态协同治理机制尚未形成，生态补偿机制依然不健全，节能环保技术有待改进，碳排放交易制度尚未建立，制约着三市航空制造业的快速发展。

六是产业同质化现象凸显。随着产业规模扩大和产业链的延伸，不同的产业物资需求和城市服务需求指向，驱使资源要素逐渐向贸易活跃度更高的城市和物资更丰富的区域扩展，需要找准自身产业发展定位和特色。尽管在空间上有着完全不同的发展原点和发展路径，但西安、汉中、成都三市均在积极发展航空产业，都以机场为中心，均涉及相关型号的军品和民品生产制造与配套服务，同质化竞争较为严重。

（二）影响西汉蓉航空产业带建设的因素

一是政府政策。政府政策对航空产业发展具有重要的引导和支持作用，尤其是国家政策对航空产业的支持力度、地方政策对航空产业发展的重视程度以及政策执行效果等都会影响航空产业带的建设发展。航空产业带建设需要在基础设施建设、企业技术研发、人才培训等方面投入大量资金，政府、企业和社会资本的投资意愿、融资渠道和融资成本等都会影响航空产业带的建设。需要在政策制定、资金投入、产业规划等方面出台相关政策，对航空产业进行扶持，鼓励企业投资和技术创新，推动西汉蓉航空产业带的协同发展。

二是资源要素。一方面缺乏健全的人才培养机制、人才引进政策、人才激励措施，造成航空产业所需高端设计、研发、管理人才的流失与匮乏；在人才引进和培养方面还需加大力度，解决人才短缺和人才流失问题。另一方面空域资源规划不足、空域利用效率有限、空域资源紧张等空域管理方面问题，对西汉蓉航空产业带产生影响。西安、汉中、成都航空产业带需要关注空域资源管理，提高空域利用效率，满足产业发展需求。此外，当前各地均不同程度承担了航空产品的研制工作，竞争局面较为活跃，但航空产业自身具有一定的涉密性，区域间的合作交流机制尚不完善，产业资源利用效率较低，资源流动受阻。

三是市场竞争。首先，市场需求是航空产业发展的关键驱动因素。航空产品的市场需求、航空服务的市场需求、航空产业上下游产业链的市场需求等都会对西安、汉中、成都航空产业发展产生影响。需要政府和企业关注市场需求变化，引导产业转型升级，满足市场和客户需求。其次，航空企业在规模、技术实力、品牌影响力、市场开拓能力等方面的竞争力是影响产业发展的重要因素。

四是产业体系。首先，航空产业带建设需要完善产业链，提高产业配套能力，促进产业协同发展。航空产业链较长，涉及多个环节。西安、汉中、成都航空产业链在完整程度、配套能力、协同效应等方面的发展状况，尤其是产业链建设不够完善将影响航空产业带的发展。其次，西安、汉中、成都航空产业在技术研发实力、技术创新能力、技术引进与消化吸收等方面的发展水平有待提升，将直接影响航空产业带的发展。最后，产业整体结构的欠合理，引发社会积累不足，制约了产业带的建立与发展。

五是合作协同。航空产业带的建设需要以航空产业发展为核心，以物资通道为保障，以城市功能为基础，实现三个城市之间航空产业的资源禀赋互补、有机融合、联动发展。但目前在区域间的合作与协同发展、产业分工与协作等方面仍存在不足，对航空产业带发展产生影响。

六是环境保护。航空产业在发展过程中需要关注环境保护和可持续发展。节能减排、环境保护、资源利用等方面的发展水平，将对航空产业产生影响。采取有效措施减少环境污染和噪声，提高产业发展质量。

五　加快建设西汉蓉航空产业带的对策建议

（一）规划引领，政策支持，引导航空产业带科学发展

航空产业带建设是一个复杂的系统工程，涉及政策、资金、技术、人才等多个方面。由于西汉蓉航空产业带跨度大、覆盖空间范围大，需要充分调动各方力量，集中实施该项系统工程。航空产业带建设需要各方共同努力，加强政策支持，完善产业配套设施，培养人才，促进产业协同创新等，推动航空产业持续健康发展。一方面，在空间规划设计上强调的是产业的需求导向和市场导向，以及未来的发展空间等；以航空经济区的服务需求指向为规

划设计方向，强调依托中心城市和次级城市，弱化航空经济区的城市功能，为产业的未来发展留出最大的发展空间；在规划设计上，强调的是其服务性和多样性等，以服务于产业和市场、促进产业和市场发展为宗旨，以基础资源市场为起点，导入、培育多元化的先发产业（外生龙头产业、内生优势产业），建设多元化的产业资源市场，在城市、市场、机场和产业区之间建立无缝连接的通道。

另一方面，加大各级政府对航空产业带发展的财政补贴、税收优惠、产业政策引导等政策支持力度，继续深化"放管服"改革，为航空产业发展创造良好环境。特别是在基础设施建设、研发创新、人才引进等方面加大对航空产业的投资力度。推动民用航空与军用航空的技术交流和资源共享，促进军民融合航空产业的发展。建立完善包括维修设施、维修人员、维修技术等在内的航空维修体系，加强航空维修能力和技术研发，提高维修保障水平。优化西安、汉中、成都等地现有的航空产业园，打造成航空产业集聚区，鼓励国内外企业投资航空产业，提供土地、办公场所、基础设施等支持，并吸引航空制造、维修、研发等企业入驻。

（二）设施先行，完善配套，构建产业创新生态环境

一是加强航空产业基础设施建设，提高机场的吞吐能力和运行效率。同时，完善航空交通管制系统，提高空域利用效率，形成完整的航空产业体系。二是西安、汉中、成都中心城市建设，推进实施区域重大交通工程，积极做大、做强产业带重要航空设施，在航线布局等方面合理分工，在西汉蓉航空产业带沿线建立起立体综合交通基础设施，加强次级区域经济空间合作建设，努力加强西安、成都、汉中与外围的经济联系。三是以产业链为主线，以园区为载体，发展包括飞机制造、发动机制造、航空器零部件制造等在内的产业链，形成完整的航空制造体系。促进产业链上下游企业集聚发展。四是引进和培养一批具有国际视野和创新能力的航空产业领军人才，加大航空领域人才培养力度，加强与高校、科研院所的合作，培养包括飞行员、空管员、维修人员等在内的各类航空人才；提高人才待遇，吸引国内外

优秀人才加入航空产业。加强航空领域的教育体系建设，设立相关学院或研究中心，并与企业合作开展实践项目，培养专业人才。五是优化与创新航班调度、航路规划、流量管理等方面航空交通管理系统，提高航空交通效率和安全性。同时，探索无人机空域管理技术，确保无人机飞行的安全和有序。推进空中交通管理系统的创新与升级，包括流量管理、冲突解决以及无人机空域管理等方面，确保航空交通的安全有序运行。

（三）自主创新，进行技术攻关，带动产业结构优化升级

一是提高企业自主研发和生产能力，进行产品研发和技术创新，并建立科技创新平台，促进技术共享与转化，降低对国外技术的依赖。推动航空企业数字化转型，包括航空设计、制造、运营和维护等各个环节的数字化升级，提高效率、降低成本。二是航空产业对先进材料的需求非常高，加大对先进材料的研究和开发力度，如复合材料、高温合金等，开展新型材料的研究与应用，如先进复合材料、金属3D打印等，提高飞机的轻量化设计和制造效率。推动智能制造技术在航空领域的应用，满足航空产业的需求。三是加强对航空电子设备和通信技术的研究与创新，提高飞行安全性和通信效率。例如，在飞行控制系统、导航系统和通信系统等方面进行技术改进。推动智能制造和自动化技术在航空制造过程中的应用，引入机器人技术、数字化仿真等先进技术手段，提高生产效率、质量和安全性。四是加强无人机相关技术的研究与创新，探索无人系统的研究与开发，如自主导航系统、智能感知系统等技术及其应用领域，尤其是在农业植保、物流配送、灾害监测等领域的应用潜力。开展智能飞行系统的研究与创新，包括自主导航、智能感知和决策等方面。提高飞行安全性、自适应性和操作效率。五是开发智能化的航空服务与维护系统，通过数据分析和预测技术提高飞机运行效率和维修质量，例如，基于大数据分析的故障预测与维修优化系统。利用大数据分析和人工智能技术，对航空领域的数据进行挖掘和分析。通过预测维修需求、优化航班调度等方式提高运营效率。

（四）资源整合，区域协同，实施差异化发展战略

一是通过参加国内外航空展览会、论坛等活动，扩大航空产业带平台与其他地区的航空产业园区、企业、研究机构进行合作与交流的机会，共享资源和经验。二是加强航空企业在航空零部件供应链管理、合作研发等方面的深入合作，实现企业间合作与资源共享，促进航空产业链各环节之间的协同创新。三是通过区域间产业转移与承接、深化民用航空产业内部的分工与合作等方式实现资源要素的最优配置，最终形成区域间良性循环的互动模式，驱动区域间产业合作下的经济高质量发展。四是发挥汉中在西汉蓉航空产业带中的中心节点的传导作用，主动沟通西安、成都两市，发挥政府间沟通的桥梁作用。以陕飞新型中型运输机开发为牵引，提升集群化配套能力、集约化保障能力、集聚化承载能力、集成化产品能力、集效化创新能力。五是西安、汉中、成都三个航空产业城，以提高设计研发和原材料供应水平作为上游重点任务，以发展航空装备制造业为中游重点任务，以航空应用及配套服务作为下游重点任务，强化区域航空产业链协同发展。

根据各城市特点和优势，引导航空产业差异化发展，避免同质化竞争，形成各自特色和优势。首先，西安将以"强链、构链、扩链、延链"的产业链发展思路，将飞机制造、航空发动机制造作为产业集群的发展重点，加快航空基地建设，发展军用飞机、民用客机与通用航空飞机整机制造，推动产业链深度融合。其次，汉中将通过发展整机制造、零部件配套、航电设备、无人机制造、飞机维修服务，延伸产业链，加快聚集一批高质量航空装备制造企业和航空上下游配套企业，全力打造高品质、高能级、高端化的千亿级航空产业集群。最后，将成都聚焦在全面增强整机装备研制能力、全面提升航空发动机研制水平、优化提升机载和航电设备研制能级、全面提升民机关键大部件总装集成水平、大力发展航空维修服务和再制造、积极培育机场地面设备和空管设备六大发展重点领域。

（五）环境保护，共筑生态，推动航空产业高质量发展

一是在航空产业发展的同时，注重生态保护与修复，保护生态环境，防止生态破坏。制定航空产业发展政策时，应充分考虑环保因素，将环保要求融入政策制定中。二是在航空产业发展过程中，注重环境保护和可持续发展，推动航空企业实施节能减排计划，通过提高运营效率、优化飞行路线、使用清洁能源等方式，减少航空产业对环境的影响。探索新型动力系统、轻量化设计以及可再生能源在航空领域的应用。三是通过深化央地合作、企地合作，加强航空产业节能减排技术研发和应用，推动产业绿色发展，实现航空产业与环境和谐共生。研究和开发环保型飞机和相关技术，鼓励和支持航空企业研发和应用绿色航空技术，例如节能飞机设计、环保发动机技术、可持续航空燃料生产等，降低航空器能耗和排放。四是研发高效节能的航空发动机，包括涡扇发动机、涡轮螺旋桨发动机等。通过提高推力、降低燃油消耗和减少排放，实现环保和经济可行性的平衡。研发航空电动化技术，推动电动飞机和无人机的研究与应用，实现环保和可持续发展。五是在航空器设计、制造、运营和退役等全过程中，实施全生命周期评估，确保各个环节都符合环保要求。建立完善的航空环境监测系统，对航空器噪声、燃油泄漏、废弃物排放等进行实时监测和管理，确保航空产业对环境的影响降到最低。

（六）拓展市场，树立品牌，提升航空产业国际竞争力

一是加强航空枢纽建设，提升航空枢纽的运营效率和吞吐量，增强航空产业竞争力。例如，可以加强基础设施建设，提高航班中转效率，增加机场连通性等。同时加强空域资源规划和管理，提高空域利用效率，缓解空域资源紧张问题。二是推动航空货运与物流企业的发展，拓展国内外航空物流市场。加强航空旅游产品和服务的开发、航空旅游宣传和推广，推动航空旅游产业发展。三是优化航空产业链供应链布局，推动航空产业链上下游企业加强合作，形成以航空运营为主、航空物流为支撑、航空维修制造为特色的布局，实现产业链关键环节的多元化和分散化，提高产业链供应链的稳定性和

抗风险能力。四是加强城市品牌形象建设，提高城市的知名度和影响力，吸引更多企业投资航空产业。提升航空产业整体形象，营造良好的产业发展氛围。五是加强与国内外航空产业发达地区的交流合作，推动国际航空产业合作项目的落地实施，引进先进技术和管理经验，促进产业升级。六是加强产业链上下游企业之间的沟通与协作、技术交流和市场合作，提高整个产业链的协同水平。

参考文献

郑斐摄：《建议建设西汉蓉航空产业带》，《陕西日报》2022年1月22日。

高振博：《围绕"链主"企业做文章》，《陕西日报》2022年8月15日。

安达维尔：《同心筑梦，聚势启航》，《国际金融报》2017年12月4日。

刘宇巍：《租赁会计准则国际趋同对我国航空业的影响——以南航为例》，云南财经大学硕士学位论文，2017。

崔鹤鸣：《基于世界级城市群目标下的航空产业发展研究》，南京航空航天大学硕士学位论文，2019。

《入圈 破圈 出圈》，《陕西日报》2023年2月24日。

张从果、刘贤腾：《产业带内涵界定与发展演化探讨》，《特区经济》2008年第3期。

《西安市国民经济和社会发展第十四个五年规划和二〇三五年远景目标纲要》，《西安日报》2021年4月17日。

李晓敏、薛栋：《构建新能源汽车产业全国统一大市场的逻辑机制、现实挑战及路径选择》，《中州学刊》2023年第6期。

B.13
设计产业赋能西安"双中心"建设研究*

冉淑青 裴成荣**

摘 要： 在西安"双中心"建设过程中，设计产业能够助推基础科学研究、科技创新与产业发展的顺利衔接与有机结合，发展设计产业是充分发挥西安"双中心"对产业转型支撑作用的重要之举。当前，西安设计研发实力雄厚，科教人才优势突出，创新市场氛围活跃，创新平台基础良好，具备了坚实的产业基础，但同时也存在政策扶持体系不够完善、产业转化能力不足、园区集聚承载有待扩展等问题。借鉴北京、上海、深圳等"双中心"城市设计产业发展经验，在西安"双中心"建设过程中，应持续提升设计产业发展能级，推进专业设计园区载体建设，强化设计成果本地转化，积极举办赛展营造设计发展氛围，强化设计人才梯队建设，不断完善政策支持体系，以高水平的设计产业赋能西安"双中心"建设。

关键词： 设计产业 产业转型 西安"双中心"

2022年底，西安获批建设国家综合性科学中心和科技创新中心，成为继北京、上海以及粤港澳大湾区之后的第四个国家级"双中心"城市。自此，西安凭借优越的科教资源站在了国内最具含金量的科创平台之上。西安"双中心"建设不仅承载着国家创新驱动发展的希望，更在陕西加快构建支

---

* 本文为2024年陕西省软科学研究计划"西安'双中心'创新辐射带动周边地区协同创新机制研究"（项目编号：2024ZC-YBXM-092）阶段性研究成果。

** 冉淑青，陕西省社会科学院经济研究所副研究员，研究方向为城市经济与区域发展；裴成荣，陕西省社会科学院经济研究所所长，二级研究员，研究方向为城市与区域经济、产业经济。

撑有力的科技创新体系、以创新驱动引领高质量发展争做示范方面发挥着核心引领作用。西安拥有深厚的文化底蕴,以国家级科研院所为龙头的工业设计、科教资源富集,设计产业基础雄厚,是西安"双中心"建设过程中不可或缺的重要支撑力量。依托西安设计产业发展基础,推进西安设计产业的专业化、集聚化、多元化发展,对于推动产业转型升级、打造城市创新品牌形象、赋能"双中心"建设具有十分重要的现实意义。

一 设计产业发展对"双中心"城市建设的推动作用

世界设计组织 WDO〔原国际工业设计联合会(ICSID)〕明确提出,设计是一种应用在产品、服务、系统等中策略性解决问题的方式,是一种协同创新、技术、研究、商业以及消费者等的创新活动,能够为工业化生产提供经济、美学、文化上的高附加值。设计的主要目的是通过设计服务推动科技创新成果在实际生产过程中的渗透,使工业生产、人民生活体验等需求能够得到较好满足,其结果是在改善产品结构以及功能、外观与文化含义等基础上,能够重构优化物品所承载的原本实用价值,使产品附加值得以有效提升。从产业发展的视角来看,设计是科学与艺术的综合体,是以创新驱动发展的新兴产业,设计与制造业的互动融合也直接影响着制造业竞争力的全面提升。因此,设计也被誉为产业价值链最前端的明珠,对于产业升级具有"点石成金"的作用。从这个层面上来看,设计是创新的重要组成部分,设计产业的发展直接关系着相关产业发展的层次与高度,是推动国民经济转型升级的重要生产力。

"双中心"城市的重要使命是充分发挥综合性国家科学中心核心功能,依托基础科学研究和原始创新的重要载体平台建设,根据国家核心关键技术需求,直接产生最前沿最重要的基础科学原始创新内容,代表国家参与国际科技竞争;同时,作为国际科技创新中心,通过科技成果转化、产业升级,发挥科技对经济社会各领域的创新驱动作用,推动基础科学研究、技术创新到成果转化、创业孵化等环节的贯通串联。因此,对于肩负基础科研和科技创新功能的"双中心"城市而言，设计产业贯穿从科学研究到科技创新以及成果转化等整个过程。随着基础科学研究、科技创新以及产业化发展过程中的模块化分工趋势的发展，设计服务也逐渐从科技创新以及制造业发展中剥离出来独立成为重要的产业方向，成为发达国家或地区推动制造业全产业链创新、重塑全产业链价值的重要抓手。国外设计产业发展的经验表明，设计能够为制造业突破发展瓶颈注入强大的发展活力，进而推动国民经济的复苏与跨越发展。对于建设中的西安"双中心"而言，发挥西安自身设计研发基础优势，推进设计产业高质量发展，能够助推西安科学研究、科技创新与产业发展的顺利衔接与有机结合，是充分发挥西安"双中心"功能对产业转型发展支撑作用的重要之举。

二 西安"双中心"城市建设中的设计力量

西安在全国科教研发事业发展中占据重要地位，不论是设计机构数量和能级以及设计人才基础，还是创新氛围及创新机制，均为设计产业高质量发展奠定了坚实基础。

（一）设计研发实力雄厚

西安设计研发实力位居全国前列，尤其是在工业设计、交通设计、能源化工设计、建筑工程设计等领域具有明显优势。西安拥有国家重点实验室17个、国家工程技术研究中心7个，位居全国第五。三星、英特尔、美光、应用材料、中兴等50多家跨国企业在西安设立研发设计中心。据不完全统计，西安拥有各类设计机构超过1000家，设计企业超4万家，科学研究和技术服务企业超过7万家。其中，以航天动力设计、大飞机设计、船舶设计、重型装备设计、精密仪器设计、集成电路和软件设计等为代表的工业设计，以大型煤矿设计、油气管道工程设计、煤电水电设计、新能源设计为代表的能源化工设计等在国家重大战略实施过程中发挥了重要的作用。

（二）科教人才优势突出

西安设计研发人才实力雄厚，强大的高等教育力量以及优秀的设计人才队伍为设计研究提供了坚实的人力资源基础。西安拥有 64 所高校，"985""211" 高校数量分别居全国第 3 位和第 4 位，超过 100 万在校大学生中，每年毕业近 30 万人，其中，在与设计有关的 45 所高校和设计机构中，每年毕业生人数超过 2 万人，专业范围涵盖工业设计、能源设计、交通设计、建筑工程设计、文化创意设计等多个领域。此外，西安拥有各类在岗科技人员 100 多万人，规模以上工业企业研究与试验发展人员超过 6 万人，"两院"院士 72 人，总量居全国第 4 位。西安聚集了一批世界级设计大师和国内设计行业领军人才，设计人才储备充足。

（三）创新市场氛围活跃

根据《西安知识产权发展与保护状况（2022 年）》白皮书，截至 2022 年 12 月底，西安拥有有效发明专利 74088 件，每万人发明专利拥有量达 57.198 件，居全国城市最前列。西安企业 R&D 经费支出占 GDP 的比重达到 5% 以上，远高于全国平均水平，已经成为我国重要的科技研发中心、高新技术产业和先进制造业基地。西安围绕技术交易、设备共享、政策服务、合作交流等重点，通过整合科技要素资源、创新服务模式、完善服务链条，汇聚千余家高校及军工科研院所、上万名行业专家以及众多科技企业等资源信息，构建了以技术转移服务为核心的市场化平台服务体系。2022 年，西安技术合同成交额为 2646 亿元，位居副省级城市第一，排名全国第三。

（四）创新平台基础良好

西安高新技术产业开发区是国务院批准的第九个国家自主创新示范区，在 30 余年的发展历程中形成了"创新有为、开放包容、务实担当、追求卓越"的发展精神和文化理念，不断创新产学研合作方式，促进科技资源的统筹转化，营造了有利于科技人员创新创业、科技成果交易转化、科技企业孵化成长的体制机制与环境。秦创原自 2021 年建设启动以来，坚持"企业主体、人才主力、市场主导、政府主推"原则，持续优化创新生态，加速成果转化，培育创新主体，强化产业体系，为破解科技与经济融合不紧、结合不够问题，推动研发设计高质量发展提供了机制保障。

三　西安设计产业发展存在的问题

尽管西安设计产业具备了较强的发展基础，但从高质量发展视角来看，西安设计产业依然存在如下问题。

（一）政策体系有待完善

近年来，随着创新驱动战略的深入推进，国内多个省市针对设计产业发展制定了相应的扶持政策，加大设计行业扶持及企业招引力度。如河南省于 2022 年出台了《设计河南建设中长期规划（2022—2035 年）》《设计河南建设行动方案（2022—2025 年）》，合肥市于 2020 年出台了《合肥市人民政府办公室关于加快工业设计产业发展的实施意见》。从陕西看，2015 年，陕西省政府发布了《关于推进文化创意和设计服务与相关产业融合发展的实施意见》，西安尚未针对设计行业发展出台专门的支持政策。此外，设计产业发展主管部门不清晰，存在多头管理、政出多门等问题，行业服务监管制度有待进一步规范、完善。

（二）产业联动不够紧密

西安设计研发与本地制造业融合不足，设计创新链、制造产业链及市场价值链之间对接不够紧密，设计成果本土转化率不高，设计创新资源外流现象普遍存在。西安设计行业内除军用、央企及省属设计机构外，市场化的设计机构规模偏小，企业内部员工数量普遍不多，在全国市场具有较大影响力的设计企业数量不多，设计企业影响力、知名度仍有较大的提升空间。

（三）园区承载有待扩展

西安浐灞生态区规划建设了欧亚创意设计产业园，并以建筑勘察设计行业为主形成了一定的聚集效应；碑林区环大学城创新产业带依托西安交通大学、西北工业大学等 10 所驻区大学，联合周边建筑设计、工程设计单位等技术资源，提出了建设以工程科技服务、创意设计产业为主的智力密集型园区的战略构想。除此之外，西安多数园区尚未规划以设计为主导的专业园区，西安设计产业在空间布局上缺乏规划引导，多数设计行业仍处于空间自由分布状态，规模聚集效应尚未形成。

四 国内"双中心"城市设计产业的发展经验

北京、上海是我国最早成立的"双中心"城市，深圳是粤港澳大湾区"双中心"功能的重要承载城市，三座城市在着力落实国家科学中心及国际科技创新中心功能过程中，均将设计产业作为重要支撑予以扶持，并成功获得了联合国教科文组织创意城市网络计划"设计之都"的称号。剖析三座城市设计产业发展经验，对西安以设计产业赋能"双中心"城市建设具有一定的参考意义。

（一）北京

一是政策大力支持。北京市科委通过设立专项资金支持，2012 年成功作为"设计之都"加入联合国教科文组织创意城市网络，并出台了《北京市促进设计产业发展的指导意见》《北京设计之都建设发展规划纲要》，成功举办了红星奖、联合国教科文组织创意城市北京峰会等一系列活动。完善的政策保障从战略层面引导了设计产业的良性发展，也为激发设计产业发展潜能提供重要支撑。

二是设计产业集群发展。经过十几年的发展，北京市设计产业集群覆盖全市 16 个区县，如西城区的核心设计示范区、海淀区的国际集成电路设计和电子产品设计基地、东城区的工艺美术设计产业集群、顺义和大兴区的工业设计企业组团等。多数设计产业集聚区公共基础设施不断完善，公共服务设施布局进一步优化，营造并优化设计产业发展的软环境，为北京打造"高精尖"设计产业体系提供了基础保障。

三是产业融合态势明显。依托设计产业发展，加快电子信息、新能源汽车、生物医药、航空航天等高端装备制造产业与设计产业双向融合，以设计促进首都经济发展；强化有研发活动的产业与设计产业双向协同，以"科技+设计"为核心，推动科技与设计融合发展，将北京的科技、人才等优势转化为设计产业发展的领先优势，以科技创新促进设计产业高端化、服务化、集聚化、融合化发展。

（二）上海

一是专注设计引领，培育优秀市场主体。自 2015 年以来，上海累计认定 124 家市级设计创新中心（企业），进一步夯实市场主体力量。同时，为发挥设计对产业的引领带动作用，上海于 2020 年启动了市级设计引领示范企业创建工作，聚焦工业、建筑、服务、数字经济等领域，以设计全方位引领企业发展，通过设计驱动新品研发、产品迭代、服务创新、品牌建设。

二是注重设计赋能，活跃设计氛围。自 2019 年起，上海连续五年发布"设计 100+"榜单。2023 年度共征集了来自中国、美国、法国、意大利等 18 个国家和地区的 2541 件优秀设计产品，覆盖 30 多个行业领域；连续多年举办"上海设计之都活动周"，并在上海主场主办了"2023 世界设计之都大会"。通过各类设计赛事、会展的举办，上海进一步活跃全市设计氛围，持续营造市场活跃、跨界融合、广泛合作的设计创新生态圈，着力打造全球设计合作共赢平台。

三是支持"走出去""引进来"，深化交流合作。充分利用联合国教科文组织创意城市网络平台作用，加强与赫尔辛基等其他创意城市网络成员的交流合作；推动同济大学、东华大学联袂英国皇家艺术学院、美国罗德岛设计学院等 7 所国际一流设计院校成立国际设计学院联盟；与意大利对外贸易委员会启动"意大利设计大师班",加深国际交流;成立长三角工业设计联盟,深化长三角"三省一市"工业设计产业高质量发展。

四是落实新发展理念,创建"设计创新型城市"。编制了《关于世界一流"设计之都"建设的若干意见》,以设计创新生态体系为支撑,以"设计创新型城市"为具体呈现,将设计理念和设计服务全面融入、贯穿于城市的产业发展、空间环境、公共服务、民众生活和城市品牌5个维度,并成功举办"设计之都"建设推进大会,为上海设计之都建设下一个十年举旗定向。

(三)深圳

一是营造开放包容的文化氛围。深圳的发展历史决定了深圳先天具备开放、多元、包容的文化思想基因,也为深圳设计产业发展创造了最适合的创新环境。包容的社会促进了文化创意的多元化发展,同时也给予深圳人民敢闯敢拼的创新精神,并将先锋和实验的态度、爱拼的精神付诸实践,为设计产业发展提供了充分的空间。

二是政府大力扶持。深圳市政府设立了专门的设计之都推广办公室,支持成立多个设计行业协会,完善协会服务架构,强化服务意识,并在协助设计企业宣传和设计理念推广、设计企业人才建设、设计行业资源统筹中发挥重要作用。政府积极支持、引进商业创意设计竞赛机制,支持设计企业(机构)参与专业化的商业设计赛事,如深圳创意设计新锐奖、环球设计大奖、IF设计奖等,并努力使创意设计比赛常态化、多元化。

三是人才会聚赋能。深圳市政府持续出台各种政策吸纳更多人才。1992年首次组团赴海外招聘人才,开全国先河。自2001年以来,进一步加大海外人才引进力度,先后五次分别赴世界各地举行揽才活动,引进海外留学归国人员近万人,约占广东省留学归国人员的六成。针对高层次设计人才引进,深圳出台就业补贴、人才住房、子女入学等解决方案,来自全国的设计精英不断会聚,持续为深圳设计产业发展赋能。

四是"科技+设计"相得益彰。2017年深圳市政府工作报告首次明确把发展"智能制造"作为主攻方向，深圳先进制造企业不断加大设计创新力度，华为、飞亚达、光启研究所等龙头企业在深圳设立设计中心。据不完全统计，深圳拥有各类工业设计机构超过 6000 家。深圳充分发挥设计与科技结合产生的创新引领作用，正在为本土科技创新和传统产业转型升级注入源源不断的发展活力。

五　设计产业赋能西安"双中心"建设的对策建议

未来西安设计产业要紧抓西安"双中心"建设的时代机遇，结合当前发展现状与问题以及国内其他"双中心"城市发展经验，筑牢产业基础，搭建园区承载，推进产业联动，积极策划赛展，加大招贤引智，完善政策保障，以高水平的设计产业赋能西安"双中心"建设。

（一）筑牢基础，提升产业发展能级

以工业设计、交通设计、能源设计、建筑设计、文化创意等为重点，提升设计产业实力，壮大产业发展规模。依托国家在西安布局的重要科研院所，不断发展航天动力、大飞机、重型装备、集成电路等尖端工业研发设计，加大高速铁路、高速公路、高原冻土工程、地铁、桥梁、隧道等交通设施设计科研攻关，大力发展大型煤矿设计、油气田开发项目设计、化工设计等能源化工设计。壮大设计行业市场主体规模，鼓励国有设计院所品牌化、规模化经营，支持中小设计专精特新企业发展，建立初创设计企业梯度培育机制，倡导有条件的企业成立设计中心、设置首席设计师，支持国际知名设计机构、科研机构落户西安，打造设计企业集群。瞄准全球高科技发展前沿，推动设计产业与人工智能、第三代半导体、生命健康、互联网、元宇宙等发展新要素的紧密结合，支持运用新工具提升设计能力，着力培育西安设计新领域、新优势，打造"设计+"产业新业态新模式策源地。搭建交流合作平台，开展多种形式、多种渠道的跨界设计交流，紧跟设计行业发展潮流，提升设计水平。鼓励企业开展多种形式的合作，在实现资源共享的基础

上共同解决关键问题，共同开发应用市场，依靠团队力量把握市场走势，设计出更符合市场需求、更能抵抗市场风险的产品。

（二）搭建载体，打造专业设计园区

打造多样性设计产业园区，对激发设计师的创造潜能有着极为重要的意义。加快设计产业集聚发展，鼓励西安国家科学中心及科技创新中心功能园区根据资源条件和产业优势，科学统筹规划设计产业布局，推进区域性设计中心建设，创建若干集研发、展示、采购、生产、销售于一体的产业聚集区，打造西安设计产业对外展示窗口。发挥西咸新区秦创原总窗口优势，以商汤、寒武纪等企业为依托，打造研发设计服务聚集区；以西安高新区高新技术产业发展为基础，着力打造智能制造设计产业园区；依托西安国家民用产业基地航空航天产业优势，打造航天设计产业集聚区；发挥曲江文化创意产业基础优势，着力推进文化创意设计产业聚集平台；浐灞生态区以欧亚创意设计产业园为主体，进一步吸纳建筑勘察设计企业聚集，打造城市建筑勘察设计产业承载区；碑林区依托大学密集分布优势，形成"环大学创新产业带"和"没有围墙的科技园"。支持设计园区、楼宇和空间进一步提升办公环境和公共服务，集聚创意和设计产业链，强化园区展示、互动、体验功能，为设计产业发展创造更好的发展平台。不断完善各专业设计园区服务功能，完善优化园区创业孵化体系，打造功能完备、错位发展的设计产业发展平台。

（三）协同联动，强化设计成果转化

设计服务是推动产业转型与价值链重构的重要抓手。在西安"双中心"建设过程中，要充分发挥西安设计发展基础优势，将设计研发嵌入制造业产业链，以设计研发驱动制造业价值创新，打通从设计研发到价值创造的"最后一公里"。强化西安设计企业与相关制造企业对接合作，推动科技创新、设计研发、生产制造建立战略联盟，加速西安科技创新成果转化。依托西安科技大市场建设，建立西安设计成果交易市场，实时发布西安设计创新成果，推进工业设计、能源设计、交通设计等创新成果交易、转让，加速设

计研发成果产业转化。建立西安设计产业园区与综合性国家科学中心、科技创新中心的产学研结合机制，构建由西安"双中心"建设主要领导，设计产业园区主要领导，各领域龙头设计研究院主要领导和西安交通大学、西北工业大学等高校领导共同参与的联席会议机制，共同商讨彰显西安综合性国家科学中心、科技创新中心功能的创新成果及产业转化等重大事项。针对西安设计领域成果转化需求，建议西安综合性国家科学中心及国际科技创新中心与实力龙头设计院所共同建立重大成果孵化创业基地，为设计成果转化企业提供物业空间、创投基金及孵化服务。

（四）策划赛展，营造设计发展氛围

举办内容多样的设计赛展，不仅能在活跃的赛展氛围和广泛的国际交流中推动城市文化的创新与张扬，更有助于城市品牌的打造与宣传。为了推动西安设计产业发展，需要从多个层面策划设计展、设计周、设计论坛、设计大赛、设计首秀、设计人才招聘会等重点活动，鼓励设计产业园、行业协会联合世界设计组织、国际设计联合会等筹划举办西安工业设计、建筑设计、品牌设计、文创设计等会展、赛事，打造面向全国全球的"西安设计"IP，建立多元展示交流平台，吸引全球优秀设计师参与西安设计事业建设。争取在西安设立"世界设计年会"分会场，向全国和世界展示西安设计实力，集中释放西安城市"设计力"。建立完善产品营销、推介体系，通过颁奖典礼、展览、论坛等形式，拓展设计成果应用市场。加强宣传推广，准确解读相关政策，通过报刊、广播、电视、网络等新闻媒体和平台，广泛宣传设计领域优秀成果、赛事活动、重点企业和领军人才，不断扩大设计创新的社会影响力，营造全社会重视设计、推动设计发展的良好氛围。

（五）招贤引智，强化人才梯队建设

人才是设计产业发展的核心与灵魂，因此，推动西安设计产业赋能"双中心"建设，离不开优秀设计人才队伍的建设。未来西安要加强设计教育体系建设，支持高校强化设计类学科专业建设，开展中外合作办学，进一

步加强产教联动，面向产业需求和未来发展，培育复合型、高水平设计人才，持续提升设计教育水平。整合高校设计科研教学资源，成立西安设计学术组织。鼓励社会力量兴办设计学院和研究院，支持社会力量在设计园区建立专业技能培训中心和职业教育校外实训基地。注重引进一批高层次设计人才和团队，组织实施人才培养专项，构建以"国际设计百人"和院士、大师领衔，产业领军人才、企业设计负责人为中坚，广大青年设计师锐意进取的人才梯队。加大设计领域产业精英人才选拔支持力度，开展青年创意设计人才推进计划，加强与米兰理工学院、帕森斯设计学院等国际一流设计院校合作，选派本土优秀设计师学习深造。发挥政府、市场、行业协会等评价主体作用，建立健全创意设计领域高层次人才和紧缺人才认定标准，鼓励行业协会、学会等社会组织根据市场需要自行开展能力水平评价，完善设计师职业评价体系。

（六）强化保障，完善政策支持体系

北京、上海、深圳设计产业发展的经验表明，设计产业的培育与发展离不开当地政府的大力支持。因此，在西安"双中心"建设过程中，要强化顶层设计，编制《西安设计产业发展专项规划》《西安打造设计之都实施方案》，并联合相关部门、行业协会、龙头企业，统筹开展设计产业市场主体、产业规模、人才资源等深度调研，摸清西安设计产业家底，为提出重点方向定位和明确申报主题做好准备工作。加强设计产业知识产权保护工作，健全知识产权保护体系，加大知识产权的保护和宣传力度。加大设计人才福利保障力度，重点加强高层次设计人才、青年设计师、高校毕业生等在就业、创业、生活住房等方面的政策保障，对紧缺人才按规定申请办理人才引进。强化用地保障，将设计重大项目用地纳入年度土地供应计划，结合城市更新，整合和盘活旧厂房用地，优先保证用地需求。加大资金支持，实施设计产业发展扶持计划，对设计重大项目、产业园区建设、重大设计活动开展、设计品牌建设和国际化推广进行重点引导扶持。充分利用现有的科技金融和文化金融服务体系，为中小设计企业提供全方位、多层次的金融服务。

鼓励信贷资金、风险投资、私募基金等为设计企业提供投融资服务，构建多元化的投融资机制。

参考文献

刘键、蒋同明：《新型工业化视角下的工业设计产业升级路径研究》，《宏观经济研究》2018 年第 7 期。

曹小琴、陈茂清：《珠三角地区工业设计产业链构建策略》，《科技管理研究》2021 年第 6 期。

吴志军、阮子才玉、杨元、邝思雅：《产业转型背景下制造业中的工业设计价值与服务》，载《中国设计理论与社会变迁学术研讨会——第三届中国设计理论暨第三届全国"中国工匠"培育高峰论坛论文集》，2019。

黄国燊：《城市更新驱动下创新型产业发展模式与机制研究》，广东工业大学硕士学位论文，2022。

林霜、黄若涵：《工业设计驱动浙江省制造业高质量发展的机制研究》，《现代工业经济和信息化》2023 年第 8 期。

B.14

推动西安都市圈组团
高质量发展协同机制研究

李　栋*

摘　要： 当前西安都市圈呈现整体发展不充分、内部发展不平衡、中心城市独大、外围组团偏弱的发展态势，处于"核心—边缘"空间的中心化和去中心化同时发生、相向而行的特殊发展阶段。七大功能组团既是优先承接核心区相关功能外溢的输入载体，又是相关要素有序转移至中心城市的输出区域，还是集中体现"在扩散中提升能级、在集聚中走向均衡"的都市圈双向发展机制的制度创新区。本文遵循位置、距离、方向空间构成三要素，以及三者之间内在关联性理论，根据七大功能组团同都市圈核心区之间的相对位置、物理距离、作用方向，分层探讨"中心—外围"空间互动关系，依托七大功能组团禀赋特色，分类提出组团发展机制及对策建议，以期促进七大特色功能组团高质量发展。

关键词： 西安都市圈　功能组团　协同发展机制　空间互动

都市圈是城市群内部以超大特大城市或辐射带动功能强的大城市为中心、以1小时通勤圈为基本范围的城镇化空间形态。《西安都市圈发展规划》提出，着眼都市圈整体功能布局，积极推动重点毗邻板块一体化协同发展，打造一批产城融合、功能完备、职住平衡、生态宜居、交通便捷的都

---

* 李栋，西安通济区域规划研究院院长、《西安国际化大都市发展蓝皮书》主编、秦创原建设发展智库专家、西安市科技创新智库专家，研究方向为区域经济、产业经济、对外开放等。

市圈特色功能组团（以下简称"七大组团"）。七大组团是都市圈"一核、两轴、多组团"空间格局的重要组成部分，是推动特大城市转变发展方式、承载中心城区疏解功能、实现中心城市在扩散中提升都市圈整体能级的着力重点，是构建大中小城市和小城镇协调发展格局、培育发展现代化都市圈的任务关键，七大组团发展质量决定着西安都市圈建设的整体质量。

一 重要意义

（一）培育发展现代化西安都市圈的题中要义

七大组团是西安都市圈空间格局的重要组成部分，是实现都市圈大中小城市协调发展的关键单元，组团发展质量决定了都市圈建设的整体质量。发挥各功能组团比较优势，凸显区域资源特色，创新组团发展机制，促进要素市场化配置，对于推动都市圈全域经济社会高质量发展、促进核心区和七大组团实现共同富裕、培育发展现代化西安都市圈意义重大。

（二）推进以县城为载体城镇化建设的现实需要

县城是推进工业化城镇化的重要空间、城镇体系的重要一环，七大组团15个发展主体是以建制县（区）为主、开发区为辅的制度功能区。大力发展县域经济，推进以县城为载体的城镇化建设，提升县域综合承载能力和治理能力，强化对经济发展和农业转移人口就近城镇化的支撑作用，对于稳定组团人口存量、持续扩大增量、减缓人口流出、蓄积发展势能具有重要意义。

（三）推动特大城市转变发展方式的必然要求

七大组团是呈扇形分布于西安周边的中小城市群落，是特大城市有序疏解中心城区相关功能和设施、过度集中的公共服务资源的优先承载区域。加快"疏解—承载"对接，对于推动西安瘦身健体、科学确定城市规模和开发强度、合理控制人口密度、统筹发展和安全具有重要作用，有利于形成疏密有致、分工协作、功能完善的都市圈空间格局，为建设国家中心城市提供发展纵深。

（四）促进区域一体化协调发展的主动选择

现代化都市圈是推进区域一体化协调发展的主战场，积极实施区域协调发展战略，充分发挥组团比较优势，不断提高经济集聚度、区域连接性和政策协同率，以同城化提升都市圈整体发展能级，有利于探索区域一体化发展机制和路径模式，引领关中平原城市群一体化发展，代表国家参与全球合作和竞争，服务和融入以国内大循环为主体、国内国际双循环相互促进的新发展格局。

（五）深度融入全国统一大市场的关键支撑

都市圈是畅通经济循环的重要区域，是扩大内需的主要阵地。依托国家地理几何中心，发挥都市圈承东启西、关联南北的腰部优势，复制推广中心城市改革创新举措，打破区域分治和市场分割，打通经济循环关键堵点，促进商品要素资源在都市圈内高效畅通流动，有利于加快培育完整的内需体系，积极融入高效规范、公平竞争、充分开放的全国统一大市场。

二　发展基础

（一）基础和条件

1. 基本情况

富平阎良组团，简称"富阎组团"，位于核心区东北方向，由渭南市富平县和西安市阎良区构成（见图1），总面积1486平方公里。近年来，该组团户籍总人口、常住人口均呈现先升后降走势，人口流出趋势加强。2021年户籍总人口106.23万人，常住人口94.17万人，人口流出12.06万人，

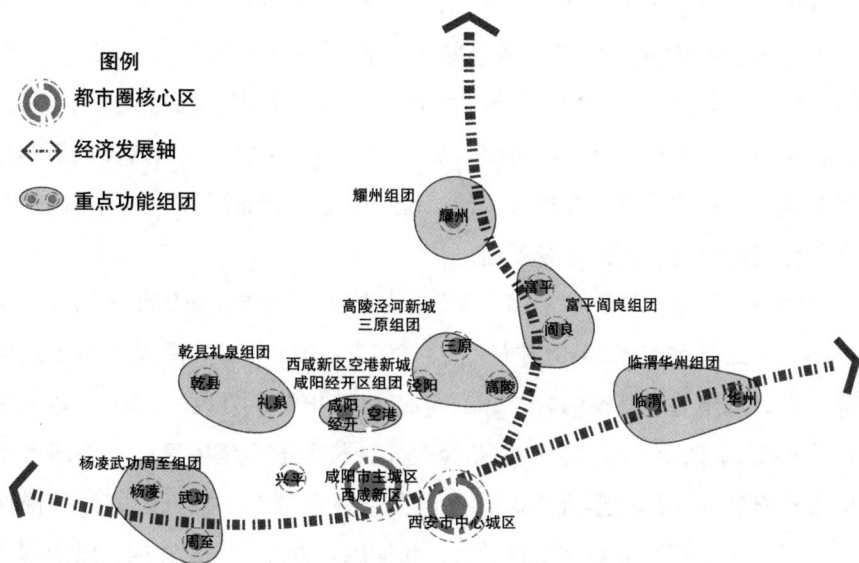

图1 西安都市圈七大组团布局示意

在七大组团人口流入排名中位居第四。2021 年地区生产总值（GDP）约479.5 亿元，在七大组团中居中上水平。产业以二、三产业为主导。组团内部一体化发展平台和机制较为健全，自 2017 年设立富阎产业合作园区迄今，县区一体化发展取得了一定成效。

高陵泾河新城三原组团，简称"高泾三组团"，位于核心区正北，同核心区（未央区）接壤，由西安市高陵区、西咸新区泾河新城和咸阳市三原县构成，总面积 1003.9 平方公里。2017～2021 年，户籍总人口逐年增加，常住人口增势良好。2021 年人口流入 10.95 万人，为七大组团之最。2021 年地区生产总值 672.55 亿元，工业占比较大，居于组团领先地位。组团地处西安市"北跨"空间发展战略核心区域，同核心区联系较为紧密。自2021 年 6 月西安市全面代管西咸新区以来，组团内部泾河新城、高陵区产业横向协作机制加快建立。

西咸新区空港新城咸阳经开区组团，简称"空经组团"，位于核心区北偏西，由西咸新区空港新城和咸阳经开区构成，总面积 274 平方公里。2021

年地区生产总值约171.16亿元。组团为七大组团中唯一的开发区间合作组团，具有体制机制先天优势，通过签署"协同创新发展合作协议"，实施"跨区通办"推进西咸一体化的率先实践。围绕西安国家临空经济示范区、咸阳临空经济带共建临空经济组团，加快内部一体化发展。以西安咸阳国际机场为枢纽，构建公路、高速、轨道三位一体立体交通网络，加强了同核心区及其他组团更为紧密的互联互通。

临渭华州组团，简称"渭华组团"，由渭南市临渭区和华州区构成，位于核心区东部，总面积2348平方公里。2017~2021年，户籍总人口数逐年下降，人口流出趋势日渐明显，2021年人口流出9.3万人。2021年地区生产总值623.27亿元，以二、三产业为主导，位列七大组团第二。临渭区系渭南市政府驻地，具有形成市区共建组团的体制优势，依托渭临经济协作区、西渭东区等跨区域融合发展平台，西渭融合发展步入加速期，组团同核心区经济社会联系更为密切。

耀州组团，包括铜川市耀州区和新区，位于核心区正北，总面积1617平方公里。近年来，户籍总人口数呈平稳增加态势，2021年人口流入1.28万人，在七大组团中位居第二。2021年地区生产总值216.08亿元，在组团中排名居后。作为七大组团中唯一单一建制区组团、铜川市政府驻地所在区，便于形成市区共建合力，具有体制贯通优势，遵循"陕西制造、铜川配套"和"西安研发、铜川转化"两大路径，积极融入共建都市圈。

杨凌武功周至组团，简称"杨武周组团"，由杨凌示范区、咸阳市武功县、西安市周至县构成，位于核心区正西，总面积3506.8平方公里。近年来，人口流出趋势先弱后强，2021年人口流出19.91万人，在七大组团中倒数第二。2021年地区生产总值475.52亿元，处于七大组团中等水平。由于渭河天然阻隔，组团内部南北联通不畅。三大主体分属西安市、咸阳市和杨凌示范区，合作共建体制机制堵点较多。组团距离核心区较远，联通方式相对单一。2022年10月，西安、杨凌示范区之间开行一站直达式城际特快旅客列车，同核心区联系逐步改善。

乾县礼泉组团，简称"乾礼组团"，由咸阳市乾县和礼泉县构成，位于核心区西北，总面积 2020.71 平方公里。2017~2021 年，户籍总人口数呈逐年下降态势，常住人口数先升后降。2021 年人口流出 23.5 万人，在七大组团中位居末位，人口空心化现象严重。2021 年地区生产总值 347.94 亿元，在七大组团中居于中下水平。组团地处关中联通西北地区的传统通道，离核心区相对较远，联系不甚紧密，过境经济色彩较重。

2. 发展优势

区域协调发展探索积极。七大组团是率先推进区域一体化协调发展的前哨阵地，在中心城市和中小城市之间建立了西咸一体化、西渭融合和西铜协同等机制性平台。西咸一体化基础扎实，具备率先带动空经、高泾三组团同城化发展条件。西渭融合多向并进，依托渭临经济协作区、富阎产业合作园区和西渭东区等平台，带动富阎、渭华组团跨越式发展。西铜协同发展厚积薄发，依托西安—铜川—延安南北纵向综合运输通道，以耀州组团为载体，打造关中北向辐射桥头堡、陕北南向能源大通道。

开发区平台体系完整。七大组团分布有一批国家级、省级开发区，平台能级较高，园区体系完备，有助于依托各级各类开发区同核心区开展跨区域产业合作、创新联动。高泾三组团拥有 2 个国家级、2 个省级开发区；空经组团拥有 1 个国家级、1 个省级开发区；富阎组团拥有 1 个国家级、1 个省级开发区；杨武周组团拥有 1 个国家级和 1 个省级开发区，以及与西安高新区合作共建的周至县集贤产业园；渭华组团拥有 1 个国家级开发区；乾礼组团拥有 2 个省级开发区；耀州组团拥有 1 个省级开发区。

差异化发展特色鲜明。七大组团依托在地资源、特色禀赋、地理区位等比较优势，围绕汽车、新能源新材料、航空航天、军民融合、临空经济、文化旅游和现代农业等领域，初步形成了差异化定位、园区化承载、集群化发展的富有各地特色的产业集群，建成了一批产业载体，集聚了一批头部企业，形成了一批产品品牌，为构建分工协作、功能互补、彰显特色的都市圈现代化产业体系奠定了较好基础。

地缘区位禀赋独特。西安都市圈地处胡焕庸线和亚欧大陆桥的交汇地带，是国家地理几何中心、中国大地基准点所在区域，具有承东启西、关联南北的"腰部优势",是欧亚大陆中心地带和东部边缘地带（东中部地区）联系交流、双向统筹的中枢,也是依托河西走廊快速联通陆心（新疆）和国心（都市圈）的陆上马六甲,更是"一带一路"框架下保障国家地缘战略利益的后勤转运基地,发挥"腰部优势",叠加改创赋能,易于形成独特的竞争新优势,带动组团实现高质量发展。

历史文化资源丰富。组团所在关中平原中部是人类文明发祥地、华夏文化发源地,历史文化厚重,文化景观多样,景区景点众多,具有因地制宜发展地方性文化旅游融合型产业的天然优势。以"丝绸之路:长安—天山廊道的路网""黄河主题国家级旅游线路""西汉帝陵、唐帝陵""关中地区红色文化景点"等为资源节点,串点成线,连线成廊,通过文化场景化、场景主题化、主题线路化设计,形成主题共享型文化旅游线路,串接七大组团,联动都市圈全域,合力打造世界级文化旅游目的地。

自然生态环境优越。西安都市圈南部秦岭横亘、北部北山逶迤、中部渭河中穿,覆盖八百里秦川最为富庶的中部地区,自古即有"天府之国""膏腴之地""陆海"之美誉。黄河最大支流渭河流经都市圈200余公里,包含其中游少部、下游大部。"长安八水"及其支流水系,流淌贯穿七大组团,孕育了中国北方罕见的山水空间格局,为七大组团各展所长、共同推进黄河流域生态保护和高质量发展奠定了坚实的生态基底。

（二）问题和短板

1.体制机制需健全

多层次常态化协商推进机制有待完善。省市层面,陕西省支持西安市牵头组建都市圈各市（区）党政联席会议制度和一体化发展办公室。县（区）层面,基本完成组团建设领导小组,但"一对一"常态化协商机制仍不健全,现有机制下决策协商议事力度较小,执行机制和考核体系不完备,部分合作机制仍停留在文件层面。先行示范区建设机制亟须深化。推进临近组团同城化、建设先行示范区的时间表和路线图尚不清晰,以核心区为中心、以功能组团为重点的区域协作机制尚未明确。利益分享机制尚未建立。都市圈建设涉及不同利益主体，核心区和组团、组团之间、组团内部发展不平衡，诉求不一致。受行政区划和财政分税体制影响，同城化、一体化发展利益分享机制亟待建立健全。

2. 整体发展不充分

横向对比兄弟都市圈面积、人口、经济总量 3 项基本指标，西安都市圈整体发展位势偏后，中心城市及外围组团均面临繁重复杂的发展改革任务。中心城市整体能级偏低。作为国家中心城市，发展不足仍是西安的长期性基本市情，对周边组团辐射带动能力有限。组团总量、增速占比较小。2017～2022 年，七大组团经济总量从 2522.48 亿元增至 2986.02 亿元，增幅不大（见表 1）。占核心区 GDP 比重从 38.63%降至 31.91%，降幅达 6.72 个百分点。七大组团经济总量不及核心区 1/3，缺少高成长性的第二梯队，发展位差较大。组团发展质量效益不高。七大组团城镇化水平普遍较低，多数尚处于城镇化加速阶段（见表 2）。组团整体位于工业化中级阶段，各组团产业倚能倚重、低质低效问题较为突出，产业布局同质化仍然存在。缺乏较强竞争力的新型产业集群，特别是集约型、创新型产业布局不足，较为依赖外部资源导入支持。在地特色资源型产业多以初级加工品为主，价值链延伸不足。

表 1　2017～2021 年西安都市圈生产总值及增速情况

单位：亿元，%

组团及核心区	指标	2017 年	2018 年	2019 年	2020 年	2021 年
核心区	生产总值	6529.04	7310.87	8025.87	8599.43	9357.10
	增速	14.25	11.97	9.78	7.15	8.81
富阎组团	生产总值	384.69	416.10	439.02	442.18	479.50
	增速	16.14	8.16	5.51	0.72	8.44
高泾三组团	生产总值	646.33	653.71	632.27	629.32	672.55
	增速	30.90	1.14	-3.28	-0.47	6.87
空经组团	生产总值	110.44	132.15	135.98	148.57	171.16
	增速	10.44	19.67	2.90	9.26	15.21
渭华组团	生产总值	465.50	495.25	526.95	538.48	623.27
	增速	10.60	6.39	6.40	2.19	15.75

续表

组团及核心区	指标	2017 年	2018 年	2019 年	2020 年	2021 年
耀州组团	生产总值	145.98	133.39	174.91	189.75	216.08
	增速	14.49	−8.62	31.12	8.49	13.88
杨武周组团	生产总值	416.43	437.97	457.08	445.74	475.52
	增速	16.58	5.17	4.36	−2.48	6.68
乾礼组团	生产总值	353.11	334.15	325.10	311.80	347.94
	增速	8.14	−5.37	−2.71	−4.09	11.59

注：主要数据来源为 2018~2022 年《陕西统计年鉴》、各区县统计公报及"十四五"规划纲要，开发区部分数据为在以上数据来源基础上的估算值。

表 2　七大组团城镇化率

单位：人，%

组团	常住人口	城镇人口	城镇化率
富阎组团	945736	452922	47.89
富平县	642452	276070	42.97
阎良区	303284	176852	58.31
高泾三组团	981252	593742	60.51
三原县	357250	193272	54.10
泾河新城	182188	110537	60.67
高陵区	441814	289933	65.62
空经组团	118743	67108	56.52
空港新城	82143	30508	37.14
咸阳经开区	36600	36600	100.00
渭华组团	1188664	642948	54.09
临渭区	920044	508419	55.58
华州区	268620	134529	50.08
耀州组团	357370	216352	60.54
耀州区	183648	84775	46.16
新　区	173722	131577	75.74
杨武周组团	1129086	453678	40.18
杨凌示范区	253871	169254	66.67
武功县	317733	122073	38.42
周至县	557482	162351	29.12
乾礼组团	822235	351570	42.76
乾　县	456680	209296	45.83
礼泉县	365555	142274	38.92

注：因常住人口需与城镇人口统一口径，故数据统一采用各组团第七次全国人口普查（截至2020 年 11 月 1 日零时）公报，与前文统计年报中的最新数据略有出入。

3.内部发展不均衡

中心城市发展极化现象突出。核心区以不足10%的土地空间，承载了超过50%的人口，集中了将近70%的经济总量（见表3）。全省高校院所、高能级创新平台、重点产业链链主企业多集中分布于此，对外围组团虹吸有余、带动不足。建设更高能级国家中心城市必然要求进一步集聚经济和人口，客观上加剧了周边组团的发展压力。2017~2021年，组团常住人口总量与核心区人口总量之比从94.05%降至55.94%（见表4）。组团经济发展分化态势明显。经济向心性特征进一步强化。靠近核心区兼有高能级开发区带动的高泾三、渭华、富阎组团发展较快、总量较大。远离核心区诸组团增长放缓，部分组团受疫情冲击发展失速，过半呈现负增长态势。市场主体数量质量分布不均。从数量上看，2017~2021年，七大组团法人主体总数从51474家升至77924家，但与核心区比值自41.61%降至29.51%，占比逐年下降。从质量上看，组团普遍缺少链上头部企业。在全省160家国家级专精特新企业中，核心区拥有103家，七大组团仅有18家，且集中于拥有高能级开发区的富阎、高泾三组团。城市功能分布不均衡。教育方面，基础教育阶段，各组团义务教育优质均衡学校、特色化高中数量质量均同核心区有较大差距，支撑人才引进、子女教育在地化保障能力不足。医疗方面，高等级医疗资源匮乏且向核心区集聚加速，全省三甲医院60所，西安布局超过50家，组团中，杨武周组团1家、渭华组团3家、耀州组团1家。此外，都市圈地区还存在组团之间、城乡之间、开发区和行政区之间发展不均衡问题，对统筹推动在扩散中提升能级和在集聚中走向均衡提出更高的治理要求。

表3 核心区在西安都市圈中3个指标占比情况

项目	人口（万人）	面积（km²）	GDP（万亿元）
核心区	969.77	1923	9357.10
都市圈	1802	20600	13600
占比（%）	53.82	9.33	68.80

资料来源：2018~2022年《陕西统计年鉴》、第七次全国人口普查、各区县统计公报。

表 4　核心区及组团常住人口对比

指标		2017 年	2018 年	2019 年	2020 年	2021 年
都市圈核心区	人口（万人）	618.50	649.44	887.20	940.21	969.77
	增速（%）	-8.80	5.00	36.61	5.98	3.14
7 组团	人口（万人）	581.68	582.59	543.55	536.53	542.49
	增速（%）	-3.17	0.16	-6.70	-1.29	1.24
7 组团与核心区	比值	94.05	89.71	61.27	57.06	55.94
核心区及组团	人口（万人）	1200.18	1232.03	1430.75	1476.74	1512.26
	增速（%）	-6.15	2.65	16.13	3.21	2.96

4.协同发展待升级

互联互通不甚紧密。组团同核心区联系不紧密。公路运输方面，主要依靠高速、国/省道公路。铁路运输方面，杨武周、渭华、空经组团同核心区联系较为紧密，对开高铁、普铁客车较多，其余组团开行班列较少或缺乏铁路站点设置。地铁运输方面，仅空经组团有地铁（城际）联通单线。组团间横向联系不畅。铁路运输方面，开行列车数量少、周期长；跨组团多依赖过境列车，开行数量较少。公路交通方面，组团内部道路市政化建设滞后，存在道路数量不足、联通不畅等问题。通勤成本高企不下。时间方面，各组团至核心区（以钟楼为基点）驾车用时均在 1 小时左右，但公共交通用时相对较长，难以形成高效的"中心—外围"通勤潮汐（见表 5）。创新资源相对缺乏。高能级创新平台分布不均，七大组团中，拥有国家级开发区平台的多集中于核心区边缘地带，耀州、乾礼等离核心区较远的组团相对缺乏。高端创新资源较少，组团内的高等教育资源多以地方性、职业性院校为主，缺乏高能级研究型、综合性高校（见表 6）。产业创新资源相对匮乏，组团企业多处于产业链从属地位，且主导产业亟待转型升级，龙头型链主企业、创新型中小企业数量较少，创新能力较弱，短期内难以形成组团高质量发展的创新支撑。对外开放水平不高。组团开放赋权赋能不充分，中心城市富集的国家级示范、试验、试点等改革创新制度外溢组团存在制度区边界锁定、复制推广不充分等问题，组团内部活力尚未被有效激发。组团开放基础设施建设滞后，都市圈开放功能集中于核心区，组团开放设施布局较少。诸组团信息、创新及融合基础设施建设滞后，布局偏核心区，中心化特征明显。组团市场主体外向度较低，外商投资企业数量少，存量内资企业"走出去""引进来"力度不大，对"一带一路"倡议、区域全面经济伙伴关系协定（RCEP）、进博会、广交会等开放平台理解不足、融入度偏低。

表5　核心区与各组团交通通勤时间

单位：km，h

项目	富阎	高泾三	空经	渭华	耀州	杨武周	乾礼
最短距离	75	40	40	63	90	86	83
驾车用时	1.4	1.0	0.8	1.0	1.3	1.2	1.3
公交用时	4.3	2.2	1.3	2.8	2.3	5.2	4.0

注：以上数据根据奥维地图出行模型测算。

表6　布局于组团的高等院校

组团名称	学校名称	层次	能级
富阎	西安航空学院	本科	省管
富阎	西安航空职业技术学院	专科	省管
渭华	渭南师范学院	本科	省管
渭华	陕西铁路工程职业技术学院	专科	省管
渭华	渭南职业技术学院	专科	省管
杨武周	西北农林科技大学	本科	中管
杨武周	杨凌职业技术学院	专科	省管
耀州	铜川职业技术学院	专科	省管

资料来源：教育部。

（三）机遇和挑战

1. 发展机遇

共同富裕的历史机遇。中国式现代化是全体人民共同富裕的现代化，都市圈是集中体现中国式现代化的先导区域。都市圈建设要以满足人民日益增长的美好生活需要为根本目的，以改革创新为根本动力，主动消除都市圈范围内地区差距、城乡差距、收入差距，注重向远距离组团、欠发达组团倾斜发展要素，加快突破不平衡不充分问题，提高发展的平衡性、协调性、包容性，在实现各组团高质量发展中促进都市圈共同富裕，建设体现中国式现代化的西安都市圈。

全国统一的市场机遇。都市圈是全国统一大市场的重要支点和关键区域。加快建设全国统一大市场，有利于优化现代流通网络、信息交互渠道和资源交易平台，推进都市圈市场设施高标准联通；有利于推动都市圈市场高效畅通和规模拓展，扩大市场规模容量，增强对优势地区发展要素的吸附力；有利于消弭区域分治、市场分割，加快"中心+组团"同城化建设，降低制度性交易成本和全社会流通成本；有利于推动制度型开放、有效利用全球要素和市场资源、培育参与国际竞争合作新优势。

叠加赋能的战略机遇。都市圈是一系列国家重大战略、区域协调发展战略的叠加覆盖区。在国家层面，共建"一带一路"、推进新时代西部大开发、实施黄河流域生态保护和高质量发展等重大倡议和战略在都市圈叠加效应持续释放，关中平原城市群、郑（州）洛（阳）西（安）高质量发展合作带等区域协调发展战略深度推进。在陕西层面，以外围组团为政策目标区，培育现代化都市圈，推进国家城乡融合发展试验，建设秦创原创新驱动平台和西安"双中心"，有利于用好用足叠加政策、推动组团高质量发展。

中心城市的转型机遇。中心城市是带动外围组团的关键所在。围绕"六个打造"，着力推进八个方面重点工作，建设更高能级的国家中心城市，有利于推动中心城市20多项国家级创新改革试点面向七大组团优先复制推广、分类推进，促进制度红利组团共享；有利于统筹实施"北跨、西融、东拓"空间发展战略，联动扇形分布的外围组团融合发展，体现中心城市辐射带动能力；有利于通过转变特大城市发展方式、建立非中心城市功能疏解—对接机制，提升组团综合承载能力。

快速迭代的科创机遇。科技创新是促进组团高质量发展的第一动力。以数字化、智能化、绿色化为特点的新一轮科技革命和产业变革加速演进,人工智能、区块链、虚拟现实、增强现实等技术全面渗透,数字经济快速发展,人机物多元融合元宇宙世界加速到来。抗疫药物、基因编辑等生命健康技术不断突破,可再生能源、先进储能等绿色低碳技术蓬勃发展。新一轮科技革命和产业变革正在重构全球创新版图、重塑全球经济结构,为推动组团高质量发展提供了新的重大机遇。

有序转移的产业机遇。现代化产业是现代化都市圈的重要标志。地缘政治和世纪疫情使全球产业分工加速向区域化、多元化方向调整,将产业链供应链安全置于首要地位。我国正在加快推进产业国内梯度转移,推动中心城市和城市群高质量承接先进制造、军民融合产业,促进形成区域合理分工、联动发展的制造业发展格局。都市圈内部发挥中心城市辐射作用,通过产业结构优化升级和功能疏解带动都市圈组团协同发展,加快形成中心城市重研发、外围组团偏制造的合理分工格局。

2. 面临的挑战

外部不确定性不稳定性交织演变。近年来,一系列全球性问题持续凸显,逆全球化思潮泛滥,单边主义、保护主义明显加强。全球气候变化、新冠疫情和地缘政治冲突对世界贸易和投资、金融市场稳定、粮食能源安全等造成严重冲击。世界经济增长持续低迷,全球产业链供应链价值链有序重构受阻,不确定性不稳定性交织演变,对都市圈对外科技交流、外向型经济发展、中欧班列正常开行构成了相应挑战。

经济发展区域分化态势日趋明显。在我国经济增速既有的东高西低的背景下,南高北低成为新趋势,西部地区同步呈现西南高于西北的分化态势。都市圈处于西部、北方地区区域发展中排位双落后的发展境遇。国内优势城市群、周边强势都市圈凭借雄厚经济实力,定向虹吸、精准集聚都市圈地区高端创新资源和优质产业资源,一定程度上分流了向西安集聚的相关要素,稀释了西安的创新浓度,客观上对西安都市圈形成空间挤压和创新抑制。

发展环境要素刚性约束趋紧。经济和人口进一步向都市圈地区集聚,对区域环境承载力和要素供给能力形成持续性挑战。关中平原东西狭长、南北逼仄,七大组团呈扇形分布于核心区北侧,都市圈"圈"状结构不完整,中心城市不居中,同各组团联动发展不经济。都市圈地区水资源总量匮乏,人均水资源量低于国际极度缺水标准。能源供给总量与经济快速发展不相适应,能源基础设施建设相对滞后。碳达峰碳中和刚性约束对于倚重倚能的组团产业转型升级压力较大。

三 协同机制

西安都市圈处于既有要素向核心城市聚集,又有要素向外辐射的"在扩散中提升能级、在集聚中走向均衡"特殊发展阶段,标志着西安都市圈正从区域赶超发展型走向功能外向成熟型的进程中。针对这一特殊发展阶段,结合西安都市圈组团特点,确立现阶段组团协同发展作用机制。

由于关中平原地理环境制约,西安都市圈核心区同七大组团形成了以核心区为扇纽、路网为扇骨、组团为扇面的折扇形空间结构,自南向北渐次展开。按照位置、距离、方向空间构成三要素理论,核心区在空间上不居中的特殊形态决定了西安都市圈独特的空间作用机制,即核心区功能扩散不是以同心圆结构作涟漪式外扩传递,而是政策导向特征鲜明的定向传递,将中心城市"南控"所抑制、"中优"需疏解的发展要素和城市功能,置于"西融""北跨""东拓"平台上最大化有序释放,渐次辐射、有序带动七大组团高质量发展,实现都市圈在扩散中提升能级、中心城市在集聚中走向均衡的制度创新目标,培育发展体现中国式现代化的西安都市圈。

根据组团与核心区之间的空间关系,将七大组团划分为嵌入型、紧密型和飞地型3类空间形态,并据此提出差异化的相互作用机制,加强西安都市圈互动,完善都市圈整体功能布局(见表7)。

表 7　功能组团与都市圈核心区空间作用机制

组团类型	作用机制	所属组团
嵌入型	核心区—组团同城化发展机制	空　经
紧密型	核心区—组团"北跨"融合发展机制	富　阎 高泾三
飞地型	核心区—组团协同化发展机制	杨武周 渭　华 乾　礼 耀　州

（一）嵌入型组团发展协同机制

嵌入型组团即组团整体嵌入核心区腹地，与核心区政区接壤、空间连绵、功能共享、经济社会全面融入的组团，主要为空经组团。

1. 功能定位

空经组团：紧抓中心城区功能疏解和中心城市"北跨"发展机遇，以同城化为发展导向，依托空经组团枢纽优势、智造基础、临空特色，发挥好组团作为西安国际门户枢纽、临空产业基地、跨境电商综试区先行区功能，做大航空枢纽保障业、临空先进制造业、临空高端服务业等优势领域，补齐科技创新与文化交流短板，推动西安国家临空经济示范区、咸阳临空经济示范带错位互补、有机融合，着力打造核心区高端功能疏解承接地、西安—咸阳一体化先导区、同城化创新发展先行区，开创空经组团高质量发展新局面。

2. 协同机制

以同城化为发展导向，将组团视同核心区重要经济社会单元，纳入核心区规划体系统筹设计。出台差异化人口、住房政策，引导核心区存量人口定向疏解、增量人口优先落户目标组团。加快核心区高品质教育、医疗、文化体育设施资源向目标组团释放，提升组团综合承载能力，促进产城融合、职住平衡。支持核心区泛航空产业市场主体以组团为载体集群化发展。发挥组团单位均为开发区的体制机制优势，完善组团内部协作机制，聚焦航空枢纽保障业、临空先进制造业、临空高端服务业，推动西安国家临空经济示范区、咸阳临空经济带错位互补、融合发展。以西安咸阳国际机场为枢纽，加快高速铁路、城际铁路、市域（郊）铁路、城市轨道交通"四网融合"，打造空公铁"三位一体"多式联运的都市圈互联互通先行区，融入和服务核心区发展大局。

（二）紧密型组团发展协同机制

紧密型组团即组团与核心区地缘接近，组团核心成员行政隶属中心城市，拥有中心城市重要经济单元（开发区），双向经济社会联系紧密的组团，包含富阎、高泾三组团。

1.功能定位

富阎组团：以富阎一体化发展为抓手，以富阎产业合作园为核心承载，积极承接航空制造与维修、高端装备制造、新能源汽车、新材料、大数据和云计算等产业转移，建设国际一流的航空产业新城，打造西安渭南融合发展的重要支点。以石川河治理为重点，加强生态环境共保共治，建设都市圈人居环境示范引领区。

高泾三组团：依托"北跨"空间枢纽区位优势和产业发展基础优势，推动西安经开区与三原高新区、西咸新区泾河新城一体布局，大力发展先进制造业，积极发展战略性新兴产业，做强产业协作配套体系，提升产业链现代化发展水平，培育形成以先进制造业为支撑的千亿级产业发展功能组团，打造西安"北跨"发展核心区。

2.协同机制

以"北跨"融合为发展导向，确立组团核心成员单位（阎良区、高陵区）发展主导地位，发挥其同中心城市行政一体的体制优势，推广阎良区"区政合一"创新经验，加快组团同核心区交通网络、产业体系、科技创新、公共服务、绿色发展等跨渭河融合发展。以组团内开发区（富阎产业合作园、西安经开区泾渭新城、西咸新区泾河新城、三原高新区）为载体，积极承接国内产业梯度转移、核心区产业功能外溢，大力发展以航空制造、汽车制造为代表的先进制造业，以新能源、新材料为代表的战略性新兴产业，深化产城融合。加快富平、三原以县城为载体的城镇化建设，积极承接农村转移人口、城市转移功能，强化快速交通连接，加快成为都市圈通勤便捷、功能互补、产业配套的卫星县城。推进泾河、石川河组团段流域综合治理和生态修复，打造黄河流域生态保护和高质量发展的渭河疏浚及生态治理标杆。

（三）飞地型组团发展协同机制

飞地型组团即组团与核心区空间距离较远，处于都市圈边缘地带，同核心区联络相对疏离的组团，包括杨武周、渭华、乾礼和耀州组团。

1.功能定位

杨武周组团：立足特色农科教资源和涉农产业基础，重点发展种子、现代农业、食品加工、物流电商、生物医药、农机装备制造业等特色优势产业，充分发挥杨凌国家级农业高新技术产业示范区的引领辐射作用，强化秦创原创新驱动平台农业特色板块建设，推动组团协同发展，构建现代农业创新发展生态圈，打造"一带一路"现代农业国际合作中心。

渭华组团：厚植高质量发展的生态底色，围绕钼基新材料、新能源装备及增材制造、电子信息、生物医药、大健康等产业，构建以战略性新兴产业为引领、以先进制造为支撑的现代化产业体系。聚焦陕西自贸区渭南高新技术产业开发区协同创新区、渭临经济协作区建设，提升渭南高新区内涵式发展水平，全力支持临渭全域美好生活示范区、华州国家级钼产业区以及西渭东区"飞地经济"园区建设，推动组团差异化协同发展，打造西渭融合核心承载区、都市圈宜业宜居宜游美好生活先行区。

乾礼组团：发挥区位交通便捷、生产要素富集等比较优势，以农文旅融合为亮点，以推动组团与都市圈核心区文旅协同为抓手，聚焦文化旅游、食品加工、新型建材、先进制造等产业，在聚力发展组团优势产业的基础上，主动承接核心区产业转移和功能疏解，增加医疗、文化、体育等资源供给，大幅提高城乡人居环境水平，打造新型城镇化发展示范县城。

耀州组团：以西部产业转型示范城市建设为引领，以国家级高新区创建为契机，持续提升铜川新区城市功能水平，推动耀州老城区有机更新和老旧小区改造，大力发展以铝精深加工和汽车零部件制造为主的先进制造产业以及新型建材、生物医药、航天卫星、光电子集成等新兴产业，积极融入关中先进制造业大走廊，打造承接产业转移示范区和科创成果转化高地。

2. 协同机制

基于点轴开发理论，以协同化为发展导向，复制推广陕西自贸试验区协同创新区模式，增强核心区辐射带动能力，促进飞地型组团平衡协调发展。建立核心区与组团双向创新协同机制，核心区改革创新试点经验可率先在组团复制推广。根据发展定位和产业关联性，建立核心区相关开发区、功能区和组团"点对点"产业协同发展机制，协同做强都市圈相关产业，构筑协同产业链。综合利用国家赋予核心区的各项制度赋权和政策赋能，共享推动组团高质量发展。按照地理接近的原则，"一对一"建立核心区优势开发区同目标组团飞地托管、合作共建发展模式，以目标组团内部开发区、功能区为合作示范飞地，注入优势开发区产业公地资源，带动组团高质量发展（见表8）。确立各组团内开发区（杨凌示范区、渭南高新区、铜川高新区）发展主导地位，加快组团内县城（武功、周至、华州、乾县、礼泉）补短板、强弱项，加快融入核心区，壮大人口规模，提升县域经济活力。保护、凸显组团文化多样性，弘扬东府（渭华）、西府（杨武周、乾礼）和渭北（耀州）地域文化，大力发展历史文化、乡村旅游、红色旅游，发展地方性特色浓郁的相关产业。启动研究联通杨武周、乾礼、耀州、渭华四组团的城际铁路外环线规划，服务西安都市圈七大组团间城际客流，兼顾关中平原城市群内部跨线客流。

表8 核心区—组团飞地托管

名称	飞地承载	合作重点
西安高新区—杨武周组团	杨凌示范区、武功高新技术产业开发区、周至县集贤产业园区	生物医药、食品加工、电子商务、生产服务型物流、智能装备
西安曲江新区—渭华组团	渭南高新区、西渭东区	大健康、文化旅游
西安经开区—耀州组团	铜川高新区	新型建材、汽车配套、数字经济、航天科技、光电子
西咸新区—乾礼组团	礼泉高新技术产业开发区、乾县	高端装备、绿色食品、文化旅游

参考文献

鲁西奇：《中国历史的空间结构》，广西师范大学出版社，2014。

弗朗索瓦·佩鲁：《新发展观》，张宁、丰子义译，华夏出版社，1987。

高汝熹、罗明义：《世界城市圈域经济发展态势分析》，《经济问题探索》1998 年第 10 期。

陆军、毛文峰、聂伟：《都市圈协同创新的空间演化特征、发展机制与实施路径》，《经济体制改革》2020 年第 6 期。

肖金成：《都市圈与城市群的形成机理》，《今日国土》2022 年第 12 期。

John Friedmann, *Regional Development Policy*, MIT Press, 1966.

产业篇 ⤳

B.15
推进陕西新型工业化，
构建现代化产业体系研究

陕西省社会科学院经济研究所课题组*

摘　要： 陕西新型工业化发展正处于关键时期，工业规模进一步壮大，产业结构持续优化，新动能发展势头强劲，数字经济加快发展。针对新型工业化发展中存在的支柱产业规模不够大、产业创新能力和科技成果转化能力较弱、产业链条存在短板、人才供给存在制约等问题，本文提出了四个方面的对策建议：一是持续提升产业创新能力；二是加快产业结构优化升级；三是推进产业数绿融合；四是建立和完善产业生态。

关键词： 新型工业化　现代化产业体系　陕西

---

* 课题组组长：裴成荣，陕西省社会科学院经济研究所所长，二级研究员，研究方向为城市与区域经济、产业经济。课题组成员：吕芬，陕西省社会科学院经济研究所助理研究员，研究方向为数字经济、产业经济等；宫汝娜，陕西省社会科学院经济研究所助理研究员，研究方向为产业经济。

新型工业化是以中国式现代化推进强国建设和民族复兴伟业的内在要求。2023年9月22日，习近平总书记就推进新型工业化作出重要指示，要求完整、准确、全面贯彻新发展理念，统筹发展和安全，深刻把握新时代新征程推进新型工业化的基本规律，积极主动适应和引领新一轮科技革命和产业变革，把高质量发展的要求贯穿新型工业化全过程，把建设制造强国同发展数字经济、产业信息化等有机结合，为中国式现代化构筑强大物质技术基础。陕西新型工业化发展正处于关键时期，工业规模进一步壮大，产业结构持续优化，新动能发展势头强劲，数字经济加快发展。推进陕西新型工业化，构建现代化产业体系，对经济高质量发展意义重大。

一　新型工业化的主要特征与发展路径

（一）融合性、协同性、创新性三大特征

以新一代信息技术、生物科技乃至新能源变革为载体的新型工业化，正在促使人工智能、大数据、云计算、物联网、区块链等现代信息技术、新一代生物科技、清洁能源技术，向各产业、各领域传播、渗透、融合，深刻改变着经济社会运行与工业化的模式，形成了新型工业化的新特点。

1. 融合性是新型工业化的基本特征

新型工业化的融合性主要表现为，在工业化过程中，数字化、绿色化相互融合互动、一体化发展。宏观层面，新型工业化是以数字化带动工业化、工业化促进数字化、数字化与工业化高度融合为特征的工业数字化道路；中观层面，是新一代数字技术与制造业深度融合，从而产生影响深远的产业变革，由此引起产业方式、生产形态、商业模式发生颠覆式的变化；微观层面，数字化生产模式正成为制造企业发展新趋势，个性化定制更加普及，需求引导生产制造成为基本模式。此外，新型工业化的融合性还表现在新形态的工业文明与生态文明深度融合发展。工业需在节约资源、保护环境中求发展，促进人与自然和谐共生，实现绿色、循环、低碳发展。

2. 协同性既是新型工业化的重要特征，又是新型工业化的基本要求

新型工业化要求数字化必须与工业化、农业现代化以及城镇化协同发展。推动新型工业化，工业要成为发展的动力，处于主导地位；农业现代化要成为发展的根基，是重要基础；城镇化要成为发展的载体和平台，承载工业化的发展空间，城镇化对加速农业现代化发展发挥着不可替代的协同作用。推动新型工业化，既要充分发挥工业对农业的支持与反哺作用，也要增强城市对农村的辐射带动作用，走产业之间联动发展、融合发展之路，走城乡互动协同发展之路。

3. 创新性既是新型工业化的重要特征，又是新型工业化的内在要求

走新型工业化之路，加快重塑竞争新优势，离不开更强的创新能力、更高的创新效率。要坚持科教兴国战略、人才强国战略与创新驱动战略，以提高创新能力和基础能力为重点，推动战略性新兴产业融合集群发展。构建新一代人工智能、量子信息、集成电路、脑科学与基础研究、基因与生物技术、深空深地深海技术等新的增长引擎，持续增强基础创新能力，掌握关键技术、关键元器件、关键材料。推进产业从中低端向中高端迈进，培育出世界级的创新型产业集群。

（二）新型工业化的发展路径

新型工业化发展并非工业领域的单打独斗，而是一个庞大复杂的系统工程，涉及国家财税、金融、产业、贸易、区域、环境、科技等各部门发展的方方面面。加快实现我国新型工业化向更高质量发展，需要找准发展方向和路径、创新体制机制加以统筹推进。

1. 提高创新研发能力，破解关键"卡脖子"技术

引导工业多边创新合作，坚持开放式创新，面向重点领域和重大需求，加强应用基础研究。突出关键共性技术、前沿引领技术、现代工程技术与颠覆性技术创新，推动产业绿色化、智能化和定制化发展，为建设新型工业化提供有力支撑。提高产业基金投入的"靶向性"和精准度，争取快速突破高端芯片、先进传感器等制约中国制造提质增效的关键技术和核心领域，并

在人工智能、物联网、虚拟现实、无人驾驶汽车、石墨烯、基因测序、量子通信等前沿领域形成高质量、高层级的新供给，掌握一批"杀手锏"技术。

2. 加快发展先进制造业，提升高端制造业占比

以战略性新兴产业和高技术制造业为抓手，逐步提高高端制造业占比。突出企业主体地位和市场配置资源决定性作用，优化政府和科研院所参与模式，重点在新一代信息技术、高端装备制造、新材料、生物医药、新能源汽车等新兴产业形成原始创新与产业创新新优势。促进人工智能、大数据、云计算等新一代信息技术与高端生产环节紧密结合，推动数字经济和实体经济深度融合，在中高端消费、绿色经济、共享经济、海洋经济、健康经济等领域培育新增长点、形成新动能。

3. 促进重点区域产业集聚，实现差别化协同发展

以实现区域协同发展为目标，着力推动各地区打造现代产业体系。以城市群、都市圈建设为引领，依托中心城市创新要素集聚、基础设施完善和产业基础雄厚等优势，促进高端特色产业集聚式发展。优化高端制造业空间布局，重点聚焦国家级区域一体化发展战略，提升国家中心城市"增长极"率先发展的带动能力，优化国家级新区产城融合发展示范效应，助力区域产业集聚向特色化、品牌化和标杆化方向发展。

4. 建设高水平对外开放格局，维护产业链供应链安全稳定

牢牢把握全球价值链重大调整带来的机遇，通过实施重大多边经贸发展战略，加强国家间的区域贸易谈判，打造立足周边、辐射"一带一路"、创新区域合作的自由贸易区网络框架。充分发挥区域全面经济伙伴关系协定（RCEP）功能，推进区域内产业链垂直整合，为中国制造业在全球价值链上的中高端布局赢得发展空间。顺应全球供应链本地化和分散化的诉求，转变开放经济发展模式，扩大中国企业对外直接投资，让中国企业主动"走出去"，继续深度嵌入全球创新和制造网络。

5. 全面推进绿色制造，坚持减排降碳实现"双碳"目标

支持企业创建绿色工厂，鼓励企业采用先进的清洁生产技术和高效末端治理装备，推动水、气、固体污染物资源化、无害化利用。针对钢铁、石化、化工、有色、建材等高耗能行业，加快实施绿色化低碳化改造。引导企业加大可再生能源使用力度，加强电力需求侧管理，推动电能、氢能、生物质能替代化石燃料。充分利用现有绿色产业发展基金，支持节能环保、新能源等新兴产业做大做优做强。鼓励引导企业和社会资本加强绿色低碳关键核心技术攻关，集中力量突破碳存储、碳捕捉、碳利用等技术难题，力争推动我国节能减碳技术达到世界先进水平。

二 推进陕西新型工业化实践成效

（一）聚焦生态优化

陕西是全国重要的科教中心和创新研发中心。近年来，围绕增强创新引领功能，陕西不断优化科研机构、高水平研究型大学、科技领军企业定位和布局，重大创新平台有效支撑战略科技力量不断壮大，孵化载体建设量质双提升。以秦创原创新驱动平台建设为主引擎，以"三项改革"为抓手，坚持"四个面向"深化源头创新，推进全要素协同创新。围绕科技成果就地转移转化走出了一条富有陕西特色的创新之路，并成为全国瞩目的创新范式。打通从科技强到企业强、产业强、经济强的通道，形成以"企业为主体、市场为导向、政产学研资介相结合"为特征的综合创新生态体系，为产业基础高级化、产业链现代化提供了有力支撑。

（二）培育企业主体

紧紧围绕陕西省确定的24条重点产业链，聚焦现代能源、先进制造、新材料等重点产业集群，发挥链主企业科技创新的龙头带动作用，组织实施重大科技创新工程项目，通过自主创新、强链补链，减少对关键核心技术的依赖；鼓励链主企业联合上下游组建创新联合体，进一步加强链主企业"强创新"主导作用，构建产业链创新能力、制造能力和管理能力提升的高效机制，有效提升产业链供应链韧性。加快推动陕西省能源化工产业高端化、绿色化发展，传统制造业数字化、网络化、智能化改造。围绕产业链推进链主型创新企业培育，鼓励企业参与"揭榜挂帅"。聚焦人工智能、量子信息、基因技术、碳中和等领域，发掘一批数据资源密集型链主企业，加快形成新质生产力。大力培育数字经济领域专精特新企业，重点发展一批云服务企业，打造多元化多层次创新成果应用场景，培育具有高成长性的创新重点企业，不断壮大引领陕西新型工业化高质量发展的生力军队伍。

（三）释放创新活力

深化科技成果转化"三项改革"，创新用好"先使用后付费""权益让渡""先投后股"等方式，推动科技成果转化得更快、更好、更多、更安全。探索推广定向研发、定向转化和定向服务"三定向"的科技成果转化模式，激发科技创新活力。瞄准企业需求开展定向研发，将科技开发资源定向投放，进行专项技术攻关；瞄准市场需求开展定向转化，研发出的成果按既定需求由企业进行定向转化；瞄准企业需求开展定向服务，为企业提供后续技术支撑。深化产学研合作，支持面向市场的新型研发机构发展壮大，鼓励高校、科研机构和企业联合建立研发中心、实施科技项目，共同促进科技成果转化，不断强化政府与科研机构、创新企业联动，提升创新体系整体效能。

（四）提升平台辐射力

进一步拓展放大秦创原总窗口服务功能，积极探索创新"飞地"模式，推动市县、园区、高校、院所、企业协同创新，提升秦创原示范牵引、集聚辐射作用。以开放创新为指引，积极吸引国内外知名企业、大学、科研院所在陕西设立区域研发中心。加强西安"双中心"科学基础设施建设，积极争取国家实验室、大科学装置、国际科技创新基地等落地布局。大力发展实验室经济，建设数据要素产业的创新孵化和先导实验平台。聚焦陕西特色资源，搭建开放基金平台，基于秦创原总窗口，引入全国资本，通过有媒介载体的开发式基金平台，推出著名基金人、著名基金公司、著名项目、著名企业等资本 ID，扩大已有的"种子+天使+创投+产投+并购"基金集群规模。

（五）优化人才管理

充分发挥陕西高校、科研院所人才培养的主力军作用，加强急需高层次人才培养，打造体系化的高层次人才培养平台。创新人才评价机制，实施更加开放的人才政策。实施"科学家+工程师"人才专项，推进新工科人才培养与产业充分结合，壮大高素质人才队伍。深化企业与职业院校合作，培养一批面向市场、符合企业需求的高技能产业工人。加大柔性引才力度，创优留才环境，确保高层次人才引得来、留得住。激励更多科学家走出象牙塔、更多科研成果"走出"实验室，培养更多大师、战略科学家、一流科技领军人才和创新团队，构筑集聚国内国外优秀人才的科研创新高地。深化"人才+项目+资本""院士领衔+团队培植""科学家+工程师"等协同引才育才模式，加快形成高层次人才的链式效应。加强科技经纪人队伍建设，完善科技经纪人多元培育体系。建立区域科技经纪人联盟，举办区域科技经纪人经典服务案例大赛。

三 推进陕西新型工业化面临的问题

（一）支柱产业规模不够大

陕西支柱产业规模不够大、产值不够高，缺少骨干龙头企业。以电子信息产业为例，产业发展规模落后于同为西部省份的四川。陕西骨干企业较少，大型企业带动作用不明显，产业链、创新链、资源链建设不足、协同不够，电子信息重点领域大企业带动作用有限、中小企业创新活力不足。电子信息产业规模与珠三角、长三角等发达地区相比，规模效应不强，存在小、散等问题。支撑电子信息产业持续发展的人才、技术、资金等要素供给较为紧张，产业生态配套需进一步完善。

（二）产业创新能力和科技成果转化能力较弱

产业研发投入强度、新产品产值率、研发活动覆盖率仍然偏低，企业创新能力和科技成果转化能力还比较弱。主要表现在如下方面。一是创新活动不够活跃。规上企业研发活动覆盖率、研发投入强度、新产品产值率均低于全国平均水平。二是创新主体有待壮大。代表产业创新先进力量的制造业单项冠军、"小巨人"企业占全国总数的比重不到3%，专精特新中小企业数量占全省规上企业数量的比重不到12%，产业创新主体规模和创新水平仍有很大提升空间。三是创新生态尚需优化。要素供给、制度供给与市场需求不对称、赋能不到位，政策支持不够精准，尚未形成创新生态活力迸发的"良田沃土"。

（三）产业链条存在短板

产业链存在部分短板，存在关键核心技术"卡脖子"问题。以24条重点产业链中位列首位的数控机床产业链为例，一是除秦川集团外，陕西缺少能够带动产业发展的龙头企业，中小企业、民营企业主体的规模、数量、活力与浙江、广东等沿海数控机床发达省份相比有一定差距。二是产业链条存在"断链""弱链"环节，如关键部件方面的五轴摇篮转台、五轴摆头、直线电机，软件方面的机床设计、仿真软件、后处理软件等。三是产品在中低端市场有一定竞争力，但在高端市场方面，未完全掌握主机与核心部件的关键技术，精确度、稳定性、可靠性与国际先进产品相比存在一定差距。

（四）人才供给存在制约

陕西经济发达程度和市场化程度与东南沿海地区相比有一定差距，导致人才流失严重。普通技工、专业技术人才、科技创新人才、复合型人才均有不同程度缺口，制约了产业的发展。以生物医药行业为例，医药行业属于知识密集型及技术密集型行业，对人才素质要求较高，虽然陕西高校众多，但在平台资源和城市吸引力方面仍不及东部省份，人才流向东部，陕西尤其缺少具有专业背景、实战经验的研发人才。

四　推进陕西新型工业化的对策建议

（一）持续提升产业创新能力

1. 提升关键核心技术攻关能力

一是强化产业基础技术攻关。实施产业基础再造工程，编制产业基础创新发展目录，加快突破关键原材料、机器人、光电子、高端软件等核心领域，精准补齐基础零部件、基础元器件、基础材料等方面短板。二是推进制造业"卡脖子"技术精准攻坚。大力推广"揭榜挂帅""军令状"等重大科研任务组织方式，积极开展"卡脖子"技术精准攻坚行动，集中突破一批"卡脖子"技术，支持制造业产业链扬优势、补短板、强弱项。

2. 构建产学研结合的科技创新体系

一是完善科技创新体制机制。强化企业的创新主体地位，对科技创新型企业给予财政扶持，推动创新资源向省内重点产业集聚，有效利用全要素资源实现核心技术突破，将创新链和产业链精准结合，提高创新供给能力。二是完善现代企业、高校、科研院所制度，重视产学研在科技创新中的联动作用，建立产学研联盟，增强创新主体活力。

3. 强化企业技术创新能力

一是健全企业主导产业技术研发创新的体制机制，支持企业建设各级"一企一技术"研发中心、工业设计中心等研发机构和创新平台。鼓励企业根据发展需要自主设立研发机构，在所处行业和领域内着力突破关键核心技术，抢占科技战略制高点。二是推动企业加大研发投入、开展研发活动、加强研发机构和研发人员队伍建设，提升产业技术研发和创新成果产业化水平。

（二）加快产业结构优化升级

1. 狠抓传统产业升级改造

一是不断运用新技术赋能传统产业，提高既有产品附加值，实现传统产业转型升级，同时积极延长产业链，开发新产品，拓展新服务，打造新模式，促进跨行转型。二是加快新一代数字技术在传统产业的普及推广，针对研发设计、生产制造、供应链管理、营销服务等关键环节，开展数字化、网络化、智能化改造，提高传统产业生产效率，增强竞争力。三是针对一些质量低、效率低、面临巨大发展压力的产业，要运用市场化、法治化方式，引导产业有序腾退，积极做好产业接续。

2. 围绕产业链短板重点布局，强化战略导向

一是围绕战略性新兴产业和未来产业发展加强科技创新体系建设，出台支持省级实验室建设发展的若干措施，力争更多国家级重大科技平台在陕落地。二是以解决产业链空白、薄弱、短板环节为重点，组织实施产业基础再造工程项目，聚焦新兴产业领域，组织实施重大科技创新工程项目，实施"工作项目化、项目清单化、清单责任化"推进。三是在核心零部件等重大产业领域，充分调动企业自主研发积极性，发挥资本积极作用，不断提高创新要素市场化配置能力，保障产业链供应链安全稳定。

（三）推进产业数绿融合

1. 推动企业数字化转型，发挥绿色发展优势

一是引导传统产业企业使用数字技术进行全链条、全方位、全角度的改造，提高企业数据要素认知，并将数据要素的优势运用到企业生产制造的核心过程当中，以此实现对生产制造各个环节的实时监测和数字控制，降低企业生产能耗，提升产品质量。二是积极引导大数据、人工智能等数字技术和传统产业融合发展，促进机器设备、员工等软硬件设施上网上云，在更大范围、更高层次上实现精准分工、精准协作和精准生产，以期在提高劳动生产率的同时节约生产成本。

2. 激发数绿融合发展的产业联动效应

一是以绿色低碳智能制造、数字化产业循环体系构建为抓手，实现全产业链的资源高效集约利用。推动传统制造业企业尤其是高能耗企业引进与研发数字技术、开展工业流程再造，以生产方式数字化转型赋能绿色制造。二是加快循环产业大数据库与工业平台建设，重点发展智能再制造产业，积极开展循环经济数字化治理模式创新，充分释放能源大数据价值，通过打通全产业链信息壁垒焕发循环经济发展活力。

（四）建立和完善产业生态

1. 优化创新创业生态环境

一是完善优质企业孵化育成体系，探索实施"创业导师+专业孵化+创业投资"高端孵化服务模式，推动持股孵化、基金孵化、采购孵化和外包孵化，提升创业孵化服务水平。打造产业服务共享平台、科技信息共享平台、技术创新共享平台，为企业提供信息、技术、咨询、成果转化等方面的服务。二是支持领航型企业发挥产业链"链主"作用，通过行业协会、产业联盟等方式，在技术攻关、产品配套、品牌渠道、资金融通等方面，带动关联度高、协同性强的中小企业进入产业链、供应链、创新链，鼓励中小企业加强与领航型企业的协同创新、配套合作。

2. 确保市场、政府"两只手"协同发力，围绕创新链、产业链完善资金链、人才链

一是充分发挥有效市场和有为政府作用，健全技术创新市场导向机制，建立市场导向的企业技术创新成果分享机制，完善企业创新成果市场交易体系，使企业真正从技术创新中受益。二是对于关键技术投入超过产出的部分，更好发挥政府作用，设立前瞻性产业引导基金等支持措施，在人才的选拔、培养、评价、使用、保障等方面进行体系化、链条式设计，确保资金链、人才链精准对接创新链、产业链各个环节，提高资源要素在链条中的使用效率。

参考文献

史丹、李晓华等：《新型工业化内涵特征、体系构建与实施路径》，《中国工业经济》

2023 年第 3 期。

柳杨、左璇、陈杨等：《我国新型工业化发展水平评价与态势分析》，《新型工业化》2023 年第 11 期。

经济日报评论员：《以新型工业化推进中国式现代化》，《现代企业》2023 年第 10 期。

张立：《促进数字经济和实体经济深度融合打造新型工业化关键引擎》，《智慧中国》2023 年第 8 期。

任保平、李培伟：《以数字经济和实体经济深度融合推进新型工业化》，《东北财经大学学报》2023 年第 6 期。

B.16
陕西打造万亿级先进制造业产业集群研究

谢永平　郜钰格　郭　晓　王　曦　韦晓荣*

摘　要：　陕西省先进制造业围绕高端装备、电子信息、节能与新能源汽车、现代化工、新材料、生物医药等六大支柱产业快速成长，形成了创新要素集聚明显、重点领域产业链发展相对完整、区域创新体系整体效能强劲等显著优势，实现支柱产业融合集群发展态势，成为推动西部地区经济高质量发展的动力和引擎。然而，在工信部公布的 45 个国家先进制造业集群名单中，江苏占 10 席，广东占 7 席，而陕西仅有 1 席入围。与广东、江苏等发达省份相比，陕西省先进制造业产业集群发展还相对落后，面临着领军企业少、龙头企业协同能力弱、集群带动力不强、产业链"短、断、弱"、集群程度低端化等问题。在此背景下，本文详细分析陕西省先进制造业产业及先进制造业集群的发展现状与集聚特点，并立足陕西省情、科技和产业基础提出相关对策建议，以支撑陕西省先进制造业坚定不移走好"链长制"推进、集群式发展、数字化赋能的产业发展之路。

关键词：　先进制造业　产业集群　产业链　陕西

* 谢永平，西安电子科技大学经济与管理学院副院长，教授，博士生导师，研究方向为技术创新与战略管理；郜钰格，西安电子科技大学经济与管理学院博士研究生，研究方向为风险投资与技术创新管理；郭晓，西安电子科技大学经济与管理学院讲师，研究方向为技术创新与战略管理；王曦，西安电子科技大学经济与管理学院副教授，硕士生导师，研究方向为创新与创业管理；韦晓荣，西安电子科技大学经济与管理学院博士研究生，研究方向为技术创新管理。

一 陕西先进制造业产业发展现状

（一）产业规模

2022 年，根据陕西省统计局数据，全省战略性新兴产业（以下简称"战新产业"）增加值达到 3918.53 亿元，比上年增长 13.1%，高出全省规上工业增加值增速 6 个百分点；占 GDP 的比重为 12.0%，比上年增加 0.9 个百分点。2022 年在全省 GDP 增量中，战新产业的贡献率为 35.1%，拉动全省 GDP 增长 1.5 个百分点，成为全省经济高质量发展的重要增长极。

同年，全省工业战新产业增加值比上年增长 12.7%，高于工业增加值增速 7.0 个百分点，高于全省规上非能源工业增加值增速 6.9 个百分点，拉动全省战新产业增加值增长 7.2 个百分点；占工业增加值比重为 17.5%；占全省战新产业增加值的比重为 58.6%，较前三季度降低 0.3 个百分点，与上年持平，持续占据战新产业的主导地位。第三产业战新产业增加值比上年增长 13.4%，高于第三产业增加值增速 10.8 个百分点，拉动全省战新产业增加值增长 5.1 个百分点；占第三产业增加值比重为 9.8%，较上年提高 1.0 个百分点；占全省战新产业增加值的比重为 35.8%，较上年下降 0.2 个百分点。其中，信息传输、软件和信息技术服务业战新产业增加值增长 11.6%，科学研究和技术服务业战新产业增加值增长 6.7%。图 1 为 2018~2022 年陕西省战新产业与规上工业增加值情况，战新产业增加值占 GDP 比重较为平稳，而战新产业增加值与规上工业增加值增长率在 2020 年有所下跌后，近两年又逐渐提升。

2022 年，陕西省能源化工、新一代信息技术、高端装备制造、新能源、新能源汽车、新材料六大支柱产业领域新登记企业 11.88 万家，与上年同期相比增长 32.32%，高于全省新登记企业平均增速 33.66 个百分点。截至 2022 年底，六大支柱产业领域实有企业 41.84 万家，占实有企业总量的 29.95%，较上年同期上升 5.91 个百分点，其中，新一代信息技术、能源化

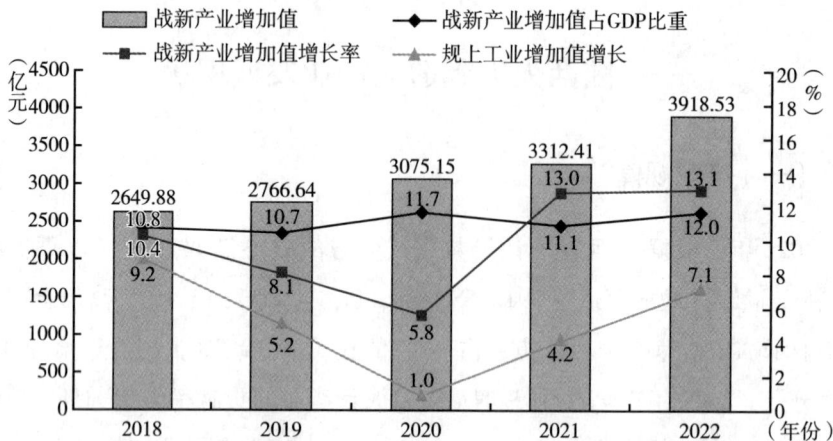

图1　2018~2022年陕西省战新产业与规上工业增加值情况

资料来源：陕西省统计局、2018~2022年《陕西统计年鉴》。

工、新能源汽车规模扩张较快，实有企业数量与上年同期相比分别增长47.79%、44.78%、43.16%。①

（二）产业结构

2022年，从战新产业增加值比重构成来看，新一代信息技术产业占比达25.9%，依然稳居第一；新能源汽车占比大幅提高，达到5.6%，比上一年提升4个百分点，拉动全省战新产业增长3.7个百分点；新能源产业占比达到11.2%，稳中有降，拉动全省战新产业增长1.7个百分点。战新产业增加值占比较低的新能源汽车和新能源产业对全省战新产业增加值的增长带动效果显现，新兴动能茁壮成长，绿色产业发展强劲，碳达峰碳中和有序推进。从增长速度来看，新能源汽车产业、新能源产业、节能环保产业、生物产业、数字创意产业等5个战新产业增加值增速均超过10%，增速分别为144.0%、15.5%、15.2%、15.0%和10.6%。新一代信息技术产业在经历了三星半导体、彩虹光电等企业的一波高增长后，增加值增速

---

① 数据来源于陕西省统计局、陕西新闻网。

明显放缓，增速为 6.4%，低于新能源汽车产业、新能源产业、生物产业等产业的增速。①

（三）区域发展②

从区域分布来看，陕西关中、陕南、陕北战新产业呈现明显的空间集聚特征，但因资源禀赋差异以及优势产业发展状况不同，发展差异也明显。

关中地区战新产业发展最强劲。2021 年，关中地区规上战新产业总产值占全省规上战新产业总产值的比重高达 79.6%，较 2015 年提高 2.6 个百分点。2022 年，西安市战新产业增加值占全省战新产业增加值的 60% 以上，增速达 16.8%。2023 年上半年，西安规上新兴产业产值突破 2526 亿元，占全市规上工业总产值的 60.3%，同比增长 7.8%。目前，西安的国家高新技术企业、科技型中小企业数量已分别达到 10431 家和 10186 家。杨凌示范区集聚了智慧农业、生物医药、生物育种、基因工程等产业。2022 年，杨凌战新产业总量虽然较低，但增加值增速超过 20.0%。宝鸡市以钛及钛合金、节能与新能源汽车、石油钻采装备和数控机床等产业为支撑，集中了宝鸡市最重要的经济增长极和竞争力基础。咸阳市大力发展新型显示器件、智能终端、大数据与云计算等支柱产业，是陕西最智能化的区域。

以榆林市为代表的陕北地区战新产业深入实施创新驱动战略，不断拓宽资源型发展路径，推进新能源、新材料、节能环保产业快速发展，加快区域内能化产业向高端化、多元化、低碳化迈进。2021 年，陕北地区规上战新产业总产值占全省规上战新产业总产值的比重为 6.1%，较 2015 年降低 1.5 个百分点。2022 年，全市高新技术企业、科技型中小企业数量均增长 90% 以上，在新能源、新材料、装备制造和无人技术等产业的带动下，规上工业增加值增长 7%，有力地推动了榆林地区制造业转型升级。

陕南地区重点发展高端装备制造产业、生物产业、新材料产业、节能环

---

① 数据来源于陕西省统计局。
② 数据来源于《陕西日报》、各界新闻网、陕西省统计局、西部网。

保产业。2021 年，陕南规上战新产业总产值占全省规上战新产业总产值的比重为 14.1%，较 2015 年降低 1.3 个百分点。2022 年，汉中航空制造产业上下游企业近 200 家，总产值 388.3 亿元，占全市装备制造业总产值的71%、工业总产值的 20%。25 家规上电子信息制造企业实现产值 65.92 亿元。同时，汉中市还培育了省级专精特新企业 15 家、国家"小巨人"企业2 家、省级企业技术中心 10 家。

（四）细分产业发展特征

陕西省以科技创新引领高质量发展，近 5 年先进制造业发展突飞猛进。其中以战新产业为代表的规上工业增长迅速，各产业发展特征明显，助力陕西经济平稳运行（见图 2）。

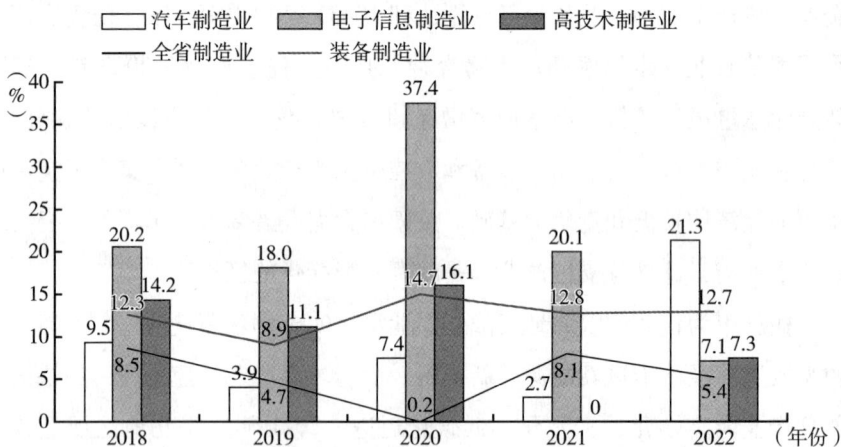

图 2　2018~2022 年陕西省规模以上工业增长情况

资料来源：根据陕西省统计局、2018~2022 年《陕西统计年鉴》数据整理。

1. 电子信息产业发展强劲

2020 年陕西省电子信息制造业实现产值 1893 亿元，同比增长 38.3%，行业增加值同比增长 37.4%，利润总额同比增长 74.9%，行业效益显著提升。其中，西安市规上电子信息产业产值达到 1277.37 亿元，同比增长

48.6%，增速居各行业首位。2021 年工业总产值 1731.17 亿元，同比增长 33.2%。2023 年上半年，西安高新区完成电子信息产业产值 690 亿元，电子信息产业产值增速达到 4.0%。三星西安工厂成为全球重要的闪存芯片生产基地；奕斯伟 12 英寸集成电路用硅抛光片和外延片产能位居全国第一，成为世界单体最大的硅产业基地。①

2. 新能源汽车产业逐步建成现代化产业体系

截至 2022 年底，陕西汽车工业已拥有千亿元级企业 2 家、百亿元级企业 9 家，规模以上关键部件配套企业达 217 家，主要分布于西安高新、西安经开、宝鸡高新等地区。2022 年西安市新能源汽车产量突破百万辆，增长 272%，增速位居全国第一，成为新能源汽车产量第一大城市。2023 年 1~7 月全省新能源汽车产量 51.5 万辆，同比增长 39.5%，产量居全国第三位。陕西新能源汽车产业链"虹吸效应"显现，吸引了大批省外汽车零部件生产企业落户陕西。②

3. 装备制造业向中高端迈进

2021 年，陕西装备制造业工业总产值达到 8200 亿元，2022 年全省装备制造业全年增长 12.7%，有效引领产业升级。2023 年 1~7 月，陕西省装备制造业增加值同比增长 5.7%。2023 年上半年，西安市装备制造业总产值占规模以上工业总产值的比重达 75.0%，同比增长 10.7%，高于全市规模以上工业增加值增速 1.8 个百分点，装备制造业投资、高技术制造业投资分别增长 12.3% 和 5.8%。以西电集团、秦川集团、西安煤矿机械公司、宝鸡石油机械公司、陕鼓集团等为代表的装备制造企业，在某些领域居国内甚至国际领先地位。③

4. 航空航天产业集群化发展迅猛

西安市是我国唯一拥有航空、航天两大国家级开发区的城市。2020 年，西安市航空产业集群入选第一批国家先进制造业集群。2022 年航天基地生

---

① 数据来源于陕西省人民政府。

② 数据来源于《陕西日报》。

③ 根据陕西省工信厅数据整理。

产总值达 396.98 亿元，同比增长 8.8%，增速位于全市开发区第二位。同时，西安航天基地联合 108 家商业航天企业及机构发起成立了"丝路国际商业航天产业联盟"，打造了"产业航天"的关键一极。除西安市外，2022年，汉中航空制造产业链上下游企业近 200 家，总产值 388.3 亿元，占全市装备制造业总产值的 71%、工业总产值的 20%。陕西省"航天研发+阎良制造""西安研发+汉中制造"铸就陕西航空航天产业发展新模式。①

5. 新能源与新材料产业特色化发展

新能源、新材料布局涉及西安西咸新区、高新区、经开区、航天基地和航空基地，以及宝鸡和榆林高新区，且各区域培育发展重点互不重叠。新能源领域的太阳能光伏产业全国领先。隆基绿能市场占有率、品牌影响力均列全球首位。宝鸡市先进结构材料产业集群进入第一批国家战略性新兴产业集群发展工程。2023 年前 7 个月，陕西省钛材加工量占全国的 65%、全球的33%；原镁产量占全国的 60%、全球的 50%；核级锆材研发、生产、检测能力国内领先；钼金属精深加工位居世界第三、亚洲第一；陶瓷基复合材料研发生产技术达到世界先进水平；奕斯伟半导体材料工艺技术已达到全球第一梯队水平，推动半导体及集成电路（IC）产业形成了完整产业链。②

6. 生物医药产业

2021 年生物医药领域战新产业增加值占比 14.3%，两年平均增速为3.3%；2022 年战新产业增加值占比 14.7%，增速为 15.0%，实现后疫情时代的平稳增长。截至 2021 年初，西安市共有生产研发型企业 2758 家，其中包括 141 家国家高新技术企业、4 家医药工业百强企业、2 家上市企业、8家新三板挂牌企业。陕西省生物医药产业（医药制造业）完成工业总产值771.49 亿元，实现主营业务收入 672.4 亿元，实现利润 65.5 亿元。2022年，咸阳市现代中医与民族药制造创新型产业集群入选国家创新型产业集群，年产值约 400 亿元，形成了具有一定规模与特色的中医药产业链条。③

---

① 数据来源于《陕西日报》。
② 根据陕西省工信厅数据整理。
③ 根据陕西网、《中国医药报》数据整理。

截至 2023 年 2 月底, 陕西生物医药企业主要分布为西安 1243 家、咸阳 241 家、渭南 60 家、汉中 56 家、商洛 25 家, 其中瞪羚企业 13 家。

二 陕西先进制造业产业集群现状

目前, 陕西省拥有电子信息、汽车、航空航天、高端装备、新材料新能源 5 个千亿元级产业集群。工信部赛迪研究院发布了《中国先进制造业百强园区 (2022)》榜单, 陕西有西安、宝鸡两座城市上榜, 其中西安排名也从 2018 年的第 20 位跃升至第 12 位, 宝鸡排名第 94 位。2022 年 11 月, 工信部公布 45 个国家先进制造业集群名单, 西安市航空集群名列榜单。根据陕西省工信厅数据, 陕西省有 24 家企业入选国家级制造业单项冠军, 有 188 家企业入选国家级专精特新 "小巨人" 企业, 位于西部第一。另外, 根据科技部火炬中心公布的 2022 年度国家创新型产业集群名单, 全国新增 46 家, 其中陕西省宝鸡、咸阳等地 3 家集群入选。截至目前, 陕西省国家创新型产业集群共 9 家, 实现工业总产值 4800 亿元, 带动 1924 家企业联动发展, 其中高新技术企业 537 家。2023 年陕西发布的 643 个省级重点项目, 其中先进制造业项目数量最多、占比最大。其中, 根据西安市发改委所发布的重点项目建设清单, 西安先进制造业及研发平台项目共 306 个, 其中战新产业有 182 个, 传统产业升级的有 20 个, 研发平台项目有 19 个。[①]

(一) 集群规模

在以战新产业为代表的先进制造业方面, 陕西省产业园区共 70 个, 其中国务院批复 15 个, 陕西省政府批复 55 个; 从排名来看, 陕西省在全国排名较为靠后 (见图 3)。陕西省 70 个产业园区, 类型分别为高新技术产业开发区、经济技术开发区、工业园区、产业集聚区、其他类型开发区。其中经

---

① 根据工信部、科技部火炬中心、陕西省工信厅数据整理。

济技术开发区类型有 10 个，高新技术产业开发区类型 15 个，工业园区类型 27 个，产业集聚区类型 15 个，其他类型开发区 3 个（见图 4）。在分布方面，产业园区主要分布在西安、咸阳、延安、安康、榆林、渭南等地区。其中西安园区数量最多，所占比例达到 25%，其次为咸阳，所占比例达到 15%，再次是延安、安康，所占比例均为 11%；榆林、渭南所占比例均达到 9%（见图 5）。在园区领域分类数量方面，在陕西省批复的产业园中新材料产业、生物产业、高端装备制造产业领域最多，分别是 27 个、25 个、20 个（见图 6）；在国务院批复的产业园中所涉及较多领域的产业分别是高端装备制造产业、新材料产业、生物产业、新一代信息技术产业，分别有 8 个、7 个、4 个、4 个（见图 7）。综上来看，产业园区中涉及领域最多的是高端装备制造产业、新材料产业、生物产业领域。

陕西省半导体材料相关产业园和航空产业园数量均位于全国之最，分别为 5 个和 11 个。

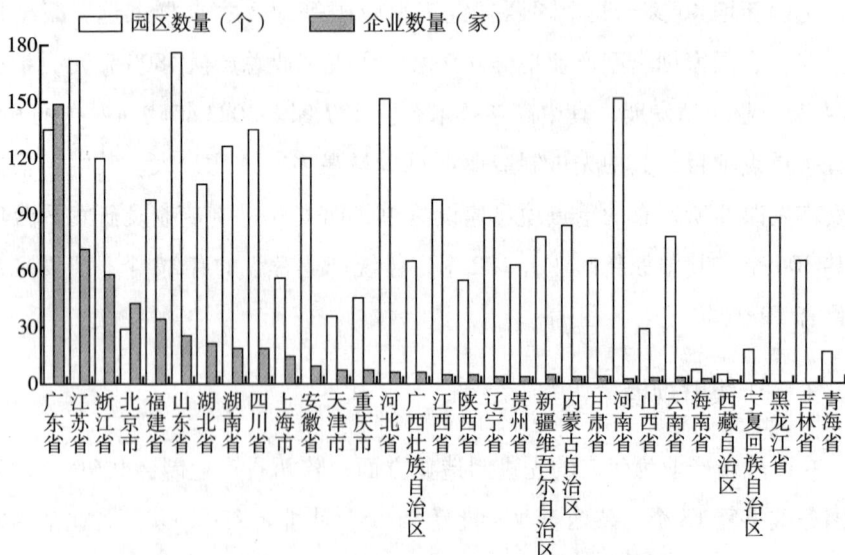

图 3　全国 31 个省区市产业园区和企业分布数量

资料来源：战略性新兴产业专业知识服务系统。

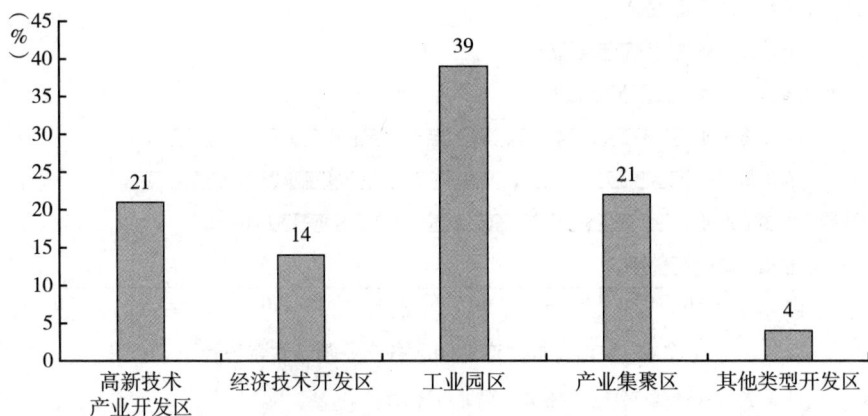

图4　陕西省各产业园区类型占比

资料来源：战略性新兴产业专业知识服务系统。

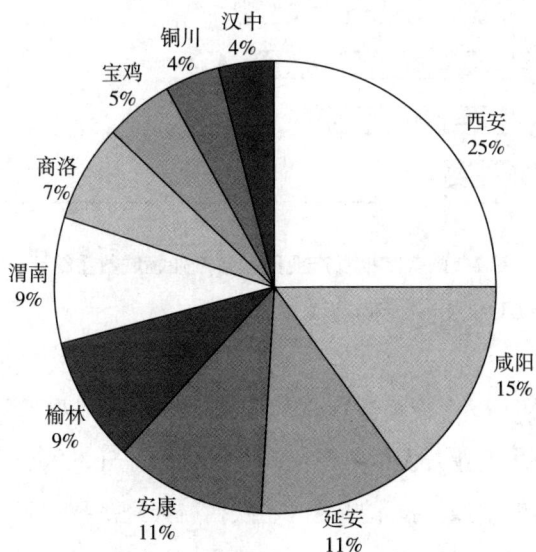

图5　陕西省产业园区分布

资料来源：战略性新兴产业专业知识服务系统。

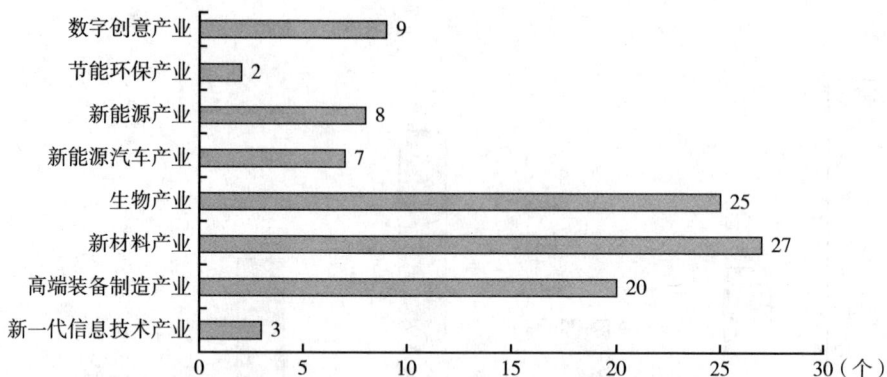

图 6　陕西省批复产业园区各产业领域数量统计

资料来源：战略性新兴产业专业知识服务系统。

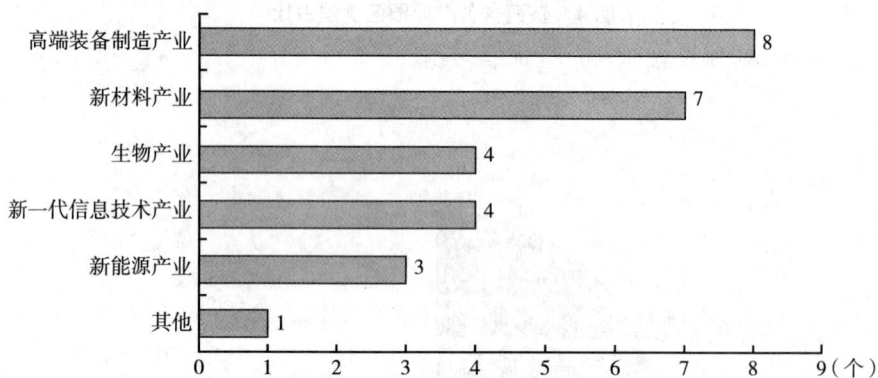

图 7　国务院批复产业园区各产业领域数量统计

资料来源：战略性新兴产业专业知识服务系统。

国务院批复的 15 个战略性新兴产业园区分别为宝鸡高新技术产业开发区、咸阳高新技术产业开发区、渭南高新技术产业开发区、安康高新技术产业开发区、陕西航空经济技术开发区、陕西航天经济技术开发区、汉中经济技术开发区、榆林经济技术开发区、西安综合保税区、陕西西安出口加工区、榆林高新技术产业开发区、杨凌农业高新技术产业示范区、西安高新技术产业开发区、西安经济技术开发区、西安航空基地综合保税区，如表 1 所示。

表1 国务院批复的15个战略性新兴产业园区

序号	产业园区名称	领域分类	主导产业	园区类型
1	宝鸡高新技术产业开发区	新一代信息技术产业 高端装备制造产业 新材料产业	先进制造,新材料,电子信息	高新技术产业开发区
2	咸阳高新技术产业开发区	新一代信息技术产业 生物产业 新材料产业	电子信息,生物制药,合成材料	高新技术产业开发区
3	渭南高新技术产业开发区	新能源产业 高端装备制造产业 新材料产业	精细化工,装备制造,新能源,新材料	高新技术产业开发区
4	安康高新技术产业开发区	生物产业 新材料产业	富硒食品,生物医疗,新材料	高新技术产业开发区
5	陕西航空经济技术开发区	高端装备制造产业	航空	经济技术开发区
6	陕西航天经济技术开发区	新能源产业 高端装备制造产业	民用航天,太阳能光伏,卫星及卫星应用	经济技术开发区
7	汉中经济技术开发区	生物产业 高端装备制造产业	航空设备,装备制造,食品,中药	经济技术开发区
8	榆林经济技术开发区	新材料产业	煤电,化工	经济技术开发区
9	西安综合保税区	数字创意产业	转口贸易,物流,展览展示	海关特殊监管区域
10	陕西西安出口加工区	新一代信息技术产业 高端装备制造产业	航空,精密机械,电子信息,装备制造	海关特殊监管区域
11	榆林高新技术产业开发区	新材料产业	煤化工	高新技术产业开发区
12	杨凌农业高新技术产业示范区	生物产业	绿色食品,生物医药,涉农装备	高新技术产业开发区
13	西安高新技术产业开发区	新一代信息技术产业 高端装备制造产业	半导体,智能终端,装备制造	高新技术产业开发区
14	西安经济技术开发区	新能源汽车产业 高端装备制造产业 新材料产业	汽车,专用通用设备,新材料	经济技术开发区
15	西安航空基地综合保税区	其他	在建	海关特殊监管区域

资料来源:战略性新兴产业专业知识服务系统、《陕西科技年鉴2022》。

1. 西安高新技术产业开发区①

西安高新技术产业开发区目前已形成以四大千亿元级先进制造产业集群、五大战新产业集群、六大生产性服务业集群及文化旅游特色产业为体系的"4561"现代产业体系。2020年，该开发区实现生产总值2410.08亿元，同比增长12.3%，占全市地区生产总值的比重为24.1%；2021年，实现生产总值2681.36亿元，同比增长6.4%；完成规上工业总产值2979亿元。新增各类企业2.5万家，科技型中小企业入库3207家，同比增长超过30%；有效期内高新技术企业3874家，累计上市企业60家，其中境内上市企业35家。2022年，实现生产总值3104.3亿元，高新区签约开工产业项目80个、总投资830亿元，落地西电智慧园等5个百亿元级项目，34家企业成为全省第一批重点产业链"链主"企业。

2. 咸阳高新技术产业开发区②

2020年，咸阳高新区在全国169个国家高新区中综合排名第82位；2021年全年实现营业收入1325.4亿元，同比增长11.7%；实现规模以上工业总产值830亿元以上，同比增长43%以上；规模以上工业总产值增速在15个市县区及园区中排名第一。全年新增科技型中小企业15家，新增入库培育高新技术企业23家，成功通过认定高新技术企业18家，高新技术企业同比增长28.8%。新增市级瞪羚企业3家、省级瞪羚企业1家。新增专精特新"小巨人"企业9家。主导产业保持快速增长，电子显示实现产值215亿元，同比增长61%。生物医药产业实现产值53亿元，同比增长33%；新材料产业实现产值40亿元，同比增长16%；装备制造（含新能源汽车）产业实现产值60亿元，与上年基本持平。

3. 宝鸡高新技术产业开发区③

园区拥有汽车及零部件、钛及钛合金、高端装备制造3个千亿元级产业集群。截至2022年上半年，宝鸡高新区完成生产总值195.93亿元，同比增长

---

① 根据陕西省统计局、西安市人民政府、西安市统计局数据整理，《陕西科技年鉴2022》。
② 根据陕西省统计局、咸阳市人民政府、咸阳市统计局数据整理，《陕西科技年鉴2022》。
③ 根据陕西省统计局、宝鸡市人民政府、宝鸡市统计局数据整理，《陕西科技年鉴2022》。

4.3%；规上工业总产值 414.95 亿元，同比增长 7%，工业增加值同比增长 8.1%；重点项目完成投资 76.21 亿元，投资完成率为 53.1%；新引进亿元以上招商引资项目 17 个，已完成到位资金 145.47 亿元。"中国钛谷产业集群"被列入全国 50 个产业集群试点之一。2020 年园区入选"第三批双创示范基地"名单，2021 年园区位居国家高新区综合排名第 46 位，新增瞪羚企业 23 家；2022 年入选赛迪"2022 园区高质量发展百强"，排名第 85 位，新增瞪羚企业 15 家。

（二）细分产业集群

1. 集成电路产业集群①

目前西安市集成电路产业集群已完成集成电路设计业、晶圆制造、封装测试、支撑业等上下游协同发展，形成了集成电路的设计、制造、封装测试及系统应用的半导体及集成电路产业链条。集成电路产业链上有 IC 设计、IC 制造和 IC 封装测试等环节。IC 设计方面，西安聚集了中兴克瑞斯、华为、紫光国芯、拓尔微等 120 余家全国甚至全球重要半导体设计企业。IC 制造方面，西安拥有三星、西岳电子、卫光、派瑞等晶圆制造企业 8 家。目前，西安 IC 制造业规模为 968.9 亿元，同比增长 29.2%。IC 封装测试方面，西安拥有三星、华天、力成、华羿等 13 家企业。此外，拥有测试与分析中心 10 个，拥有奕斯伟、理工晶科等 70 余家支撑企业。从各主要园区看，西安高新区集成电路产业集中分布在综合保税区、软件新城和长安通讯产业园等专业化园区。

2. 航空航天产业集群②

陕西航空航天产业带贯穿关中和陕南，长安区、阎良区、汉中经开区集聚了特色鲜明、产业链相对完整的航空航天产业集群。

（1）航空产业集群

西安航空基地是全国唯一的以航空产业为特色的国家级经济开发区和亚洲地区最大的"航空城"，也是目前全国航空产业综合实力最强的开发区。

---

① 数据来源于《西安日报》。
② 根据陕西省委科技工委、陕西省科技厅数据整理。

航空基地聚集了上千家航空配套企业，形成了良好的产业协同配套体系，推动三大先进制造产业、四大航空新兴产业、五大现代航空服务业和十大产业承载园区联动发展，现形成了以整机制造为主干产业，以航空发动机、机载系统、航空大部件、航空新材料为分支产业，以航空零部件加工、航空维修、转包生产等为配套产业的完善产业链条。2022 年西安航空基地生产总值同比增长 9.3%。2023 年，阎良区、航空基地实施重点项目 168 个，计划招引产业链企业 60 家以上。

（2）航天产业集群

西安是国内唯一拥有航天系统完整产业链的城市。西安国家民用航天产业基地目前已建成我国最大的"国家民用航天产业基地"、我国唯一具有航天特色的"国家级经济技术开发区"。航天基地聚集航天企业 60 余家，拥有运载发射、卫星制造、卫星测运控、卫星应用、航天技术转化全链条产业，成为西安航天产业发展的重要支撑，截至 2020 年，陕西省共拥有航天相关企业 2.9 万家，还聚集了 7 个国家级创新平台、4 个国家级企业技术研发中心、3 个国家重点实验室、2 个国家地方联合工程研究中心、1 个国家级创新中心和 11 个院士工作站，累计培育科技型中小企业 500 家、高新技术企业 210 家。

3.新材料产业集群

目前，西安市的 23 个新材料产业重点项目建设进展顺利，新材料产业基本形成了聚集态势。从区域分布来看，西咸新区打造新能源新材料产业园；高新区打造光电能源新材料产业集群；经开区围绕稀有金属新材料产业及材料行业，重点发展钛锆镁合金、高性能金属多孔材料、高/低温超导材料等；航空基地和航天基地重点打造空天新材料产业集群。从产业链来看，19 条重点产业链中与新材料相关的有 2 条，其中陶瓷基复合材料产业链方面，核心企业主要集中在西安市，初步形成了较为完整的产业链。钛及钛合金初步形成"钛铸锭—钛加工材—钛合金材—钛复合材—钛材深加工产品"的产业链条。此外，宝鸡作为新材料的重要产地，其钛及钛合金产业链是宝鸡市 13 条重点产业链之首。

4. 新能源产业集群

西安高新区已形成以光伏产业链、风电产业链、新材料产业链为主的产业集聚发展态势。光伏产业产能规模不断壮大。在太阳能组件领域，创联新能源已成为国内专业生产单晶炉设备的主要厂家；在光伏发电系统领域，新通智能在离网型太阳能、风能电源控制技术领域居国际领先水平，是该技术及产品的国内研发、制造领军企业，也是行业技术标准的发起者和制定者。聚焦产业链下游风电运营及电力输送环节，西安高新区汇集了特变电工、西电电工等龙头企业。

5. 汽车产业集群

商用车（重卡）和乘用车（新能源）两条产业链是省市级重点打造的标志性重点产业链。目前，西安已经形成城南比亚迪、城北吉利"双龙头"的新能源汽车产业格局。同时，西安在空间上形成城南高新、城北经开两大块汽车生产基地。即城南以比亚迪、南京金龙开沃为支撑，形成集汽车新技术研发、应用、测试于一体的汽车产业集群；城北以陕汽、吉利汽车为支撑，形成集商用、乘用车和汽车零部件于一体的多个千亿元级产业集群。依托比亚迪、法士特、三星环新动力电池、联合汽车电子等重点企业，西安高新区已经形成了涵盖整车、零部件、汽车电子、动力电池等环节的完备的新能源汽车产业链。同期，在西安城北经开区泾渭新城的吉利西安汽车生产基地已经投产。

三　现存问题

当前，陕西省先进制造业加速发展，产业规模不断扩大，尤其是在航空航天领域中处于领先地位，但与广东、江苏、浙江等发达省份相比，还较为落后。在工信部采取"赛马"方式遴选出的 25 个先进制造业集群决赛优胜者中，江苏和广东各有 6 个集群胜出，陕西省仅有 1 个；在工信部公布的45 个国家先进制造业集群名单中，江苏占 10 席，广东占 7 席，而陕西省仅有 1 席入围；国家发展改革委公布的首批 66 个国家战略性新兴产业集群，陕西省仅有2个。截至2022年，科技部火炬中心共公布193个国家级创新型产业集群，陕西省仅有9个[①]。可见陕西的综合实力仍然不强，科教资源存量优势与经济实力弱势"两张皮"的问题依然存在。

（一）领军企业数量少，后备力量不足

中小微企业数量占比大、技术含量低、市场竞争能力弱；"小巨人"企业、专精特新企业、"单项冠军"企业数量偏少，尤其本土的龙头领军企业更少，且数量增长相对缓慢，整体呈现两头小、中间大的结构。高端装备制造产业中，2019年全省装备制造规上企业1376家，但产值超10亿元的企业数量占比仅不足2%。在新一代信息技术产业领域，陕西省百强企业名单（2016~2020年）中，除三大运营商陕西分公司外，仅8家新一代信息技术企业曾进入榜单，本土领军企业产值贡献率偏低，整体竞争实力不强且数量增长缓慢。

（二）龙头企业协同能力弱，集群带动力不强

部分龙头企业虽然生产规模大、单机制造能力强，但龙头企业之间缺乏合作交流，没有形成分工协作，互不关联，渠道不畅，协同能力不强。另外龙头企业和中小企业间衔接不够，高技术产业供应链风险较高，对中小企业和对上中下游的配套企业辐射带动能力不强。

（三）企业创新能力不足，高端产业低端环节现象严重

陕西省产业集群从低水平向高水平升级相对缓慢，先进制造业集群内企业大部分还是以简单、适用的技术应用为主，企业自主创新力度不强，产业整体竞争力不足。大多企业的主要业务位于产业链中低端环节，以组件加工与配套为主，产品附加值低，高附加值和高新技术的重大设备与主要零部件的生产设备比较缺乏，如高档数控机床、机器人、传感器等核心关键智能制

---

① 根据国家发改委、工信部、科技部火炬中心数据整理。

造技术装备还受制于人,智能制造的网络、信息安全的基础不够,主要的组件和核心技术依然以进口为主,对外技术依赖性较强,竞争力薄弱,核心优势不显著。

(四)产业链延伸不足,存在"短、断、弱"问题

如陕西省在工业机器人、高档数控加工、智能传感器、AGV 运输车等专用智能装备方面还处于起步阶段,存在"跛脚走路"的问题;在集成电路领域缺乏晶圆制造代工环节,光掩膜、薄膜生长等关键材料与设备配套薄弱;智能终端产业链上游专用芯片、关键零部件等配套环节支持相对滞后。这是由于产业链延伸不到位,集群内各产业链配套企业规模小、数量少、配套能力弱,不论是供应业、制造业还是市场服务业的上下游链条都较短,规模化、集群化程度不高,未形成完整的产业配套供应链。

(五)集群程度低端化,产业关联度不强

地处内陆,受资源约束,陕西省整体市场主体活力不强,产业集群进入的壁垒相对较低,陕西省在产业定位、产业布局和招商时未注重产业间的关联度,创新主体大多仅是地域空间上的集聚,而不是以技术、产品、信息、资本等为纽带的共融共生的产业生态集聚,集群结构同构性强,产品匹配性不高,企业分工模糊、竞争无序、专业化水平较低等现象突出,未形成完整、紧密的产业链上下游配套与一体化协作,产生聚而不合的现象。

(六)集群管理模式模糊,政策保障有待加强

陕西省部分产业集群是两个或三个市联合推进建设,比如航空航天产业分布于西安、汉中等地,新能源汽车产业分布于西安、宝鸡等,地域集聚具有明显差异,需要省、市、区多级互动协调,共同促进建设集群;政府部门推进集群建设的有效抓手单一,指导区域集群工作模式简单,条块间政策协调为集群赋能的管理机制亟待构建;顶层体制机制设计尚未完善,部分政府部门过度依赖土地经营和优惠措施,亟待以市场化导向创新制度设计;部分

产业对外开放力度小，存在地方保护、恶意竞争等现象，无法形成有效的创新氛围；集群促进机构运行环境有待改善，专业化生产性服务业欠缺，也缺乏培养专用性人才。

（七）集群科技引领有限，高质量发展动能不足

集群的产业结构总体层次和水平较低，以吸引高新技术企业入园为主，缺乏自主研究与开发的支持，阻碍了集群创新力和竞争力提升；部分集群内监管仅重视招商引资数量、产值、出口总额等数量指标，较少关注内在竞争力、发展可持续性、创新能力等质量指标，忽视培育包括专利、知识产权在内的核心竞争力，造成企业对外技术依赖性较强、集群发展后劲不足；部分集群产学研用机制不完善，缺乏与大学或研究机构良好的合作机制与氛围，未发挥大学或研究机构作为集群创新和科技创新的作用。

四　策略建议

结合"十四五"时期国家先进制造业产业发展的路线图，立足陕西省情、科技和产业基础，以先进制造业发展相关政策文件为引导，对陕西先进制造业产业集群的发展思路提出如下建议。

（一）实施龙头引领行动，点燃先进制造业集群引擎

1. 积极扶持引导和支持先进制造业核心龙头企业，实施数字赋能由"制造"向"智造"推进

推动和引导龙头企业加强科技研发，如在高端装备制造产业中，遵循重大项目"急用先行"原则，围绕中航工业西飞、陕飞、秦川机床等高端龙头企业，在研发和设计环节发力，通过业务调整、职能分离以及对组织管理进行升级等，构建专业的分工和外包业务，引导核心企业建设产业链协同平台，带动上下游企业同步升级。此外，积极融合应用新一代信息技术实施数字赋能，推动互联网、云计算、工业软件等新一代信息技术在工业企业

"研、产、供、销、服"等环节的示范应用，打造陕西省"工业互联网+智能制造"产业生态，拓展"5G+工业互联网"应用场景，如重点支持制造业龙头企业如彩虹光电、冠捷、益海嘉里、彩虹电子玻璃、生益科技等建设工业互联网标杆工厂，推动铁马铸锻、益锋智能机器人、雷丁汽车等建设工业互联网车间，通过实施工业化和信息化融合，来持续提升龙头企业的自主创新能力、国际竞争力和产业链带动力。

2. 鼓励大企业发挥带动作用，推进大中小企业融通发展

发挥大型骨干企业带动中小企业技术、产品、工艺、模式等创新作用，可积极构建一批省级试点示范企业，如在数控机床产业链中发挥秦川集团的"链主"作用，在新材料领域发挥宝钛、西部超导、西部材料等企业的示范作用，推广应用高端龙头企业有效的经验和模式，针对有相关技术需求的中小微企业，由政府牵头、企业配合，定期深入示范企业学习调研，开展"传帮带"活动以及鼓励大企业采取"服务平台+创新生态+专业服务"等形式向中小微企业开放资源；此外，推动与引导科技型中小企业向专精特新发展，打造一批掌握绝技的"单项冠军"企业，然后围绕23条重点产业链，引导大中小企业建立紧密的协同创新和制造关系，鼓励大企业为中小企业开放科研基础设施、大型科研仪器等，以支持中小企业围绕大企业的产业配套需求、供应链体系需求开展专项对接，从而促进中小企业与大企业建立稳定的合作关系，形成以龙头骨干企业为依托、带动中小企业创新发展的格局，推进集群发展。

（二）释放"秦创原"共享平台潜能，推动"两链"融合深度发展

1. 以"秦创原"创新促进中心建设为抓手，利用好"秦创原"带来的资金流、人才库和政策包

搭载"秦创原"平台所提供的开放共享服务及资金等优势，重点培育、孵化发展先进制造创新型企业和项目。以新一代信息技术为例，依托秦创原创新驱动平台，完善"众创空间—孵化器—加速器—产业园"全链条创新型企业孵化体系，重点发挥陕西半导体产业众创空间、科大讯飞西安AI产

业加速中心等孵化器的作用，加速组建光子、半导体与集成电路、人工智能产业等优势产业的创新联合体，推动国家新一代智能创新发展试验区和国家硬科技创新示范区建设，持续推进先进制造业产业孵化器集群的壮大和发展；在装备制造领域，重点发挥如秦川集团、西飞、陕飞等核心企业作用，联合研究院所与高校，组建与优化在高档数控机床、航空航天装备、机器人等重点领域共性技术研发平台，加快支持与落实西安航天智能装备（工业机器人）产业基地等一批项目建设，形成东北横跨西安经开区、渭北新城、阎良区的"秦创原先进制造业示范带"。

2. 以"两链"融合为主线，结合先进制造业产业重大项目和技术需求，梳理产业链短板，集聚创新资源

以高端装备制造产业为例，结合"高档数控机床与基础制造装备"、航空发动机和燃气轮机"两机"专项课题等重大项目需求，依托国家和省级研发平台，发挥西安交通大学、西安电子科技大学、西北工业大学及科研院所等优质资源，围绕秦川集团、宝鸡机床、汉江机床等龙头企业突破高端智能数控系统等技术，围绕航天精密机电研究所、诺贝特、汉川机床等企业发展重载 AGV 等工业机器人产品等，推动规模装备制造企业实施以"设备换芯""生产换线""机器换人"为重点的智能化改造，打通产业链的痛点和创新链的堵点，形成具有陕西特色的"设计院+企业+园地基地+平台"生态体系，促进创新链和产业链的动态联动。

（三）优化布局产业链，营造协同配套产业生态

1. 优化产业布局，促进产业集群的发展

产业集群遵循纵向拉长产业链、横向提高配套率，以及完善社会化中介服务体系及平台原则，如在航空基地园区建设中，形成"航空研发—装备制造—贸易通关—产业中介—外拓业务"的全功能覆盖，在保持卫星航天等支柱产业优势的基础上，大力推动航空发动机及高温合金和涂层材料、航空低成本复合材料、防腐蚀材料的研发及产业化发展，促进核心技术、关键基础元器件的国产化，形成"核心+集群+基地"的产业格局，构建"差异

化发展、区域间协同"发展新模式。另外，产业布局规划以专业化园区（产业集群的空间载体，以小行业为边界）为基本单元来制定。无论是招商引资的高端装备增量项目，还是搬迁调整的存量企业，均应"各就各位"地配置在属于自己的专业化园区。

2. 促进产业链上下游协同，推动产业链条优化升级

围绕先进制造业重点产业链，梳理各产业链"链主"企业及产业链上下游堵点与痛点，组织企业参加供需对接活动，促进上下游企业合作融通，打造有利于协同创新的集群共生环境。此外，优化产业链，强化优势产业，延伸配套产业，补齐短板产业，坚持链式发展以促集群发展。一是推动优势产业强链。如加强航空及航天卫星产业链条发展，依托高新、经开、航空、航天四个开发区和洪庆基地产业带，打好整合以航空航天为主导的优势产业资源"组合拳"；以西安航空基地、西安阎良国家航空高技术产业基地为平台，依托618所、365所、西安航空计算技术研究所、中国飞行试验研究院、中航电器、新泰航空，以及延展的外资霍尼维尔、派克、汉胜等航空核心企业，着力打造大中型民用飞机设计研发—航空设备配套生产—航空外围服务产业链，并重点发展大型客运机、无人机等整机制造；以西安国家民用航天产业基地为平台，依托以航天空间技术公司、航天华讯科技、星展测控为代表的航天核心企业，着力打造航天运载动力设备—卫星通信导航遥感—空间应用产业链，并加紧实施新一代运载动力系统、卫星测控、通信应用、北斗应用、微小卫星和空间信息国际合作及应用。二是推动配套产业"延链"。如通过航空航天等优势产业辐射带动新材料、化工等其他相关配套产业链发展，形成多条先进制造业产业链条，创造和发展新的产品并形成联合竞争优势。如依托西飞、西船、航天四院等制造核心企业，着力打造纳米科技—特殊材料制造—重型装备产业链，重点发展水中兵器、舰船动力等高端装备制造；依托惠安、西安近代化学研究所、北方民爆等化工核心企业，着力打造纤维素—氟化工—民用爆破器材—特种玻璃纤维特种化工产业链；以西北工业集团装备制造主园区为平台，以庆安、陕柴重工、东方集团等为制造核心企业，着力打造汽车及零部件—工业专用设备—应急救援装备产业

链。三是针对短板产业"补链"。可通过招商补链，按照"缺什么招什么，什么弱补什么"的原则，开展精准招商、科学招商、填空招商。如在智能终端产业，以中兴通讯、比亚迪电子、华勤通讯等企业为牵引，进一步引进vivo、OPPO等龙头企业的智能终端研发设计项目，吸引江丰电子、飞凯材料、安集科技、容大感光等上游半导体材料和光刻机产业龙头企业落户，补强"材料和设备—芯片设计—芯片制造—泛终端产品生产"产业链；在机器人产业链中，补齐上游的伺服电机、减速器、控制器、传感器等核心零部件短板，主要突破高端运动控制器、谐波减速器、RV减速器等高速高性能精密减速器，将补链落到实处，增强产业链的竞争力。四是通过园区建设"聚链"。充分发挥航天基地、军民两用特色科技园区、先进计算产业园区、先进制造业融合创新基地等园区集聚效应，依赖产业园区的地理临近、良好的基础设施与制度倾斜政策，推动各产业链集聚共享科技、人才等资源，加快产业创新。

（四）加快新型研发机构建设，打造科技创新产业集群

1. 依托国家综合性科技创新区，建设国家级创新中心、国家实验室等，加快新型研发机构建设

如围绕第三代半导体、光电、集成电路等先进制造业关键领域产业发展需求，立足于西安软件园、丝路软件城片区等开发区，依托华为鲲鹏计算产业生态、商汤科技西安研究院、未来人工智能计算中心等项目，联合西安电子科技大学、西安交通大学电信科学技术第十研究所等高校院所及中软、易点天下等龙头企业，着眼中国工业、制造业企业缺少的核心工业软件，及国际前沿科技、区域性重大关键核心技术和共性技术的研究及转化应用，积极培育一批以研发转化为核心、以企业孵化为使命的新型研发机构，以突破与攻关"卡链""断链"关键核心技术。

2. 打造创新生态圈，促进产业集群建设

支持西安电子科技大学、西北工业大学等高校、科研院所与有实力的企业在科技创新资源密集地区或者周边地区合作，带动和辐射周边的"卫星

式"产业集群。如依托光子产业创新联合体及光电子先导院,以"追光计划"为牵引,以"西光所模式"为推力,以源杰半导体、炬光科技、奇芯光电等龙头企业作引领,加快成立光子产业联盟,发挥西安电子科技大学西安电子谷、西北工业大学翱翔小镇等校地融合创新平台作用,以及加强建设国家技术创新中心、产业技术研究院等重大公共技术研发创新平台,形成大体系,组建大团队,建设光子技术原始创新高地。此外,加强相关政策配套、金融配套、创新生态建设和人才培养等,打造环高校和科研院所的创新生态圈,带动和辐射周边的"卫星式"产业集群,打通产业链和创新链。

(五)强化金融和人才战略,落实全产业保障措施

1. 增强信贷服务时效,强化银企对接落实,切实降低融资成本

政府定期公布先进制造业产业重点培育企业名录,及时发布重点投资项目、重大技改项目及需要重点支持的企业融资需求信息,提供精准化、差别化、多样化金融服务。认真落实企业信贷专员制度和"直通快办"银企对接计划;积极推进"政银担"合作模式,合理分担先进制造业企业融资风险;各银行要鼓励高端装备制造产业充分运用县、市两级"应急资金",清理不必要的资金"通道"和"过桥"环节。

2. 校企联合定向"培育"人才,优化政策环境"引进"人才,完善配套服务"留住"人才

定期编制先进制造业人才需求预测报告和紧缺人才需求目录,按照分类分层、梯次培养的思路制订差别计划,打造科技经纪人、"科学家+工程师"、"新双创"等三支队伍;根据"企业定人选,政府给支持"设立引才工作站,实现精准引才;此外,针对毕业生设立"就业奖",高层次人才享受"免笔试"招聘等;建立"人才服务银行",提供免抵押、免担保的人才信用贷款,搭建人才服务云平台,利用"互联网+"模式,打通人才服务的"最后一公里"。

B.17
陕西新能源产业高质量发展的
现状、问题及对策研究[*]

王育宝 甄俊杰 胡芳肖[**]

摘 要： 依靠科技创新促进陕西省新能源产业高质量发展，对保障陕西省能源安全、提高人民生活质量具有重要意义。陕西省新能源产业高质量发展势头良好，但依然存在新能源产量占比低，化石燃料依赖性强；新能源布局增速缓慢，市场需求与新能源增速不匹配；区域创新能力差距较大，核心技术支撑不足；创新型人才储备不足，企业创新能力差距明显等问题，也面临能源发展定位不明确、煤炭产业比重过大、能源化工产业承载较多社会责任、智能化程度低等挑战。建议通过全面统筹行业、区域优势，营造新能源产业发展环境，突破核心技术，打造陕北产业转移示范区，建立健全用能权交易和碳排放权交易市场，吸引创新型人才队伍等，实现新能源产业高质量发展。

关键词： 新能源产业 高质量发展 科技创新 陕西

能源是经济社会发展的基础和动力源泉，对国家繁荣发展、人民生活改

---

* 本文为国家社会科学基金重点项目"双碳目标下西部地区综合能源系统协同发展利益分配机制与补偿机制研究"（项目编号："22AJY006）的阶段性成果。

** 王育宝，西安交通大学经济与金融学院教授、博士生导师，陕西（高校）哲学社会科学重点研究基地"陕西经济研究中心"常务副主任，研究方向为能源与气候变化经济、区域经济；甄俊杰，西安交通大学经济与金融学院应用经济学专业博士研究生，研究方向为能源与气候变化经济、区域经济；胡芳肖，西安交通大学公共政策与管理学院教授、硕士生导师，陕西（高校）哲学社会科学重点研究基地"陕西经济研究中心"研究员，研究方向为公共政策与管理、资源环境经济。

善和社会长治久安至关重要。随着碳达峰碳中和战略（简称"双碳"战略）的实施，通过科技创新节能减污降碳、促进能源产业特别是新能源产业发展在经济社会持续稳定发展中的战略地位日益凸显。科技创新可有效促进新能源开发和利用成本不断下降，为能源结构的优化、碳减排提供巨大支撑。根据国家能源局数据，截至 2023 年底，我国发电装机总规模达到 29.2 亿千瓦，其中可再生能源发电装机容量为 14.72 亿千瓦，占到全国发电总装机容量的 50.43%。以风电、光伏、水电、核能为代表的清洁能源比例大幅提高，主要是新能源技术和材料技术的进步促进了成本的大幅降低。

近十年来，通过科技创新，风电、光伏逐步进入平价时代，陆上风电项目发电单位千瓦平均造价下降 30% 左右，光伏组件、光伏系统成本分别从 30 元/瓦和 50 元/瓦下降到目前的 1.8 元/瓦和 4.5 元/瓦，均下降 90% 以上。因此，科技创新能够不断优化传统能源结构、降低能耗及污染物排放浓度，从而促进陕西各行业绿色健康发展。

作为能源大省，陕西始终牢记国之大者，立足省情，大力发展光伏、风能、生物质能等可再生能源，加快陕北至湖北、神府、渭南三大新能源基地项目建设，推进抽水蓄能电站、氢能示范项目实施，陕西新能源产业发展已初步迈入高速发展的"快车道"。

一　陕西新能源产业发展资源和技术基础

（一）资源基础

1. 太阳能

陕西省日照条件良好。据陕西省能源局数据，省内太阳能资源丰富区全年日照时数为 2600~2900 小时，日照百分率达 60%~64%，全省年平均太阳总辐射为 4100~5600 兆焦/m²，年峰值日照时数为 1150~1550 小时，年平均日照时数为 1270~2900 小时，日照百分率在 28%~64%，属Ⅱ类地区。光伏条件仅次于宁夏、甘肃、新疆、内蒙古、青海和西藏，为年辐照量丰富区，具有大力发展太阳能光伏应用的资源基础。尤其是在春、夏、秋季节，阳光充足，日照时间较长，这为太阳能收集和利用提供了良好基础。

从资源分布情况来看，陕西省太阳能资源分布较为均匀，整个省域都有太阳能的利用潜力。根据对太阳能资源的评估，陕北（府谷、神木、榆阳、横山、靖边、定边、佳县、米脂、吴堡）和渭北东部（韩城、澄城、合阳、蒲城）属于太阳能资源最丰富的区域，资源总储量占全省的23%，具有建设大型光伏电站的资源条件。其中，位于毛乌素沙漠南缘过渡地带的陕北北路是太阳能光伏电场建设优选区域。南部地区，如西安市、咸阳市等地，太阳能资源也相对较为充沛。

2. 风能

陕西地处我国冷空气入侵主通道之一的西北路（中路）地带，冷空气过境伴随的大风是陕西主导风向的主要来源。陕西省有效风能密度在 $50W/m^2$ 以下，全年中风速大于和等于 3m/s 的时数在 2000 小时以下，全年中风速大于和等于 6m/s 的时数在 150 小时以下，70 米高度平均风速在 2.0~8.0m/s，在全国处于第三梯队。陕西省风能资源总储量为 3808 万千瓦。陕西省风能分布地域差异较为明显。全省大部分地区属于风能 1 级区，陕北长城沿线的定边中部、靖边中部，黄河沿线的部分地区及宝鸡凤县小部分地区属于风能资源 2 级区。陕西省风能可开发容量最高的地区位于陕西省的北区区域，主要包括榆林市的北部，延安市与庆阳市交接处的山区，宝鸡市东南部、西安市南部、渭南市南部的秦岭山脉一线。

3. 水能资源

陕西地跨黄河、长江两大流域，水能资源较为丰富。全省流域面积在 100 平方千米以上河流理论蕴藏量约 1365 万千瓦，居全国第 13 位。水能资源经济可开发量 650 万千瓦以上，技术可开发量 820 万千瓦以上，其中汉江水系水能资源技术可开发量 303 万千瓦（干流为 210 万千瓦），黄河北干流水能资源技术可开发量 440 万千瓦（与山西省各 50%）。

4. 氢能

氢能产业是陕西省近年来着力发展的新能源产业之一。氢气资源方面，全省化工副产氢超过 200 万吨/年，高品质副产氢约 20 万吨/年，200 公里内终端用氢成本低于 35 元/公斤。预计至"十四五"末，全省绿氢潜在产能约 8 万吨/年，可为氢能产业发展提供丰富的资源保障。产业配套方面，陕西具有动力电池系统生产能力、电驱系统、燃料电池汽车研发和生产能力、绿氢制备及储氢装备研发应用场景等方面的独特优势。科教实力方面，全省拥有近百所高校、近千家科研院所，在光催化制氢、电解水制氢、先进储氢材料、固态储氢领域等方面具有较强的研发实力。

5. 地热能

地热能按其赋存条件分为浅层地热能、中深层地热能和干热岩型地热能。中深层地热能根据取热的方式不同，分为水热型和地埋管换热型，目前陕西这两种取热形式都有采用。据陕西省地质调查院最新调查研究成果，西安、宝鸡、咸阳、渭南、铜川和杨凌示范区城区浅层地热能热容量为 1.2×1015 千焦/℃，可供暖（制冷）面积为 10.1 亿平方米。目前陕西共有开发利用工程 300 多处，全省中深层地热水供暖年开采量为 4487 万立方米，供暖面积 903.68 万平方米，供暖规模位居全国前列。

6. 生物质能

生物质能主要指农业废弃物、林木薪柴、加工业废弃物、城镇生活垃圾、动物粪便等几个方面。陕西省生物质能资源较为丰富，资源总量折合标准煤约 3829 万吨，常年可利用总量约折合 2071 万吨标准煤。其中，秸秆、林业废弃物占 57.3%，约折合 1187 万吨标准煤；畜禽粪便和城镇垃圾占 35.2%，约折合 729 万吨标准煤；薯类、果渣和木本油料占 7.5%，约折合 155 万吨标准煤。从地域分布来看，农作物秸秆、城市垃圾主要分布在关中地区；林业废弃物、木本油料能源林主要分布在陕南地区；果木枝条、薯类作物主要分布在陕北地区。

（二）技术基础

1. 太阳能：光伏电池、组件制造

陕西省在太阳能光伏电池以及组件制造领域已经取得了一些技术优势，

具体来看，省内西安交通大学、陕煤集团化工研究院等科研机构积极参与光伏技术研发，推动了太阳能电池和组件技术的改进和创新，光伏电池与组件制造研发和创新都具有较强实力。陕西省在多晶硅、单晶硅和薄膜太阳能电池等不同类型光伏电池技术研发和制造能力方面，研究提高光伏电池效率和稳定性核心技术、太阳能光伏系统集成技术（光伏系统的设计、安装和维护方面）、太阳能电站的布局和电气系统的设计、太阳能热能技术用于太阳能热水系统和太阳能热发电系统应用等方面有一定技术优势，有效确保了系统高效运行。

2. 风能：风能技术和风电装备制造

陕西省内高校和研究机构主要致力于风力涡轮机技术改进、风电场规划和管理系统的研究与高端风电装备制造，以提高风电系统的效率和可靠性。陕西省在风机制造技术特别是风力涡轮机技术、发电机技术、电控系统技术等方面具有一定优势，在风力涡轮机制造、风力涡轮机叶片制造、变流器和发电机制造等方面有一定实力，在风电装备设计包括风机叶片设计、发电机设计、齿轮箱设计等方面基础也比较雄厚。

3. 水能：水力发电技术和水电站建设

陕西省内河流和山地地形，如秦岭山脉和多条河流，为省内多样化的水电站建设提供了适宜的地理条件。再加上陕西省在水力发电技术方面进行了长期的研究和创新，陕西省在水轮机的设计和制造、水电站的建设和管理、水电站自动化控制系统、调度运行技术，以及与水电相关的设备和工程建设、水电高效节能、水电系统智能化控制和管理等核心技术的研发和应用方面取得了显著进展，建成了多个大、中、小型水电站和泵发式蓄能电站等，保证了水电系统整体的稳定性和可靠性。

4. 生物质能：生物质颗粒、生物质液化燃料和生物质气体化

生物质能涵盖生物质颗粒、生物质液化燃料、生物质气体化等多个领域。陕西已经建立了相对完整的包括生物质能的种植、采集、预处理、转化和利用等环节的生物质能产业链，开展了一系列工作，在生物质颗粒、生物质液化燃料、生物质气体化等的技术研发和产业化上取得了一定成果，产生了良好的经济效益和社会效益，有力地减少了废弃物对环境的负面影响。

二 陕西省新能源产业发展现状及特点

（一）发展现状

1. 太阳能光伏产业

2016 年全省规上工业光伏发电量 10.8 亿千瓦时，2020 年达到 67.34 亿千瓦时，占规上工业总发电量的 2.9%，在全国排第 7 位。2016 年装机容量占全国的 4.3%，2020 年占全国的 4.7%，在全国排第 12 位。2021 年前三季度，陕西省太阳能光伏发电累计装机达 1183.5 万千瓦，其中集中式光伏发电累计装机 1045 万千瓦，分布式光伏发电累计装机 138.5 万千瓦。

2. 风能产业

陕西风能资源丰富。"十三五"期间，全省风电装机规模年均增长 28.1%。截至 2020 年底，陕西可再生能源电力装机规模较"十二五"末增长 3.2 倍，其中光伏发电装机规模达 1089 万千瓦，风、光合计占全省可再生能源电力装机规模的 80% 以上。截至 2022 年 10 月底，陕西省风电装机规模为 1405 万千瓦，较 10 年前增长 17 倍。尤其是 2022 年 10 月 19 日，全省风电日发电量达 1.34 亿千瓦时，创历史新高。2022 年 11 月 24 日，陕西省能源局公示了"2022 年风电、光伏发电项目保障性并网规模竞争性配置结果"，共确定 82 个项目 8.01GW 纳入 2022 年陕西省风电、光伏发电项目保障性并网规模，其中风电 2.76GW。

3. 氢能产业

从总体层面看，陕西省氢能产业处于发展初期，虽然具有基础资源和应用场景等优势，但相比国际国内先进水平还存在一定差距，机遇和挑战并存。一是氢能产业链仍不健全，在储运、加注、燃料电池等环节亟须补链、强链；二是基础设施建设滞后，缺乏基础设施总体规划和管理政策；三是发展氢能的市场活力不强，以企业为主体的发展模式有待建立。

根据《陕西省氢能产业发展三年行动方案（2022—2024年）》要求，到2024年，产业链基本补齐短板，初步实现本地配套，绿氢装备产业跃居全国第一阵营；氢能基础设施满足应用需求，一批加氢站建成投运；氢能运力平台初具规模，力争推广示范燃料电池汽车累计超5000辆；全省氢能部分领域商业模式基本成形，氢能产业生态雏形显现，产业规模突破500亿元。

4. 地热资源开发

陕西省浅层地热资源开发利用始于2005年，截至2016年底，全省共有开发利用工程183处，其中关中地区122处，陕南地区55处，陕北地区6处，总供热/制冷面积约1304万平方米。2017年，关中地区5市和陕北地区3市的浅层地热资源供暖面积占集中供暖面积的4.9%，地热供暖未来市场潜力巨大。

目前，陕西省有地热井490眼，受热储条件和经济发展水平的影响，主要集中在关中地区的西安市、咸阳市及其周边地区。开采深度从早期的1500米向5000米延伸，在地域范围上由关中向陕西全省拓展。2016年开采量为10548万立方米，供暖面积为1053.5万平方米。

5. 新能源汽车产业发展

全省汽车产量从2016年的42万辆上升至2021年的80.1万辆，尤其是2021年，陕西省汽车产量同比增长27.5%，高于全国增速24个百分点，其中，新能源汽车产销27.41万辆，增长360.6%，高于全国增速201个百分点，在全国汽车产量排名从2018年的第19位跃升到第13位，创历史新高。陕西新能源汽车产业总体发展态势良好，产业规模持续扩大。

汽车行业增长态势良好，2022年1~7月陕西省累计生产汽车67.9万辆，增长71.3%，高于全国增速68个百分点，其中新能源汽车保持高增长，产量达43.3万辆，增长4.3倍，占全省汽车产量的比重近70%，占全国新能源汽车产量的13.2%，产量排名全国第九，增速领跑全国，增长态势强劲。"十四五"期间，陕西汽车产业将继续保持高速增长，陕西成为全国汽车产业最具增长活力的省份之一。

（二）发展特点

1. 资源丰富，政策引导

陕西省拥有丰富的太阳能和风能资源，是发展新能源产业的理想地区。截至 2023 年 6 月，陕西新能源累计发电 185.54 亿千瓦时，同比增长 16.3%。有关部门出台了一系列支持新能源产业发展的政策和措施，包括财政补贴、税收激励和土地政策等，以鼓励新能源项目的投资和建设。

2. 产业集聚效应突出

陕西省新能源产业逐渐呈现集聚效应，一些新能源企业和研发机构在陕西省集中发展，促进了新能源产业链的形成和完善。以新能源汽车产业为例，2022 年陕西汽车产业迎来全新质变，汽车产量首次突破百万辆级，达到 133.8 万辆，增长 67%，增速排名全国第一，产量排名由第 13 位跃升至第 8 位，连续超过辽宁、北京、河北、浙江、山东等 5 个省市。到 2026 年，西安将着力打造成国家重要的汽车产业基地和国家一流的新能源汽车产业基地。

3. 较强的科研实力

陕西拥有多所高校和研究机构，这些机构在新能源技术研发方面具有较强的实力。就光伏产业而言，据国家知识产权局的最新数据，陕西省辖 10 个地级市，西安市光伏产业专利申请量高达 6934 件，是陕西省太阳能光伏产业专利申请的主要来源，占到陕西省申请总量的 85.6%。科研成果的不断涌现有助于推动新能源产业的创新发展。

4. 基础设施建设与生态环境保护并举

近年来，陕西在新能源产业基础设施建设方面取得了显著进展，以电能保障基础设施为例，根据《陕西省电动汽车充电基础设施"十四五"发展规划》，"十四五"期间，陕西将对省内充电基础设施建设及配套电网建设投资约 108.5 亿元。整个"十四五"期间，陕西省计划建设各类充电桩 35.54 万个，其中共建设充换电站 2691 座、个人及单位自用充电桩 29.45 万个、乡村公用充电桩 0.22 万个，满足省内电动汽车充电需求。此外，陕西省在重视新能源产业发展的同时，还注重新能源产业与生态环境保护的协调发展，强调生产过程中的环境友好性，以确保新能源的发展不会对环境造成严重影响。

三 "双碳"目标下陕西新能源产业高质量发展面临的问题及挑战

（一）存在的问题

1. 新能源产量占比较低，能源结构仍有优化空间

陕西能源体系本质上是一个高碳、高煤系统。依据近年能源生产数据，可观察到陕西能源生产结构变化情况。陕西省能源生产仍然以煤、油等化石燃料为主。2021年原煤、原油生产合计占比约为91.6%，天然气，水电、风电及其他非化石能源发电仅占8.5%（见图1）。总体来看，陕西省新能源的生产、开发占比较低，能源结构依旧以煤、油等化石燃料为主，新能源的开发利用仍有较大发展空间。

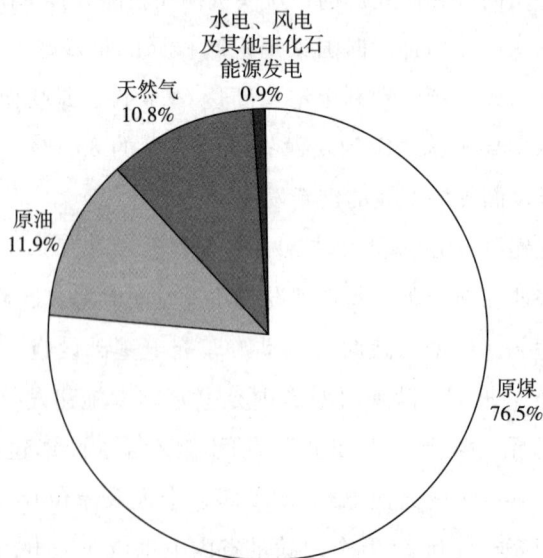

水电、风电
及其他非化石
能源发电
0.9%

天然气
10.8%

原油
11.9%

原煤
76.5%

b.2017年

水电、风电
及其他非化石
能源发电
1.4%

天然气
10.5%

原油
9.7%

原煤
78.4%

c.2021年

水电、风电
及其他非化石
能源发电
2.5%

天然气
6.0%

原油
6.3%

原煤
85.3%

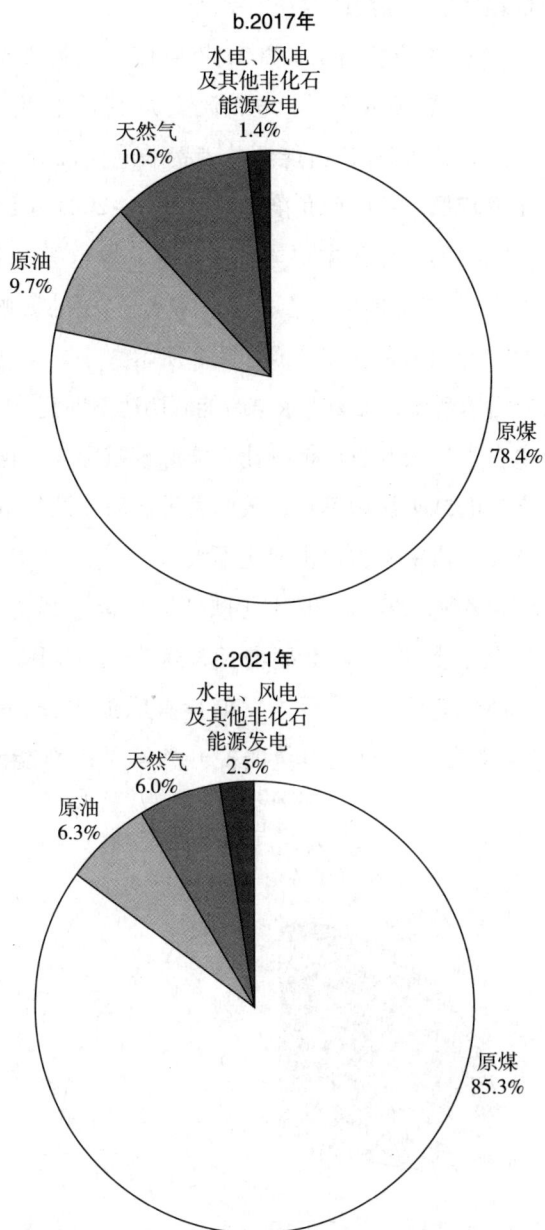

图1　2013年、2017年、2021年陕西能源生产构成

资料来源：陕西省统计局《陕西统计年鉴》
（2014，2018，2022），中国统计出版社。

2. 化石燃料依赖性强，清洁能源利用率低

陕西省对化石燃料的消费量大。2021年原煤占能源总消费的73.7%，油品占6.0%，天然气占10.4%，水电、风电及其他非化石能源发电占9.9%。化石能源合计占79.7%，占能源总消费的绝大部分，以新能源为代表的清洁能源利用率较低。从时间角度来看，2013~2021年原煤占能源总消费比重基本不变，能源消费变化主要体现在水电、风电等的非化石能源上，新能源已逐渐开始替代传统能源，在能源消费结构中的影响力不断加大。2013~2021年陕西省能源消费整体构成如图2所示。

3. 新能源布局增速缓慢，市场需求与新能源增速不匹配

受新能源发电自身局限和过度依赖化石能源禀赋影响，再加上对参加碳市场、开展绿证交易的减碳认识不够，陕西省虽然新能源发电绝对规模持续扩大，但其在全省发电量中所占比重变化不大。

由图3~4不难发现，2018~2021年陕西太阳能、风力发电量占比均维持在4%~6%，且占比并未有明显增长，这表明陕西省新能源布局并未有明显改变。2013~2021年陕西总发电量有明显提升，但新能源发电量占比总体没有发生变化，总发电量的提升并不是由新能源产业的驱动

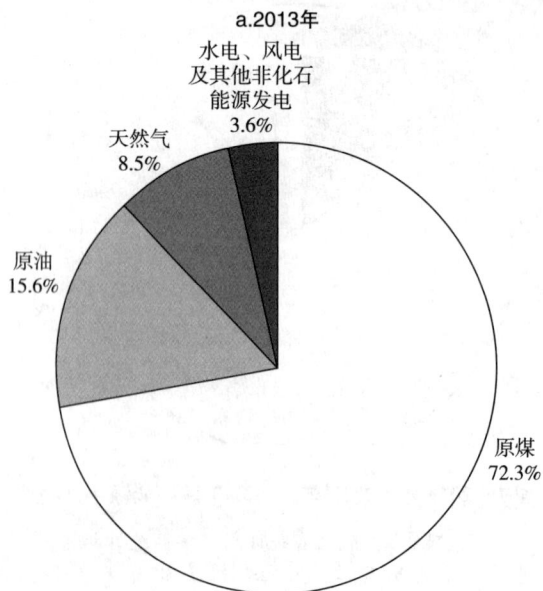

a.2013年

b.2017年

水电、风电
及其他非化石
能源发电
6.1%

天然气
10.7%

原油
8.6%

原煤
74.7%

c.2021年

水电、风电
及其他非化石
能源发电
9.9%

天然气
10.4%

原油
6.0%

原煤
73.7%

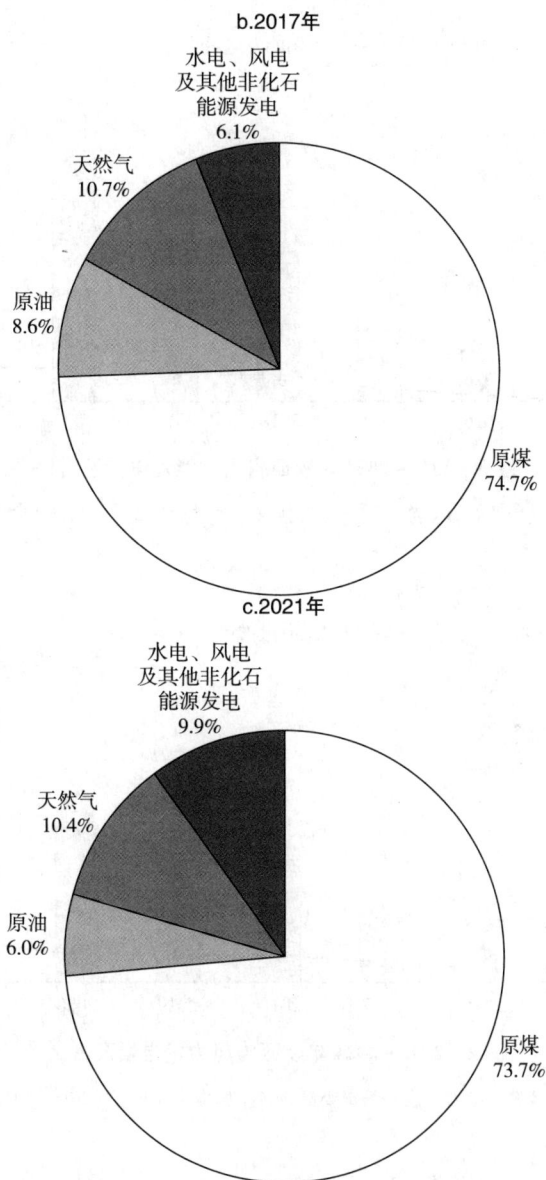

图 2　2013 年、2017 年、2021 年陕西能源消费构成

资料来源：陕西省统计局《陕西统计年鉴》(2014，2018，2022)，中国统计出版社。

带来的。因此，与增长的用电市场相比，陕西新能源产业的布局与增速明显
落后。

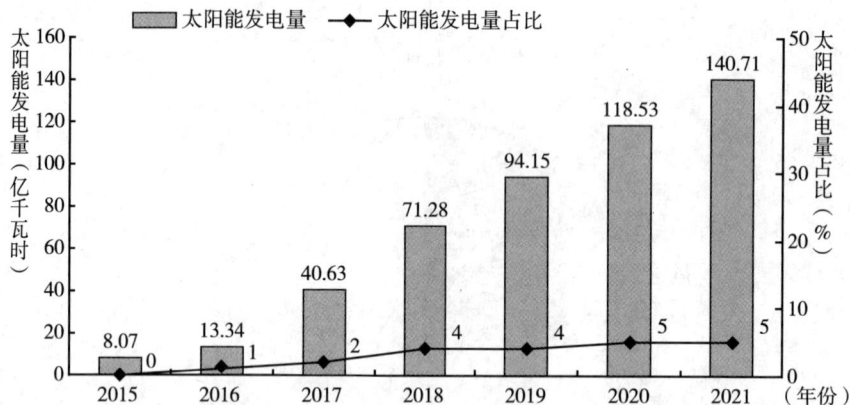

图 3　2015~2021 年陕西省太阳能发电量及占比

资料来源：《中国电力年鉴》编辑委员会《中国电力年鉴》（2016~2022 年），中国电力出版社。

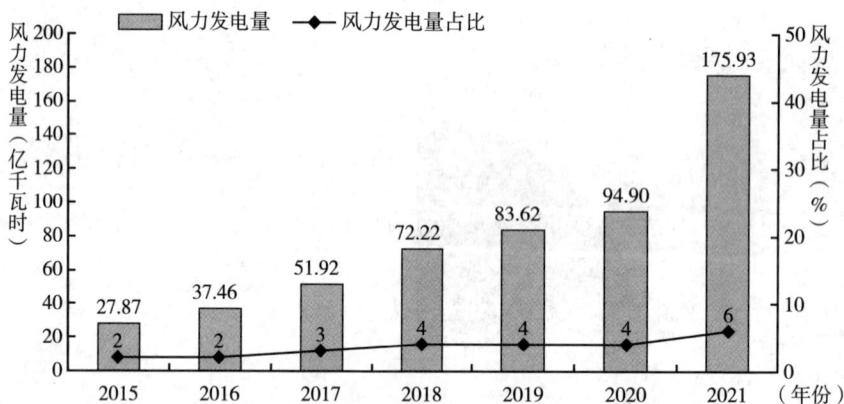

图 4　2015~2021 年陕西省风力发电量及占比

资料来源：《中国电力年鉴》编辑委员会《中国电力年鉴》（2016~2022 年），中国电力出版社。

4. 区域创新能力差距较大，核心技术支撑不足

陕西新能源产业创新能力具有明显的地区差距，以太阳能光伏产业为例，本文统计出陕西省各地市截至 2021 年 11 月底太阳能光伏产业专利的产出数据，具体如图 5 所示。

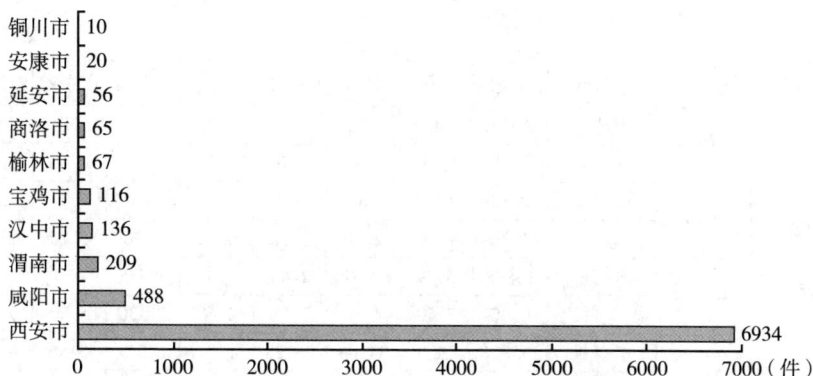

图 5　截至 2021 年 11 月底陕西省各地市太阳能光伏产业专利产出情况

资料来源：陕西省知识产权局、知识产权出版社有限责任公司《陕西省太阳能光伏产业专利导航报告》，2023。

陕西省辖 10 个地级市，西安市光伏产业专利申请量高达 6934 件；其次是咸阳市，专利申请量 488 件。不难发现，陕西省太阳能光伏产业创新能力具有明显的地区差距，经济条件与科研实力的较大差距是制约各地区新能源产业健康发展的主要原因。

进一步分析光伏产业核心技术领域各主要国家、省份技术布局结构，其中，在（上游）光伏材料制备领域，技术布局的重点基本都在硅系材料，从省份来看，江苏省、浙江省硅系材料产业专利申请量占比均达到 60.70%，陕西省占比 48.90%，与头部省份差距明显（见表 1）。

表 1　截至 2021 年 11 月底陕西省太阳能光伏产业核心领域创新能力对比

单位：件，%

技术领域		指标	全球	中国	日本	美国	陕西省	江苏省	山东省	浙江省
（上游）光伏材料制备	硅系材料	申请量	68042	32450	14001	9433	990	7905	1003	3160
		产业占比	47.90	57.20	39.70	49.40	48.90	60.70	25.10	60.70
	多元化合物	申请量	33764	10905	7237	6147	686	1622	1319	548
		产业占比	23.70	19.20	20.50	32.40	33.90	12.50	33.00	10.50
	银浆	申请量	9610	4482	2133	922	205	1160	616	391
		产业占比	6.80	7.90	60.00	4.90	10.10	8.90	15.40	7.50
	聚合物隔膜	申请量	30579	8552	12148	2512	142	2112	1053	1039
		产业占比	21.50	151.00	34.40	13.20	7.00	16.20	26.30	20.00

续表

技术领域		指标	全球	中国	日本	美国	陕西省	江苏省	山东省	浙江省
（中游）光伏电池及组件	光伏玻璃	申请量	6516	26681	532	660	128	768	299	281
		产业占比	2.90	2.90	1.50	2.10	5.90	3.00	3.80	3.10
	EVA胶膜	申请金	2953	1279	765	335	15	561	97	242
		产业占比	1.30	1.40	2.10	1.10	0.70	2.20	1.20	2.70
	光伏电池	申请量	13838	6979	1764	2443	99	2900	430	848
		产业占比	6.30	7.50	4.80	7.70	4.60	11.30	5.50	9.40
		申请量	185826	72830	34905	26228	1691	18543	6456	6718
		产业占比	84.00	78.50	95.70	82.70	78.40	72.50	83.10	74.30
（下游）光伏发电系统	逆变器	申请量	21423	16646	1210	1214	502	3238	2284	1319
		产业占比	15.00	16.70	11.60	11.70	16.40	16.90	20.00	13.80
	蓄电池	申请量	6290	3085	1325	769	50	472	510	272
		产业占比	4.40	3.10	12.70	7.50	1.60	2.50	4.50	2.90
	控制器	申请量	46908	32349	3801	3695	1115	5521	4005	2840
		产业占比	32.90	32.40	36.50	35.80	36.50	28.80	35.10	29.80
	支架	申请量	41135	32608	1233	2344	803	7558	3268	3461
		产业占比	28.90	32.60	118.00	22.70	26.30	39.40	28.60	36.30
光伏应用	光伏建筑一体化	申请量	27397	16368	3575	2127	508	2534	1700	1796
		产业占比	24.60	29.10	19.40	16.50	30.90	28.20	20.90	27.80
	LED应用	申请量	85294	40502	15100	10894	1146	6524	6530	4715
		产业占比	76.50	71.90	81.90	84.30	69.80	72.60	80.10	73.10

资料来源：陕西省知识产权局、知识产权出版社有限责任公司《陕西省太阳能光伏产业专利导航报告》，2023。

5. 创新型人才储备不足，企业创新能力差距明显

本文对陕西省太阳能光伏产业发明人储备情况进行了整理，具体如图6所示。

与全国其他省份相比，陕西省光伏产业的人才数量在全国排名第九位，发明人数量为9775人，排名第一的是江苏省，发明人数量为39615人，是陕西省的4倍，数量超过2万人的省份还包括广东省、浙江省、北京市。整体来看，陕西省在光伏产业人才储备量方面位于全国中上游、中国西部前茅，但与江苏省、广东省、浙江省、北京市相比，依旧存在一定的差距。

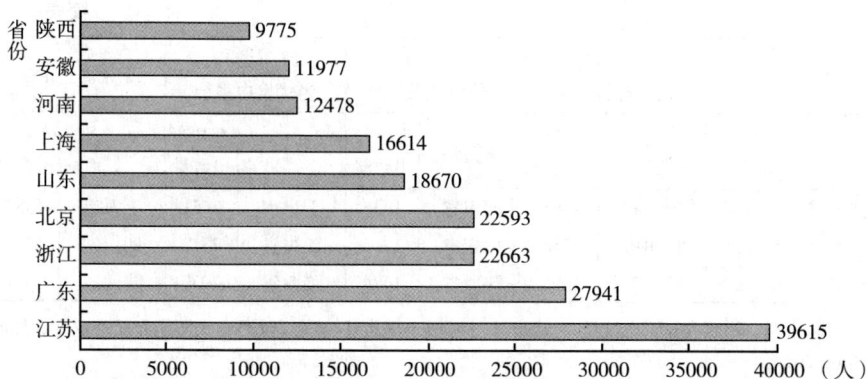

图 6　截至 2021 年 11 月底部分省份太阳能光伏产业发明人储备情况

资料来源：陕西省知识产权局、知识产权出版社有限责任公司《陕西省太阳能光伏产业专利导航报告》，2023。

截至 2021 年 11 月底，陕西省企业专利申请量共计 5023 件，占陕西省专利总量的 62%，在光伏产业四个领域企业申请量及企业占比分别为：上游 1096 件，占比 54.1%；中游 1474 件，占比 68.3%；下游 2039 件，占比 66.8%；光伏应用 1011 件（见表 2），占比 61.6%。总体来看，陕西光伏企业创新能力低于全国平均水平。

表 2　截至 2021 年 11 月底部分省份太阳能光伏产业企业创新能力对比

单位：件

光伏产业		（上游）光伏材料制备		（中游）光伏电池及组件		（下游）光伏发电系统		光伏应用	
省份	专利产出数量	省份	专利产出数量	省份	专利产出数量	省份	专利产出数量	省份	专利产出数量
江苏省	49099	江苏省	11339	江苏省	22419	江苏省	15126	江苏省	7011
广东省	20509	浙江省	4169	浙江省	7236	广东省	8599	广东省	5834
浙江省	19170	上海市	2923	广东省	5587	浙江省	6402	浙江省	3861
北京市	11082	广东省	2873	北京市	3703	北京市	5218	北京市	1900
上海市	9693	北京市	1861	安徽省	3336	安徽省	4307	福建省	1798
安徽省	9665	山东省	1702	上海市	3279	山东省	3321	安徽省	1701
山东省	7516	安徽省	1633	河北省	2361	上海市	3203	山东省	1575

续表

光伏产业		（上游）光伏材料制备		（中游）光伏电池及组件		（下游）光伏发电系统		光伏应用	
省份	专利产出数量	省份	专利产出数量	省份	专利产出数量	省份	专利产出数量	省份	专利产出数量
四川省	6145	河北省	1465	四川省	1935	天津市	2451	上海市	1330
天津市	5261	四川省	1350	山东省	1768	四川省	2318	四川省	1267
陕西省	5023	陕西省	1096	陕西省	1474	陕西省	2039	陕西省	1011

资料来源：陕西省知识产权局、知识产权出版社有限责任公司《陕西省太阳能光伏产业专利导航报告》，2023。

（二）发展挑战

1. 国家能源战略需要、区域经济发展要求、地区生态承受能力弱的现实，导致难以形成科学准确的能源发展定位

神东煤炭生产基地、榆林能源化工基地作为陕西煤炭传统矿区开发的重点区域，正处于产业快速发展期，面临我国能源消费增速放缓、煤炭产能过剩、碳排放压力的多重困境，使陕西能源产业面临较大转型升级压力。

2. 煤炭产业比重过大与国内消费结构调整形成矛盾，提质增效、调整结构、促进新旧产能转换任务艰巨

陕西不仅是能源生产大省，同时也是消费大省，非化石能源消费比重不到10%，与国内平均水平有一定差距，陕西省能源生产结构以煤为主，煤炭产能极高，天然气外输比例高，煤炭对其他能源有较大的挤出效应，限制了清洁能源的发展和应用。

3. 能源化工产业距离达到能源高效、安全、绿色发展的新要求仍有一定差距

陕西能源发展承载相当多的社会责任。既要承担去产能的压力，又要保障区域经济一定的增长速度，还要为城镇就业创造渠道。既要承担向东部地区输送清洁能源、缓解大气污染防治压力的任务，又必须有效降低煤炭在能源消费结构中的比重，切实推进煤炭清洁利用，确保区内大气环境质量相对稳定。

4.我国经济和社会发展快速转型，信息技术革命对陕西能源发展提出更大挑战

信息技术的快速发展将改变经济社会发展模式，与东部地区相比，陕西信息化建设尚处于提升阶段，更多地着眼于信息基础设施建设方面。尤其是能源企业普遍信息化水平不高，不仅能源信息不完善，而且标准不统一，区内不同能源企业之间短时间内很难建立可供共享的数据资源，影响能源产业的内涵提升。

四　新能源产业发展的技术路径

（一）建设国家级新能源基地

大力推广光伏、风电、储氢等新能源技术应用，适度超前布局氢能产业，着力推动风光一体、风光储氢一体等新能源综合利用，加快陕北风光储氢多能融合示范基地和绿色氢能循环经济产业园建设。到2025年，建成千万千瓦级新能源基地，基本形成风光储氢多能融合示范雏形。

（二）优化能源结构，提高能源效率

以煤炭为主是陕西能源消费结构的现状，每单位煤炭要比石油和天然气多排放29%和80%的二氧化碳。因此，传统化石能源的清洁化和相关替代能源与可再生能源的开发和利用是优化陕西能源结构的难点与重点。在建设大型煤炭基地的同时，必须要提高水电、石油和天然气的生产与消费比重，这就要求陕西加大对煤炭产业的整合和改造力度并加大石油和天然气的开发力度。

（三）加快新能源汽车产业发展

重视新能源汽车产业发展，积极研究引进新能源汽车行业龙头企业，支持新能源汽车配套产业发展，鼓励研发充电设施、推进与智能电网相融合的

新能源汽车能量转换、检测维护技术与设备的研发与产业化，同时对新能源汽车继续免征车辆购置税，鼓励新能源汽车消费。

（四）加快建设新型电力系统

构建新能源占比逐渐提高的新型电力系统，推动清洁电力资源大范围优化配置。大力提升电力系统综合调节能力，加快灵活调节电源建设，引导自备电厂、传统高载能工业负荷、工商业可中断负荷、电动汽车充电网络、虚拟电厂等参与系统调节，建设坚强智能电网，提升电网安全保障水平。积极发展分布式光伏、"新能源+储能"、源网荷储一体化和多能互补，支持分布式新能源合理配置储能系统。

（五）加快研发高端装备制造技术

重点开展智能输变电装备、先进储电装备、风力发电系统等新型电力（新能源）装备制造及其状态监测与智能运维的技术研发，以及油气领域高端装备、智能机器人技术研发与工程应用。深度融合5G、网络技术、云技术和人工智能技术，开发和应用推广生产设备在线诊断、关键零部件寿命预测等新一代工业智能制造系统。

五　对策建议

（一）全面统筹行业、区域优势，营造产业发展良好环境

充分发挥政府的政策引导作用，鼓励民间力量参与到新能源产业当中，加强地方与中央之间的合作。此外，发挥地区新能源特色，基于资源禀赋优势，构建有地区特色的新能源产业格局，有序实现碳达峰碳中和。例如，西安市作为省会城市，在新能源领域具有较高的科技创新和研发能力，可在太阳能光伏、风能等方面发挥产业基础保障和技术优势。咸阳拥有丰富的太阳能资源，具备发展分布式光伏发电潜力。

坚持"市场主导，政策引导"原则，明确用户侧多能互补项目的市场主体地位，为用户侧新能源产业发展创造适宜的环境。加强政策引导，出台相关优惠政策，提供更为宽松环境，进一步明确新能源在能源转型中的发展定位。加大财政支持、税收支持、补贴支持力度，对项目建设，尤其是多能互补示范项目的建设投入一定的补贴，并考虑返还部分增值税。

（二）突破核心技术，促进新能源技术及应用上新台阶

在新能源电力方面，加快突破 10MW 及以上风电机组、高效硅基光伏电池和高效薄膜太阳能电池的关键技术，全面实现风力发电技术装备的大型化、智能化，使其成为新增电力的主流，争取 2035 年构建形成新能源和传统能源深度融合的能源体系，2050 年构建形成高比例新能源的新型能源体系。

在电力存储方面，应加强锂离子电池、全钒液流电池等先进化学储能和压缩空气、飞轮储能等先进物理储能的关键技术及其应用示范，突破 GW 级复合储能系统、智能化储能系统的关键技术和示范应用的关键问题。争取 2025 年储能技术装备广泛应用在发电侧、电网侧和用户侧，储能产业达到国际先进水平；以电力存储为核心技术构建的"源—网—荷—储"新型电力系统实现高比例新能源电力消纳。

（三）打造陕北产业转移示范区，培育陕西能源新增长极

促进平衡发展，注重陕西北部传统的煤炭产区发展。实施优质稀缺煤炭资源保护性开采，运用高新技术，将煤炭资源就地转化，变传统的燃料为新型碳基产品。加快建设承接产业转移示范区，因地制宜发展煤矿机械、火电和化工设备、风电装备制造、新能源储能材料、半导体照明、太阳能光热利用装备、化纤纺织、新材料等产业。

加强特色发展，突出陕西多能并存的资源优势，加快调整能源发展重点。推进新能源规模化发展，大力推进风力、太阳能发电基地建设，利用沙地、荒山，建设不同地型、不同规模的集中发电示范基地。促进新能源综合

开发，打造风光互补、一体化建设示范基地，提高新能源集约化开发水平；推广农光互补，打造农光互补示范区；利用西气东输工程，建设太阳能热与燃气联合发电示范工程；把新能源开发与地区扶贫相结合，建设新能源扶贫开发示范工程。

（四）建立完善用能权、绿色电力证书交易与碳排放权交易间的联动机制

进一步完善用能权有偿使用和交易制度，积极融入全国用能权交易市场建设，推动能源向陕西省优质项目、企业、产业及产业发展条件好的地区流动和集聚。充分利用金融、市场等优势推动企业进行清洁技术升级投入，同时降低企业二氧化碳减排成本，提高企业减排效果。给予率先实现碳达峰的企业一定的市场激励，形成绿色低碳转型的激励机制。

完善碳产品核算制度、绿色电力证书交易制度（绿证）、温室气体自愿减排制度和碳排放权市场管理等制度，探索建立将它们纳入省内和省际节能减污降碳制度体系的体制机制，并通过在省特定"零碳县（区）"的试点，推进它们在减污降碳协同中的有效衔接和联动，形成省内各市场主体参与用能权、绿证和碳交易以达到减污降碳目标的有效途径。

（五）培养新能源产业集群，吸引创新型人才队伍

新能源行业发展日新月异，对高校人才培养提出了更高要求。高校可根据办学条件，开设相关专业，定向培养专业人才，优化学科知识结构。强化跨学科交流，鼓励新能源专业学生选修信息通信、计算机科学、新材料等不同领域课程，实现知识融合。

与此同时，坚持"高精尖缺"导向，依托重大科技项目实施、关键领域核心技术攻关或采取短期工作、项目合作等柔性引才政策，面向国内外引进高层次科技人才。进一步优化外国尖端人才来陕工作许可制度，为外国优秀人才入陕就业创业提供便利，扩大国外青年科学家来陕工作规模。

参考文献

国家能源局：《国家能源局发布 2023 年全国电力工业统计数据》，https：//www.gov. cn/lianbo/bumen/202401/content_ 6928723. htm，最后检索时间：2024 年 2 月 5 日。

刘仁厚、王革、黄宁等：《中国科技创新支撑碳达峰、碳中和的路径研究》，《广西社会科学》2021 年第 8 期。

申宽育、吉超盈、牛子曦：《陕西省风能资源与风力发电》，《西北水电》2011 年第 2 期。

金光：《陕西省浅层地热能开发利用现状及对策探析》，《地下水》2017 年第 3 期。

王秉琦：《陕西地热发展报告（现状·资源区划篇）》，西安交通大学出版社，2023。

徒向东：《陕西省生物质能开发利用的前景和对策分析》，《陕西师范大学学报》（自然科学版）2008 年第 S1 期。

周明、赵晨、穆骋：《追风逐日 陕西加速布局新能源产业版图》，《陕西日报》2023 年 2 月 13 日。

彭冰、郭伟龙、郝皓旎等：《对陕西省地热资源开发的几点建议》，《中国国土资源经济》2020 年第 7 期。

史俊斌：《产业冲向万亿 陕西新能源汽车加速"跑"起来》，《科技日报》2022 年 8 月 5 日。

沈谦：《前 8 月陕西汽车产量同比增幅高于全国 28. 4 个百分点》，《陕西日报》2023 年 9 月 27 日。

B.18
以建设丝路金融中心为抓手
加快打造西部金融强省财政政策研究*

西北大学　西安欧亚学院联合课题组**

摘　要：　西安作为连接西南与中原、华东与西北的交通枢纽，具有巨大的潜力发展成为西北地区辐射丝绸之路经济带的国际区域金融中心。本文从政策、经济、人才、环境等方面入手，将西安与周边省市的金融竞争力做了对比，分析了西安当前金融发展的优势和劣势，并提出相应的对策建议。本文总结了国际金融中心的发展经验对西安建设金融中心的启示，力争将西安打造成具有特色的、科技型、与国际接轨的金融中心。西安可通过财政资金引导金融社会资本发展，进而发展成为西北金融中心，从而促进陕西经济高质量发展，最终实现以建设西安丝路金融中心为抓手加快打造西部金融强省的财政目标。

关键词：　丝路金融中心　金融创新　政策支持　财政政策

一　西安金融中心建设现状

2020 年，国际权威金融机构 Z/Yen 集团发布了"全球金融中心指数"

---

* 本文是"以建设丝路金融中心为抓手，加快打造西部金融强省财政政策研究"（陕财研发〔2022〕003）的阶段性研究成果。

** 课题组成员：王满仓，西北大学经济管理学院金融系主任，教授、博士生导师，研究方向为金融学与公共经济学；侯晓辉，西安交通大学经济与金融学院教授、博士生导师，研究方向为银行业的微观经济学与金融机构公司治理；申雅琛，西安欧亚学院金融与数据科学学院副教授，研究方向为绿色金融、高校商业国际化；王楠，西安欧亚学院金融与数据科学学院助教，研究方向为数字乡村、金融科技。

的评估结果，西安未进入全球金融中心前 100 名。

2023 年 9 月，英国智库 Z/Yen 集团与中国（深圳）综合开发研究院联合发布的《第 34 期全球金融中心指数报告（GFCI 34）》中，西安排名第 94 位，较上期提升 11 位，首次进入全球百强（见表 1）。本次评分标准并非仅以金融业单一指标为主，而是从营商环境、人力资本、基础设施、金融业发展水平、声誉等多个维度对城市发展进行剖析，这种全面而深入的评价方式，无疑更能反映出西安的综合实力和发展潜力。

西安形成了产业科研实力较强、金融支持偏弱、科技转化成果不显著的格局。但近年来西安持续推动金融行业发展，加大产融结合的力度，加速产业市场化和资产证券化。2023 年 10 月，《城市影响环境评估报告（2023）》发布，全国营商环境 50 强城市榜单也随之公布，西安排名第 26 位。西安作为"一带一路"的重要节点城市，伴随着未来产融环境的改善，必然要促进国际金融及贸易的发展。

表 1　GFCI 34 中国内地金融中心排名

金融中心	国内排名	GFCI34		较上期变化	
		全球排名	得分	全球排名	得分
上海	1	7	733	0	▲16
深圳	2	12	728	0	▲16
北京	3	13	727	0	▲16
广州	4	29	708	▲5	▲18
青岛	5	32	705	▲4	▲17
成都	6	44	693	0	▲13
大连	7	64	680	▲8	▲50
南京	8	65	669	▲10	▲52
天津	9	69	665	▲10	▲53
杭州	10	76	658	▲4	▲47
西安	11	94	623	▲11	▲37
武汉	12	100	616	▲11	▲45

注：▲表示排名上升位数或得分增加分数。

资料来源：Z/Yen 集团、中国（深圳）综合开发研究院《第 34 期全球金融中心指数报告（GFCI 34）》，2023 年 9 月。

GFCI 34 报告显示中国头部金融中心表现稳定,"后发"金融中心排名加快上升。上海、深圳、北京三大金融中心的评分和排名与上期保持一致。大连、南京、杭州、西安等排名相对靠后的金融中心在本期排名中有较大幅度提升。其中,大连排名提升 8 位,位列全球第 64 位,南京紧随其后排名第 65 位,较上期提升 10 位,西安排名出现 11 位提升,位列第 94 位,显示中国"后发"金融中心正逐渐凸显国际化特征,赶超步伐加快。

入围全球百强是对西安营商环境、金融业发展、城市竞争力等层面的肯定,但与其他国际金融中心相比,西安在综合评分及各项具体指标上仍有明显的差距;这对西安未来的金融发展规模、国际化程度以及实体经济影响力方面提出了更高要求,西安在未来的发展中,需要付出更多的努力并不断改进。

二 陕西金融支持体系创新

(一)组建国有金融资本运营平台,整合各类金融资源

财政引导金融社会资本共同助力整合陕西省属国有金融资本,建立注册资本不低于 300 亿元的市级国有金融资本运营平台,推进国有金融资本往关键行业和重要领域、重点机构集中。平台的成立可以加强各级部门间的联动、协调,融合各类金融资源,发挥省级投资公司的整合、引导作用,从而达到统一思路、整合资源的目的,使金融行业形成战略互补、优势互补、协调发展的局面。

1.优化金融资本布局结构

陕西省政府可以对陕西省属国有金融资本进行优化,增加新兴金融板块的投资比例,以更好地发展科技金融、智能金融等新型金融业务。

2.重组整合市场资源

陕西省政府不断推进区域间金融机构的重组整合,开展陕西省内银行、证券、保险业的资产重组,进一步提升陕西省属金融资本的实力。

3. 扩大金融资本投资领域

陕西省政府应积极拓展陕西省属国有金融资本的投资领域，可以通过与大型国有企业等开展战略合作的方式，加强银行、保险、证券等领域的融合，拓展资金投向范围。

4. 改善金融资本运作机制

陕西省政府应该进一步推动金融资本运作机制的改善，强化金融资本的市场价值和流动性，完善金融市场监管，规范金融产品的发放和使用，注重风险管理，提高国有金融资本的市场竞争力。

5. 建设金融人才队伍

陕西省政府应该加快金融人才队伍建设，加强对金融人才的引进和培养。陕西省可通过出台更加优惠的人才政策，在全球范围内吸引更多的高素质金融人才，培育具有国际视野和创新精神的专业人才，为国有金融资本的发展提供人才支持。

（二）创新企业融资方式，提供多样化金融服务

政府推动资本市场发展，引导企业进行多种形式的融资与再融资，可以有效拓展企业融资渠道，解决中小企业融资难、融资贵问题，提振企业信心，进而促进西安经济平稳发展。

1. 融资多样化

鼓励企业到沪深交易所、境外资本市场上市融资。首先，政府应当积极推动资本市场发展，加强证券市场建设，引导企业通过发行债券、股权融资、负债重组等方式融资。其次，引导金融机构采取担保、借款、保险等方式，为企业提供不同的融资选择。再次，政府应当加强信用体系建设，改善企业融资环境，提高中小微企业的融资能力。又次，政府还应当积极创新金融业务，推广科技金融、创新金融等新型金融业务，为企业创新和发展提供多样化的金融服务。最后，政府应当加强金融监管，促进金融治理和风险控制，在保证融资多样化的同时降低金融风险，达到稳健发展的目的。

2. 再融资多样化

支持上市企业以增发、配股等方式开展再融资。首先，政府应该加大对企业的支持力度，鼓励和引导企业通过债务重组、融资租赁等方式实现再融资。在这一过程中，政府可以提供税收优惠、财政补贴等方面的支持。其次，政府应该加强对再融资的监管，避免违规资本运作和风险事件的发生。再次，政府还可以引导金融机构加快创新金融产品和服务，满足企业再融资对金融产品多样化的需求。最后，政府还可以建立中小企业信贷担保基金，拓展企业的融资渠道，为企业的再融资创造更加宽松的金融环境。

3. 场外融资多样化

充分利用场外市场，支持中小企业进行股权多样化、多渠道的场外融资。首先，政府可以引导陕西省内金融机构加快发展融资租赁、金融担保等多样化的金融服务。其次，政府可以通过优化税收政策、缓解融资担保风险等多种手段，引导陕西省外投资者增加对陕西省的投资。再次，政府还可以开展国际性的融资合作，吸引更多境外资金流入陕西省。最后，政府还应该完善金融监管，防范各类金融风险，保障投融资活动的顺利开展。要实现场外融资多样化，政府需要采取多种措施，积极发挥参与方的作用，鼓励和支持投资者解决眼前的融资问题，提高融资难、融资贵企业的融资信心，促进经济持续稳定发展。

（三）优化金融发展环境，大力支持各类金融机构发展

政府在持续改善金融环境、大力支持本地法人金融机构发展的同时，为外部金融机构提供极具吸引力的投融资环境，可以扩大陕西的金融市场规模，提升整体金融机构的质量，推动陕西的金融创新与发展。

1. 加强政策引导

政府可以出台一系列引导政策，例如，税收减免、产业扶持，提高新设金融机构进入陕西省的市场参与度和竞争力。

2. 搭建服务平台

政府可以搭建投融资服务平台，为新设的金融机构提供优质的投融资服务，例如信息查询、项目对接等服务，以优化金融机构的服务和经营环境。

3. 建立合作伙伴关系

政府可以积极与有实力的金融机构和专业机构，如投资人、天使基金、风险投资等，建立合作伙伴关系，提高它们对陕西省的投资和参与度。

4. 开展招商引资活动

政府可以开展一系列招商引资活动，向省内外的金融机构推介陕西省，并邀请各类金融机构参与，以进一步扩大市场规模、拓宽市场渠道。

5. 建设金融生态系统

提供金融生态系统建设支持，例如建设金融科技创新中心、金融资产交易中心等，推进陕西省金融市场的创新和发展。

（四）探索新型合作方式，共同推动金融市场发展

西安市需要与其他国际金融中心密切合作，构建与境内外证券交易所对接的合作机制，遵循互利共赢的原则，切实增强合作实效。金融中心间要避开冲突、开展合作，这样才能共同促进金融市场的发展和进步。

1. 与其他金融中心建立战略合作关系

西安市可以与国内外的其他金融中心建立战略合作关系，促进在金融业务、金融科技等领域的交流和合作，避免双方的竞争，共同推动国际金融市场的发展。

2. 互利共赢，遵守国际经贸规则

在合作过程中，西安市需要始终坚持互利共赢的原则，坚定不移地遵守国际经贸规则。与此同时，西安市还需要注重文化交流，尊重和理解其他国际金融中心的历史、文化和发展特点，积极推进合作。

3. 发挥自身优势，增强合作实效

西安市需要针对自身的金融业发展现状和优势，选择与其他金融中心合作的领域和方式，积极发挥自身优势，开展深入合作，提升合作实效。

4. 建立信息沟通机制

西安市需要建立与其他金融中心的信息沟通机制，及时了解对方的政策、措施和市场情况，以有效应对市场变化、拓展合作空间。

三 西安金融中心打造

（一）建设特色金融中心

在新发展阶段，为了使金融资源能够更好地促进多元经济的发展、助力新兴产业成长壮大，需要提高金融服务的适应性、多元性和普惠性。因此，聚焦各地区的特色金融中心建设对构建我国新发展格局至关重要。西安作为我国西北地区的重要城市，其构建西北特色金融中心具有重大的现实意义。

1. 打造文旅金融中心

文化产业逐渐成为国民经济新的增长点，在发展文化产业的过程中，各地方开始着力于盘活传统文化资源，提高文化资源的附加价值，并获得长期的回报。在此背景下，将文化元素与旅游业结合起来，打造文旅产业成为推动省域经济发展的一大着力点。

（1）陕西省文旅金融发展现状分析

2023年前三季度，陕西国内旅游人数达到58609.76万人次，国内旅游收入实现5283.95亿元，分别同比增长74.57%、109.37%。2023年上半年，陕西1630家规模以上文化及相关产业企业实现营业收入573.24亿元，比上年同期增长8.9%[①]。

当前，陕西省以打造万亿元级文旅产业为目标，助推文旅产业集群加速形成。从整体规划来看，目前陕西省正构建"一核四廊三区"的发展新格局，全省各地也都在以"文旅+"的方式推动跨产业融合发展。与此同时，陕西省在着力建设文旅金融中心的过程中也仍然受到政策、创新能力、人才等方面的制约，再加上越来越多的资本涌入旅游市场，同质化产品越来越多，旅游项目在融资方面还存在信息不对称等问题，这也使旅游业存在融资贵、融资慢及融资量少的难题，阻碍了金融与旅游文化产业的深度融合。

---

① 《陕西：以文化赋能高质量发展》，新华网，2023年10月26日。

（2）陕西建设文旅金融中心的财政举措分析

加大财政支持力度，激发文旅市场活力。一方面，可以增加对文旅产业的财政投入，完善文旅产业基础设施，加大红色旅游建设等惠民支出。另一方面，以鼓励传统文旅企业转型升级、扶持新兴文化产业项目以及文化产业技术为基础，吸引更多文旅企业扎根陕西，推出更多文旅融合项目。

根据省内发展现状做好产业规划，延伸文旅产业链，逐步打造产业集群，持续增加投入，丰富文旅产品，将金融资源更充分、更有效地投入文旅产业链建设中。

进一步推动数字文旅金融服务体系构建，鼓励相应的金融机构积极展开文旅金融的平台化创新，加强金融基础设施建设，保证省内文旅金融的良性发展。

2. 打造能源金融中心

在共建"一带一路"和"双碳"发展目标背景下，深入推进中国西部区域性能源金融中心建设，充分利用陕西自身能源产业优势，加快发展特色金融服务，促进省内丝路能源金融中心的打造意义重大。

（1）陕西省能源金融发展现状分析

目前，陕西能源金融中心拥有诸多红利支持。2014 年，国家发改委印发的《陕西西咸新区总体方案》提出"建设大西北重要的能源金融中心"，国务院批复西咸新区为国家级新区，承载着"着力建设丝绸之路经济带重要支点"和"建设大西北重要的能源金融中心"的功能[①]；2016 年，陕西自贸试验区获批，成为陕西省全面改革开放试验田、内陆型改革开放新高地、"一带一路"经济合作和人文交流的重要支点；2018 年，关中平原城市群正式成为第 8 个国家级城市群，西安正式成为第 9 个国家级中心城市；到2022 年发布的《陕西省"十四五"氢能产业发展规划》、《陕西省氢能产业发展三年行动方案（2022—2024 年）》以及《陕西省促进氢能产业发展的若干政策措施》等三大政策文件确定全省氢能发展的"规划图"和"路线

---

① 李善桑、刘亚倩、郝琪梦：《西部地区能源金融中心的优势测度研究》，《西部金融》2021年第 10 期。

图"等，都是陕西省在锚定未来的能源发展历程中，所体现出来的在传统能源和新能源领域中全链发展的思维。对于能源大省陕西来说，能源结构逐步优化的进程是不可避免的，而在政策加持、科研支撑、龙头带动的环境中，围绕能源金融的主题则存在广泛的发展空间。

（2）陕西建设能源金融中心的财政举措分析

为了推进西安建设丝路能源金融中心，要牢牢把握当下政策机遇。政府应加强省域整体发展规划，推动市区及周边产业经济发展。依托陕北能化基地、渭北能源聚集区以及陕南新兴材料基地产业建设和发展，积极协同各方尽快调整产业结构并完善产业链，为建设金融中心提供坚实的产业资源和产业支撑。

为促进金融机构和能源企业的集聚，并匹配能源金融服务产品，可以基于能源贸易活动强化整个价值链的金融服务，以实现能源产品的金融属性。在这一过程中，政府应逐步引导成立相关能源金融控股集团、产业发展基金等金融中介机构，形成完整的能源金融生态系统。此外，也应充分利用西安的科技、人才优势，不断壮大省内金融市场规模。

3.打造物流金融中心

物流业是现代经济增长的核心驱动力之一。物流业与金融业之间存在紧密的协同关系，二者的协同发展能够为物流业开辟新的利润增长空间，同时也是金融业发展的重要动力。当前金融业对物流业发展的支持尚不够强劲。促进物流金融的发展成为进一步带动陕西经济可持续发展的新动力。目前陕西省内物流金融发展的融合度仍然较低，省内现有金融体系对物流业的金融服务仍相对缺位。此外，在加快打造西部金融强省过程中，需要开拓新的利润增长点作为发展支撑，物流金融领域则成为其中一个重要的增长点。

陕西省建设物流金融中心财政举措如下。

提高对物流金融领域建设的重视度。积极整合、开发物流金融产品，可以大力发展"互联网+物流金融"、农业物流金融等新型产品，提高物流业和金融业之间的协同发展效应，发挥金融创新对省内经济增长的带动作用。

充分利用省内现有资源，发展具有物流园区特色的新型物流金融业务模式。目前，陕西省拥有多个物流园区，西安是全国 29 个一级物流园区布局城市之一。因此，可以通过园区物流企业聚集、信息汇聚等优势，结合省内现实条件，利用技术创新加快物流金融领域发展。同时，完善省内物流金融业务配套服务，强化物流金融基础设施建设，培养专业人才投身物流金融领域建设，推动省内物流金融业务的发展。

（二）科技金融中心建设

良好稳定的科技金融环境是科技与金融结合的外部条件，也是促进科技金融快速发展的必要条件。金融发展与科技创新的有效融合是推动长期经济发展的根本途径（见图 1）。科技金融中心的建设是加快打造西部金融强省必不可少的一环。

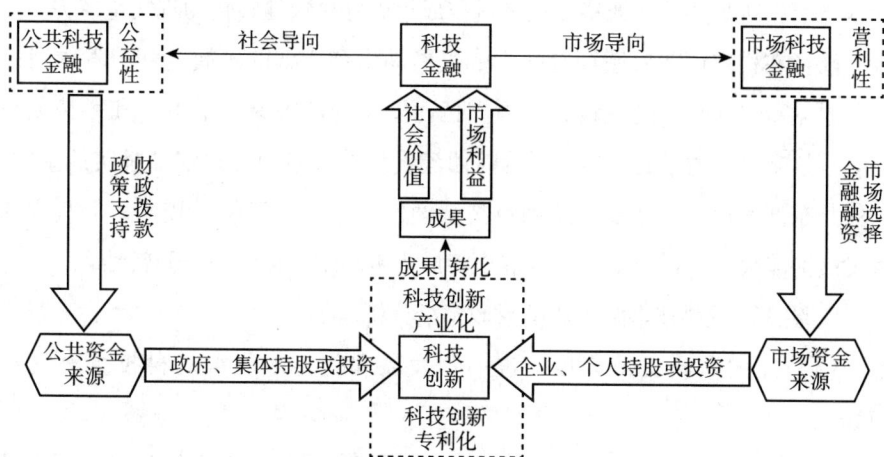

图 1　科技创新与科技金融相互作用

资料来源：张瑞勇、王敏《互动评价模型下陕西省科技金融与科技创新关系研究》，《技术与创新管理》2021 年第 2 期。

1. 陕西科技金融中心建设现状分析

从国内整体的发展态势来看，中、西部地区在经济发展水平、金融市场发育程度以及创新主体和金融部门的协同程度等方面与东部地区存在一定差距，这导致中、西部地区相对较低的科技金融发展水平。最新数据表明，陕西省财政厅2022年共争取中央引导地方科技发展资金补助1.57亿元，下达省级科技发展专项资金14.65亿元，分别较上年增长60.2%和25.75%[①]。

目前，陕西不断加大金融业对科技创新领域的支持力度，深入落实国家基础研究十年行动，积极促进省内创新链、产业链、资金链、人才链的深度融合。不断发挥基金合力，瞄准科技型企业早期融资难题和秦创原创新平台建设需要，充分发挥陕西省政府投资引导基金作用。截至2023年2月省内按市场化方式发起设立了总规模5亿元的5支种子天使基金、总规模75亿元的10支创业投资基金、总规模84亿元的4支产业投资基金，努力构建起围绕产业链全生命周期的种子基金—创投基金—产业基金—并购基金的投资生态体系[②]。此外，省财政厅还积极增加与国家级科创基金的合作，努力吸引国家科技成果转化，引导2支国家基金共出资16.5亿元在陕投资设立子基金，主动融入国家创新驱动发展战略，促进科技成果更好更快地转化为现实生产力。

陕西在科技创新领域拥有强大的发展动力和广阔的发展空间，省内通过秦创原创新驱动平台的建设，全力支持西安综合性国家科学中心和科技创新中心等战略科技力量的发展，并为陕西建设科技金融中心奠定了坚实的基础。虽然与东部发达地区相比，陕西科技金融发展水平仍然相对较低，但其未来的发展潜能很大，科技金融的发展也将成为带动陕西经济增长的新动力。

2. 陕西建设科技金融中心的财政举措分析

（1）加大财政支持力度，进一步发展和完善多层次的科技金融资本市场

除了目前现有的股权交易市场外，为了提升科技金融市场效率、扩大科技金融资本的运作范围，可以鼓励建立科技信贷、科技债券等流通市场，推动有形和无形资产的交易。此外，还可以推进区域科技银行的发展，以更好地满足不同财务特征的科技型企业的融资需求，从而增强科技金融中心参与

---

① 苏怡：《陕西去年下达省级科技发展专项资金逾14亿元》，《西北信息报》2023年2月22日。

② 《2022年陕西下达省级印发科技发展专项资金逾14亿元》，https://www.21jingji.com/article/20230222/herald/f824d073d4c23ee01db62dbaf77ce0f3.html，最后访问时间：2023年10月31日。

主体的实力。同时，进一步加大财政奖励、风险补偿等财政扶持政策的实施力度。

（2）设立政府专项资金，推动建立具有省域特色的科技企业征信体系

可以在现有条件的基础上，会同财政、科技等相关部门，根据省内科技企业的特点独立开发相适应的系统，降低金融市场参与者的信息成本。为了提供资金支持，设立专项资金来支持科技企业征信体系的数据库建设、运营维护以及相关人员的培训和业务开展，这将使金融机构更高效地获取开展业务所需的权威信息，并为科技型中小企业提供全方位的金融服务，全方位跟踪科技企业的发展和成长过程，以更好地管理相关投资风险。

（3）建立政策性再保险机构，加强科技保险体系的建设

科技保险体系目前仍是建设过程中的薄弱环节，政府通过出资或者参股的方法建立政策性再保险机构，以信誉和资金消除保险机构开展科技业务的疑虑，通过政策性金融的方式推动科技金融保险的发展，助力西部金融中心的建设。

（4）畅通政府部门与科技企业、金融机构之间的沟通协作机制，建立一个有效运转的科技金融中心

为了实现这一目标，可以进一步提高政府的服务意识，及时排除在科技金融业务开展过程中遇到的各种制度性和政策性的人为障碍，确保各方能够顺畅合作。细分政府内部各部门在科技金融领域的具体职责，避免相关部门因不了解、缺乏认同或者重视不够而导致的低效率，打造良好的科技金融中心建设氛围。同时要加强监督管理，防范金融风险的发生。

四　政府金融支持体系建设

（一）加强城市基础设施建设

打造西部金融强省，除了打造西安金融中心外，还必须发挥政府的统领能力，加快构建金融支持体系，通过加强城市基础设施建设，完善金融监管

体系，推动财政金融协调联动，提高省域整体的金融发展水平。基础设施建设在国家经济发展、社会进步和民生改善中起着重要的基础性作用。目前陕西省在基础设施建设领域已取得很大进展。在新型基础设施建设方面，陕西省在聚焦于信息网络基础设施建设、统筹算力基础设施建设、完善工业互联网基础设施体系以及加快政务数据基础设施建设方面不断发力。实施智慧交通、智慧水利、智慧能源以及智慧医疗等重点工程，全面加强基础设施建设。

未来陕西在加强城市基础设施建设、推动建设西部金融强省的道路上，可以从以下方面着手。

1.完善相关政策体系，优化基础设施建设投资结构

政府可以强化政策性金融支持，如采用优先贷款、低息贷款等方式予以支持，引导市场向着更好的方向发展。统筹相关财政专项资金，提高资金使用效率，深耕省内重点战略发展布局，为打造西部金融强省提供更好的便利条件。

2.加强人才培养，强化基础设施建设领域人才支撑

一方面，可以借助秦创原和陕西省高层次人才引进政策；另一方面，进一步加大人才选拔力度，在省内的重点实验室、高校和企业中选拔具备较强专业能力的人才，参与省内基础设施建设。

3.吸引多方资本，推进"新基建"发展

我们要充分发挥"新基建"在新产业、新业态和新商业中的特殊地位，同时推动传统基础设施建设投资，不断提升多样化市场运作水平，吸引科技型企业和创新项目进行投资。

（二）完善金融监管体系

党的十八大以来，在以习近平同志为核心的党中央坚强领导下，中国金融业经历了巨大变化，实现了前所未有的历史性突破。我们应当遵循党中央的决策部署，进一步深化金融体制改革，提升金融风险防控能力。

1. 强化地方金融风险监测预警和化解处置

我国转向高质量发展阶段，要求强化金融风险监测预警和化解处置。互联网平台开办金融业务带来特殊挑战，如何在公平竞争中鼓励科技创新，防止无序扩张，守住安全边界，是全省金融发展过程中亟待解决的问题。新一届国务院金融稳定发展委员会成立以来，监管科技手段与行业数字化水平的差距进一步凸显。

2. 规范金融行为，防范金融犯罪

要引导金融机构增强社会责任意识，加强"三会一层"履职能力建设。搭建监管平台，实施日常非现场监管。建立日常报送制度，关注金融企业执行国家产业政策情况。将日常监管与专项工作结合，拓展监管深度与广度。对中央金融企业分支机构执行财务制度等进行日常监管。根据非现场分析等开展现场核查，对发现的问题及时纠正并处理。

3. 加强金融监管信息化建设，提高监管效率和精准度，实现全面监管

支持"一行两会"驻陕机构完善持牌金融机构监管反馈，充分利用监管成果。组织工作座谈会和情况通报会，交流工作思路、经验做法、困难问题、意见建议，通报相关单位执行财经纪律及相关制度情况，配合监管部门工作。采取发"约谈函"或"关注函"的方式，提醒告诫、督促整改，向财政部金融司、中国人民银行西安分行、银保监会陕西监管局及各金融机构中央主管部门通报监管问题，并公开典型问题，发挥问题警示作用。对于属地中央金融企业的国有金融资本运营情况，应进行风险监测，密切关注各类金融风险隐患，按季度上报对策建议，按年上报监测报告。对中央金融管理部门下属的金融基础设施类机构进行监管，对地方财政部门办理属地地方金融机构国有金融资本产权登记工作等管理情况进行监督，按年上报监管工作情况。

4. 优化地方金融生态体系

加强金融监管队伍建设，提高监管人员素质和能力。加强金融法治环境建设，推动地方金融法规体系建设。支持法院设立金融法庭，支持西安仲裁委员会金融仲裁院发展。对违法违规行为实行严格问责和惩戒，

提高金融案件审理效率和公正性。加强金融监管协作和沟通，建立健全跨部门、跨机构的监管合作机制。加强金融监管需要多方面努力和配合，包括完善法律法规、加强内部控制和风险管理、加强监管信息化建设、加强监管协作和沟通、加强监管队伍建设以及引导金融机构履行社会责任等。以上措施可以有效加强陕西省金融监管，确保金融市场的稳定和健康发展。

（三）推动财政金融协调联动

财政资金在促进经济发展和结构调整方面具有重要作用。为确保资金使用效果最大化，需制定科学的规划和管理措施。这些措施可以促进经济发展和结构调整，为城市发展提供强有力的支持和帮助。

1. 健全财政与金融融合机制，形成统筹联动合力

一是由省政府牵头制定建立财政金融融合机制体系的实施方案，从注重财政资金统筹和助力实体经济发展两方面出发，引导更多金融资源流向实体经济。二是财政、金融和行业主管部门联动协同。三是政府、金融机构和企业三方协同发力。以政府职能为基础，利用政策杠杆，积极推动金融机构与企业的沟通合作。

2. 强化金融服务职能，提高财政与金融融合水平

一是做优做强金融产业，提升金融产业综合实力。通过推进地方法人金融机构改革创新，实现本土金融机构的业务规模、经营效率、资产质量同步提升。持续完善地方金融组织体系，培育壮大新兴金融组织，用好用足面向"一带一路"的金融开放门户建设资金。二是持续发展普惠金融，增强普惠金融服务能力。以创建国家铜川普惠金融改革试验区为契机，开展财政支持普惠金融发展示范区创建工作，探索构建富有特色的陕西普惠金融指标体系。

总之，要着力优化金融市场结构，充分发挥各个金融主体的比较优势，提升政策协同的精度、实施效率和政策效果，以金融"活水"助力实体经济高质量发展。

参考文献

秦钰、李善燊、白平：《西安建设丝路能源金融中心优势测度》，《合作经济与科技》2021 年第 23 期。

张芷若：《科技金融与区域经济发展的耦合关系研究》，东北师范大学博士学位论文，2019。

李涛、吴耀伟、许李洁：《科技金融对陕西经济高质量发展的影响分析》，《新西部》2022 年第 11 期。

B.19
优化陕西私募股权投资基金业
发展环境研究

姜 涛[*]

摘 要： 当前陕西私募股权投资基金业助力科技企业发展、赋能战略性新兴产业壮大、吸纳聚集资本战略经营管理人才，对实体经济高质量发展发挥重要支持作用，但同时私募股权投资基金业面临登记注册难、回迁难以及生态有待净化等突出问题。为进一步优化私募股权投资基金业发展环境，提出如下建议：加大力度破除私募股权投资基金登记注册的隐性壁垒，持续优化基金机构落地政策环境，推动形成良好的市场秩序和行业生态，建立完善分级分类监管和信息披露机制，以及促进高质量发展基金小镇。

关键词： 私募股权 投资基金 陕西

陕西省委、省政府出台了《大力服务民营经济高质量发展十条措施》，明确提出以"营商环境突破年"为契机，依法依规最大程度减环节、优流程、压时间、增便利，着力打造办事更高效的政务环境、市场更满意的政策环境、支撑更有力的要素环境、预期更稳定的法治环境、亲清更统一的政商环境、正气更充盈的舆论环境。私募股权投资基金业是陕西省民营经济发展的重要板块，在支持科技创新、发展直接融资、助推产业高质量发展等方面发挥着日益重要的作用，其规模总量已超过信托，基金在加快产业转型升级、推动经济高质量发展方面发挥越来越重要的作用。目前，陕西股权投资

---

* 姜涛，陕西省社会科学院经济研究所研究员，研究方向为产业经济、区域经济。

行业呈现快速成长态势，投行思维开始形成，初步形成科创在陕西、科创资源在陕西的全国性影响力。着眼推进民营经济高质量发展总体要求，进一步优化发展环境、强化法规政策落地落实，促进私募股权投资基金业规范健康发展，使其发挥更大的作用。

一 私募股权投资基金业对实体经济高质量发展发挥重要支持作用

（一）私募股权投资基金业助力科技企业发展

2019 年 12 月底，陕西省私募基金管理人数量 241 家，私募基金管理规模突破 1038 亿元；截至 2022 年 12 月底，陕西省私募基金管理人（按照注册地口径统计）共计 267 家（其中暂无在管基金的管理人数量为 28 家，占比 10.49%，仅管理 1 只基金的管理人为 96 家，占比 35.96%），管理规模共计 1306.57 亿元，3 年来，私募基金管理人和私募基金管理规模分别净增长 10.79% 和 25.87%，年平均净增长 3.60% 和 8.62%。产品数量共计 1025 支，管理人数量和规模分别在全国排名第 17 位和第 22 位，私募股权投资基金业涌现出唐兴资本、天鸿创投、瑞鹏资产等一批优势私募基金，截至目前，陕西有一定规模的基金小镇有灞柳基金小镇和西安科创基金园两家，灞柳基金小镇 2016 年成立，具有一定的知名度和影响力，曾被中基协列为全国 16 家知名基金小镇之一，并入选《西部大开发"十三五"规划》重点打造的百家特色小镇，曾获得"2017 最佳生态金融小镇"殊荣，并获得"CLPA2017-2018 年度最佳基金小镇 TOP5"称号。西安科创基金园（丝路西安前海园），位于西安高新区西安丝路国际金融中心核心区，是深圳"前海模式"在内地复制推广的首个样本和发挥前海"服务内地"作用的重要空间载体，具有发挥金融创新合作和调动西安高新区各类资源的优势。此外曲江新区结合本区产业发展需要，对发展基金业十分重视，于 2018 年出资设立了大型国有企业西安曲江文化金融控股（集团）有限公司，近年来公司实施"产业+金融"双轮驱动战略,形成了"金融服务产业、产业反哺金融"的互促局面,是曲江新区体制机制创新的体现,具有发挥曲江新区政策扶持和金控平台精准服务的优势。截至 2022 年末,陕西共有 A 股上市公司 75 家,覆盖了 24 条重点产业链中的 17 条,居西北第 1、西部第 2、全国第 15 位,其中,科创板上市公司 13 家,排名全国第 10 位,陕西 A 股上市公司数量实现翻一番。随着举措的实施落地,陕西 A 股上市公司形成产业体系"登高、升规、晋位、上市"的脉络层级,有力地支持了陕西科技企业高质量发展的步伐。

(二)私募股权投资基金赋能战略性新兴产业壮大

目前,陕西省私募股权投资基金投资主要集中在半导体与光电信息、高端装备、新材料、新能源、生物技术等陕西六大支柱产业领域,并在支持秦创原创新驱动平台成势见效、军民融合产业发展壮大、更好发挥陕西在创新驱动下高质量发展的西部示范等方面发挥着显著作用,为中国式现代化在陕西的实践起到引领作用。

(三)私募股权投资基金业吸纳聚集了一批资本战略经营管理人才

目前,陕西省私募股权投资基金业汇集了金融、财务、产业、法务等方面资本战略经营管理人才。很多人员具有政府、金融、法律和大型企业从业经历,具有高学历、高职称、专业从业资格,对企业发展、风险控制具有较强的识别能力。这些人才成为提升企业创新能力、实现资本保值增值的一支重要力量。

二 私募股权投资基金业发展环境有待优化

(一)私募股权投资基金业登记注册受限较大

在笔者实际调研中了解到,陕西省一些市区对登记注册私募股权投资基金管理人尤其是有限合伙型企业基金主体、纯民资主体设立的限制较大。即便纯民资主体达到相关规定备案登记条件，也很难通过"预审核"，导致一些私募基金主体无法在省内登记注册，不得不转去外省落户，资本、税收外流问题严重，这对亟须私募股权投资基金支持的陕西实体经济发展有较大影响。

（二）一些私募股权基金主体回迁省内难度较大

根据中基协最新数据，办公地在陕西的私募基金管理人共计314家，其中包括注册地和办公地均在陕西的共251家，63家私募基金管理人注册在外地、办公在陕西省，存在注册地和办公地不一致的问题。当前，由于严监管、严审核，许多基金管理人和基金赴外地注册后，部分私募股权基金主体欲迁回陕西，但省内相关回迁条件较为苛刻，落地较为艰难。

（三）私募股权基金联合会商措施尚待细化

随着国家对股权投资基金管理力度的加大，陕西省金融局、发改委、市场监管局和证监局等四部门2022年5月出台了《私募股权和创投基金市场主体登记会商工作指引》，对新设立、迁入私募基金管理公司及相关基金产品采取四部门联合会商制度。私募股权基金注册登记要经过当地金融工作部门初审把关，再报省金融监管等部门"联合会商"。会商制度对加强地方金融监管、防范和处置金融风险起到重要作用，但将之前各地分散管理改为省上集中管理，导致基金注册门槛高、手续多、周期长、效率低，陕西省私募股权基金基本上处于发展停滞阶段。

（四）准入不准营问题突出

有关部门对基金正常业务管理趋向从严，如股份转让、注册资金变更、增资扩股等业务，要求全体股东需面签，如股东无形办公、留学生股东等导致全体股东到场难度极大，国有股东往往不受影响；民营基金托管业务开展往往受到托管机构以国企控股指标考核要求限制，由于托管机构门槛高企，准入不准营问题突出；基金增资容易减资难，针对基金资金（股份）减资及退出业务，目前缺乏可操作性流程和典型案例指引，导致增资容易减资难，基金退出渠道不通畅，"僵尸基金"现象严重。

（五）基金小镇高质量发展受限

近几年基金业在我国快速发展，总规模已超过 20 万亿元，基金小镇凭借创新资源集聚、体制机制灵活优势成为赋能实体经济重要抓手，以北京小镇、深圳前海、海南云上等为代表 13 家基金小镇是行业领军。陕西省基金小镇发展仍面临困境。一是政策支持不足。北京制定鼓励私募股权二级市场交易政策，探索基金退出新路径。深圳出台促进风投创投高质量发展措施，出实招下本钱鼓励基金"投早、投小、投科技"。海南出台自由港个人所得税优惠政策，推出力度空前的"双十五"税收政策。上海、浙江、山东、江西等地结合自身出台基金支持政策。2022 年陕西省八部委也出台促进私募股权投资高质量发展政策，从运作模式、奖励补助、房租减免等方面给予倾斜，由于没在基金入门难、营业难的核心领域实现破题，加上优惠政策力度不够，政策执行力大打折扣。二是从实践看，陕西已有的基金小镇"四链"深度融合不足、科创资源挖掘不够、对外开放水平不高、服务同质化问题突出。灞柳基金小镇综合评级曾进入全国前五，生态环境不错，但产业基础薄弱，科创资源不聚集，导致小镇发展后劲不足。秦创原西安科创基金园（丝路西安前海园）发展模式先进，围绕陕西主导产业定位准确，但因政府引导基金总体规模偏小，政策引领支持有限，园区发展规模受限，另外在品牌打造、人才保障、特色提升等优势方面积累不足，陕西基金小镇在全国缺乏影响力。

三　进一步优化私募股权投资基金业发展环境

（一）加大力度破除私募股权投资基金登记注册的隐性壁垒

一是着力破除私募基金市场准入"玻璃门""潜规则"。对纯民资设立私募基金管理机构尤其是私募基金合伙制企业，不得采取歧视性准入政策；

对真正从事私募基金管理业务的市场主体一视同仁、平等对待，给予更加透明、公开、快捷、高效的服务。二是明确私募基金机构注册办理时限。各级金融部门在受理申请设立私募基金机构主体的诉求时，要明确"预审核""联合会商"时限等。三是进一步提高基金准入效率。基金市场准入效率问题实质在于提高有关部门对《国务院关于进一步做好防范和处置非法集资工作的意见》研判水平，经过 7 年来对非法集资的打击整治，资金市场由乱到治，走上规范化法制化道路。当前各省份在想方设法促进经济高质量发展。陕西省应及时出台基金业发展细则，应从"重监管轻发展"转变为"以监管促发展"，全面实施市场准入负面清单管理，加强与基金协会及资金募集、登记、结算、托管、法律、审计等第三方沟通协作，厘清联合会商制度涉及范围、领域，建立"白名单"制度，将在中基协发牌备案基金移出会商预审制范围，降低市场主体准入的制度成本。推进实施基金"白名单+分类管理"的准入管理机制；精简压缩相关基金登记注册手续，持续优化流程，推进电子化登记注册、不见面审批等模式。结合省上 50 条措施和优化营商环境条例，厘清基金业发展负面清单，多做"应不应该办"价值判断，不做"可不可以办"技术判断，对于如股东转让、注册资金变更、增资扩股等基金业务，与其他市场主体一视同仁，进一步优化业务办理流程，实施便民措施，在基金小镇增设服务大厅等办事机构，提供注册、登记、变更等一系列业务服务，实现"一网通""一窗办""一件事一次办"，打通信息孤岛，让数据"多跑路"，让企业"少跑腿"，加大考核力度，形成抓落实的"闭合管理"思路，实现政策从"主动脉到毛细血管"全网贯通，梳理典型案例，锚定"三个一"目标，提供基金可复制的"陕西方案"，力争基金营商环境走在全国前列。

（二）持续优化基金机构落地政策环境

一是加大优质项目储备库建设，吸引更多投资机构。各级金融管理部门、基金服务机构要加强同发改、工信、招商等部门联动合作，共同打造优质项目储备库，收集整理区域主导产业、重点龙头企业、高成长初创型企业名单；定期组织投资机构与优质项目对接活动，吸引更多基金机构落户。二是推动各类股权投资机构集聚发展。支持省内高新区、开发区、新区等金融资源密集区建设股权投资基金集聚区。依托股权投资基金集聚区加大吸纳聚集各类股权投资类机构，以及银行、证券、保险机构、律师事务所、会计师事务所、信用评级公司等服务机构，基金业协会、柜台交易市场等自律组织及资源要素，为创新资本和创新资源搭建精准、高效互动平台，努力打造一批全国标杆性创新资本生态圈和基金集聚发展新高地。三是适当减免股权投资基金业税费。目前股权投资基金业税赋较高，对行业发展影响较大。借鉴国内一些省市做法，海南推出人才个人所得税最高15%、鼓励类企业所得税15%的"双十五"税收优惠政策；天津实施20%的整体综合税率；青岛、南京、宁波等地实行税收地方留存比例70%~100%返还政策。建议综合叠加自贸试验区、服务业综合改革、科技创新等先行先试机遇，率先在股权投资基金集聚区试行税赋减免政策。

（三）推动形成良好市场秩序和行业生态

一是私募股权基金必须回归私募定位和支持创业创新的根本方向。建议私募股权基金坚守"真私募"定位，主要向特定对象募集资金，通过为实体企业提供收益共享、风险共担的股权资本，支持不同发展阶段企业发展壮大和重组重建，促进产业升级和经济结构调整。坚决出清伪私募，严格规范"募投管退"全链条各环节运作，推动形成良好市场秩序和行业生态。二是厚植基金行业文化。全面推进"合规、诚信、专业、稳健"的行业文化，强化责任担当，推动守正创新。

（四）建立完善分级分类监管和信息披露机制

一是探索建立私募投资风险监测预警平台。引入专业基金咨询、评级机构等，以市场化方式推动建立投资机构信用评价体系。二是完善基金托管制度，穿透识别实际控制人和最终受益人。三是引导商业银行、证券机构等托管机构加强账户行为监管，确保客户资金安全。

（五）打造高水平陕西基金小镇

一是将陕西基金小镇打造成税收优惠先行试验区。目前的税收政策对"双高型"（高风险、高收益）基金管理人不利，2022 年 11 月，海南提出对企业、个人"双十五"税收优惠政策，对行业影响很大，全国出现 80% 的基金下海南的井喷行情。陕西不能成为政策洼地，可以借鉴海南基金小镇的经验，打造陕西基金小镇先行示范区，对基金和基金职业经理人实施税收优惠政策，以财政补贴形式解决其后顾之忧，吸引实力机构和高端人才聚集，解决税收流失和人才外流的问题。二是打造具有科创竞争力的基金小镇。围绕打造具有科创竞争力的陕西基金小镇，应突出"基金业专业服务、投资者保护、基金业风险防控、基金业云生态建设、政府及行业监管"五大维度，推动"创新链、产业链、资金链、人才链"四链融合，兼顾"生产、生活、生态"三大功能，围绕陕西硬科技和秦创原两面旗帜，打造一个以现代产业为基础、科创资源为核心、金融服务为保障、生态环境为依托的高水平开放型陕西基金小镇。三是更好发挥基金业协会的行业监督和服务工作。基金业协会作为一个行业自律监管组织，应教育会员遵守国家法律法规和政策制度，恪守社会道德风尚，引导基金拥抱监管，更好发挥服务的职能。为打造具有竞争力、高水平基金小镇，管理部门可通过委托方式授权基金协会对新设基金实施预审，以提升效能为中心开展基金小镇创新服务，发挥基金协会行业的专业优势，做好基金监管的行业管家，成为行政监管的有效补充，以基金娘家人、政府好帮手的角色实现公务效率和市场效率的双提升。

社会科学文献出版社

皮 书

智库成果出版与传播平台

❖ 皮书定义 ❖

皮书是对中国与世界发展状况和热点问题进行年度监测，以专业的角度、专家的视野和实证研究方法，针对某一领域或区域现状与发展态势展开分析和预测，具备前沿性、原创性、实证性、连续性、时效性等特点的公开出版物，由一系列权威研究报告组成。

❖ 皮书作者 ❖

皮书系列报告作者以国内外一流研究机构、知名高校等重点智库的研究人员为主，多为相关领域一流专家学者，他们的观点代表了当下学界对中国与世界的现实和未来最高水平的解读与分析。

❖ 皮书荣誉 ❖

皮书作为中国社会科学院基础理论研究与应用对策研究融合发展的代表性成果，不仅是哲学社会科学工作者服务中国特色社会主义现代化建设的重要成果，更是助力中国特色新型智库建设、构建中国特色哲学社会科学"三大体系"的重要平台。皮书系列先后被列入"十二五""十三五""十四五"时期国家重点出版物出版专项规划项目；自2013年起，重点皮书被列入中国社会科学院国家哲学社会科学创新工程项目。

权威报告·连续出版·独家资源

皮书数据库

ANNUAL REPORT(YEARBOOK)
DATABASE

分析解读当下中国发展变迁的高端智库平台

所获荣誉

- 2022年，入选技术赋能"新闻+"推荐案例
- 2020年，入选全国新闻出版深度融合发展创新案例
- 2019年，入选国家新闻出版署数字出版精品遴选推荐计划
- 2016年，入选"十三五"国家重点电子出版物出版规划骨干工程
- 2013年，荣获"中国出版政府奖·网络出版物奖"提名奖

皮书数据库　　"社科数托邦"
微信公众号

成为用户

登录网址www.pishu.com.cn访问皮书数据库网站或下载皮书数据库APP，通过手机号码验证或邮箱验证即可成为皮书数据库用户。

用户福利

- 已注册用户购书后可免费获赠100元皮书数据库充值卡。刮开充值卡涂层获取充值密码，登录并进入"会员中心"—"在线充值"—"充值卡充值"，充值成功即可购买和查看数据库内容。
- 用户福利最终解释权归社会科学文献出版社所有。

数据库服务热线：010-59367265
数据库服务QQ：2475522410
数据库服务邮箱：database@ssap.cn
图书销售热线：010-59367070/7028
图书服务QQ：1265056568
图书服务邮箱：duzhe@ssap.cn

社会科学文献出版社　皮书系列
SOCIAL SCIENCES ACADEMIC PRESS (CHINA)

卡号：737278494247
密码：

S 基本子库
SUB DATABASE

中国社会发展数据库（下设 12 个专题子库）

　　紧扣人口、政治、外交、法律、教育、医疗卫生、资源环境等 12 个社会发展领域的前沿和热点，全面整合专业著作、智库报告、学术资讯、调研数据等类型资源，帮助用户追踪中国社会发展动态、研究社会发展战略与政策、了解社会热点问题、分析社会发展趋势。

中国经济发展数据库（下设 12 专题子库）

　　内容涵盖宏观经济、产业经济、工业经济、农业经济、财政金融、房地产经济、城市经济、商业贸易等 12 个重点经济领域，为把握经济运行态势、洞察经济发展规律、研判经济发展趋势、进行经济调控决策提供参考和依据。

中国行业发展数据库（下设 17 个专题子库）

　　以中国国民经济行业分类为依据，覆盖金融业、旅游业、交通运输业、能源矿产业、制造业等 100 多个行业，跟踪分析国民经济相关行业市场运行状况和政策导向，汇集行业发展前沿资讯，为投资、从业及各种经济决策提供理论支撑和实践指导。

中国区域发展数据库（下设 4 个专题子库）

　　对中国特定区域内的经济、社会、文化等领域现状与发展情况进行深度分析和预测，涉及省级行政区、城市群、城市、农村等不同维度，研究层级至县及县以下行政区，为学者研究地方经济社会宏观态势、经验模式、发展案例提供支撑，为地方政府决策提供参考。

中国文化传媒数据库（下设 18 个专题子库）

　　内容覆盖文化产业、新闻传播、电影娱乐、文学艺术、群众文化、图书情报等 18 个重点研究领域，聚焦文化传媒领域发展前沿、热点话题、行业实践，服务用户的教学科研、文化投资、企业规划等需要。

世界经济与国际关系数据库（下设 6 个专题子库）

　　整合世界经济、国际政治、世界文化与科技、全球性问题、国际组织与国际法、区域研究 6 大领域研究成果，对世界经济形势、国际形势进行连续性深度分析，对年度热点问题进行专题解读，为研判全球发展趋势提供事实和数据支持。

法律声明